# KJELL TORRISET

## MALERIER
## PAINTINGS

Denne boken er utgitt i forbindelse med utstillingen Geometry and Flux
ved Haugar Vestfold Kunstmuseum og Kunstmuseet Kube

This book is published to coincide with the exhibition Geometry and Flux
held at Haugar Vestfold Kunstmuseum and Kunstmuseet Kube

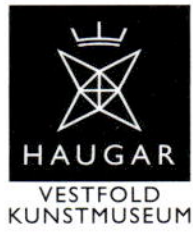
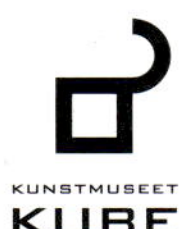

**press**

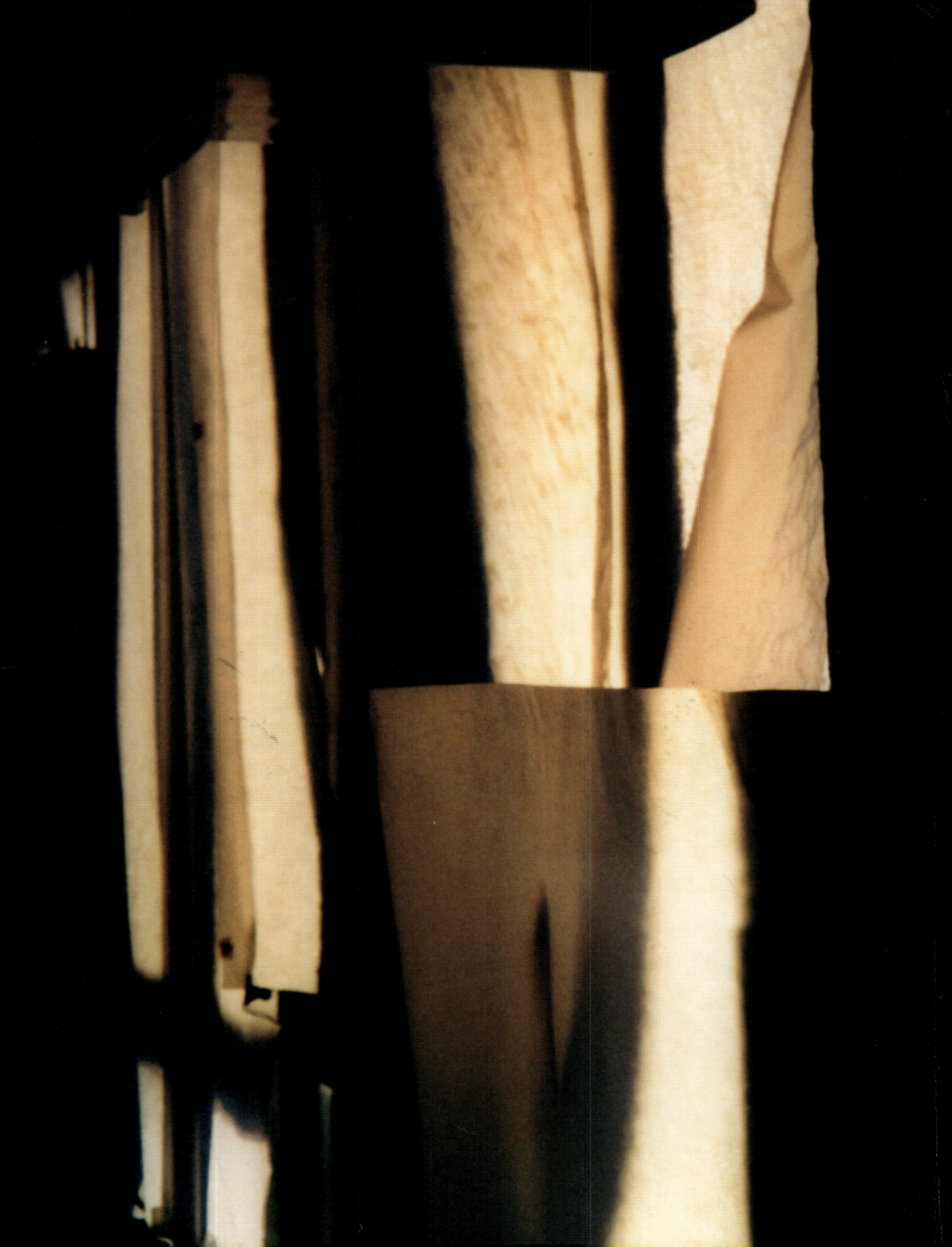

# KJELL TORRISET

## MALERIER
## PAINTINGS

press

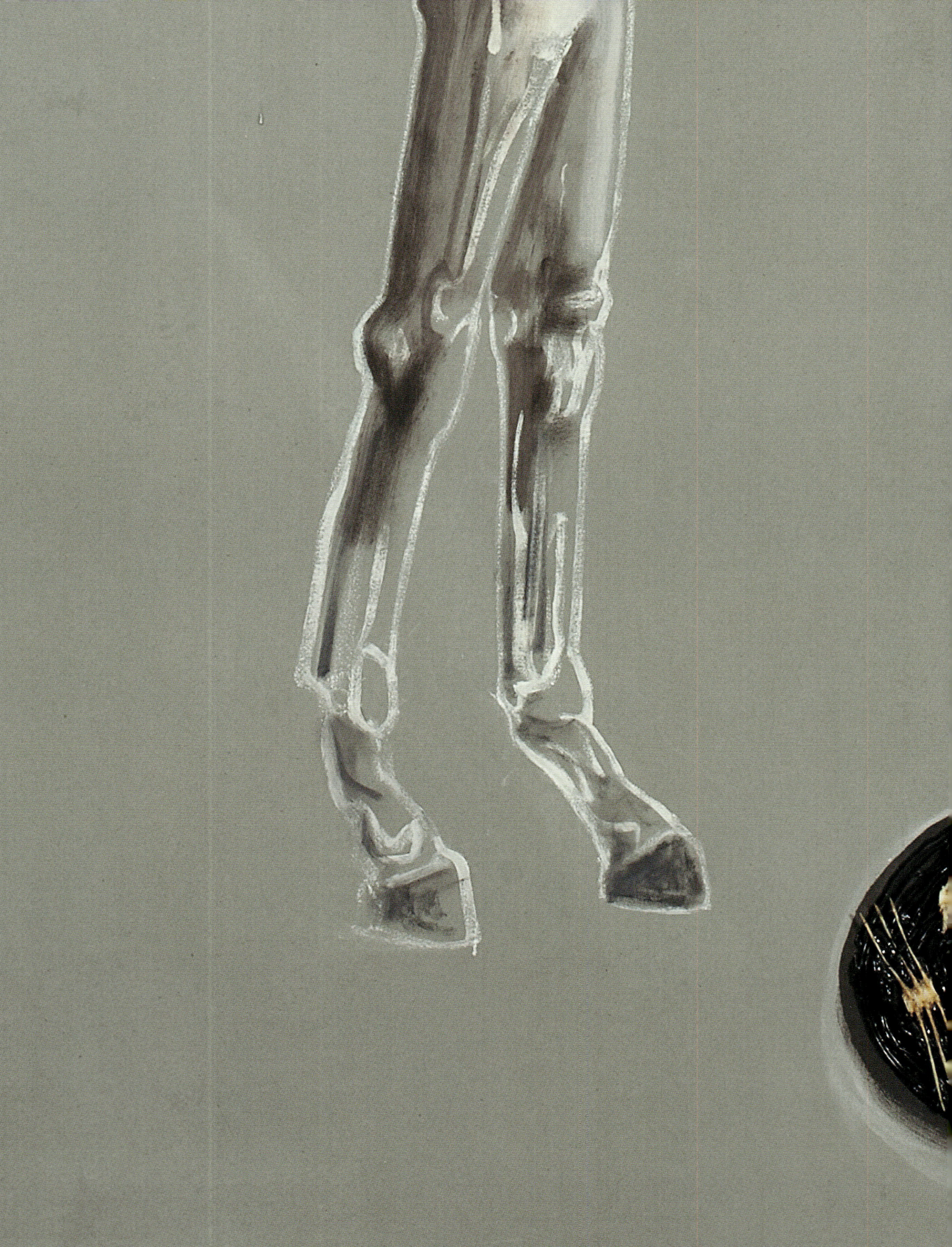

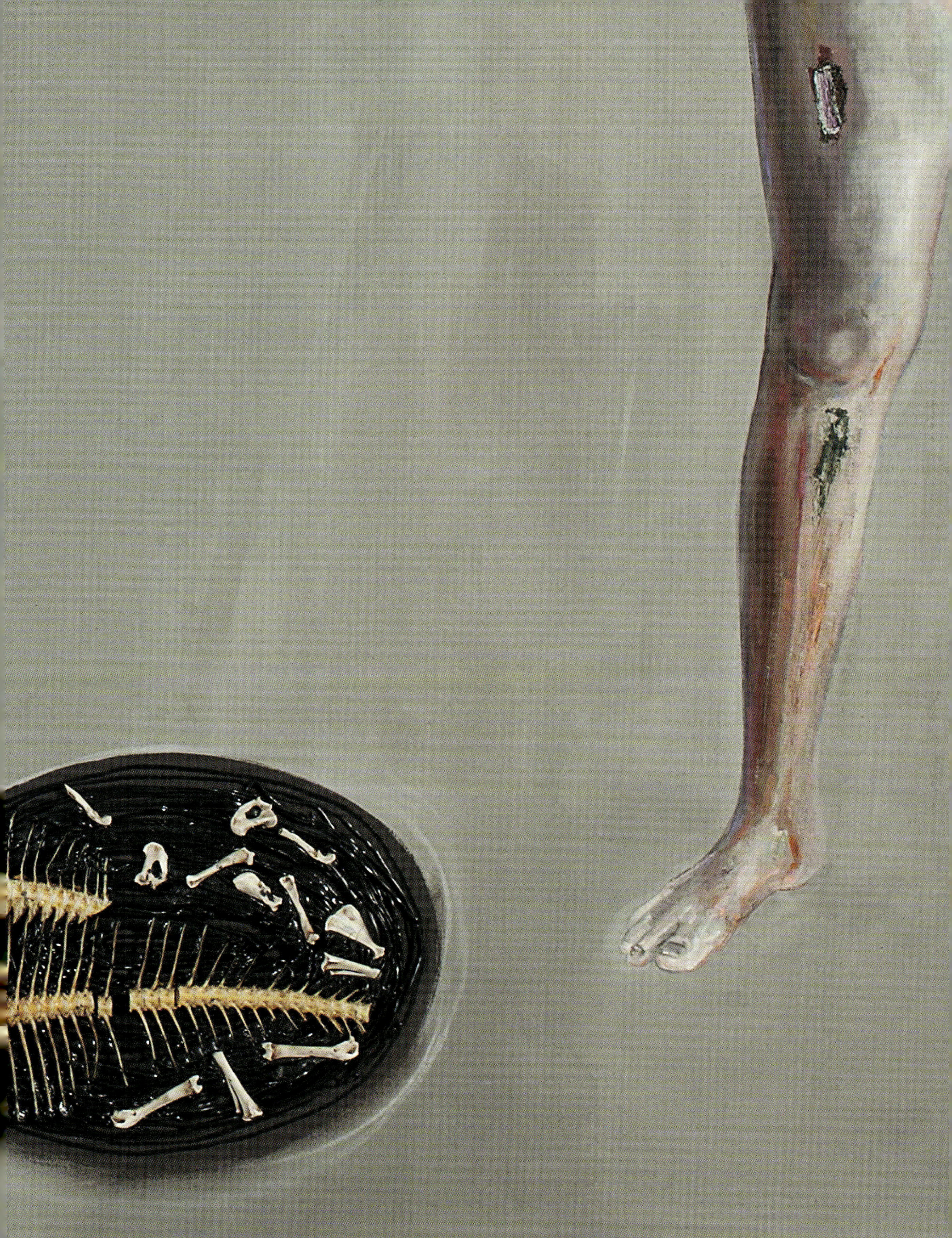

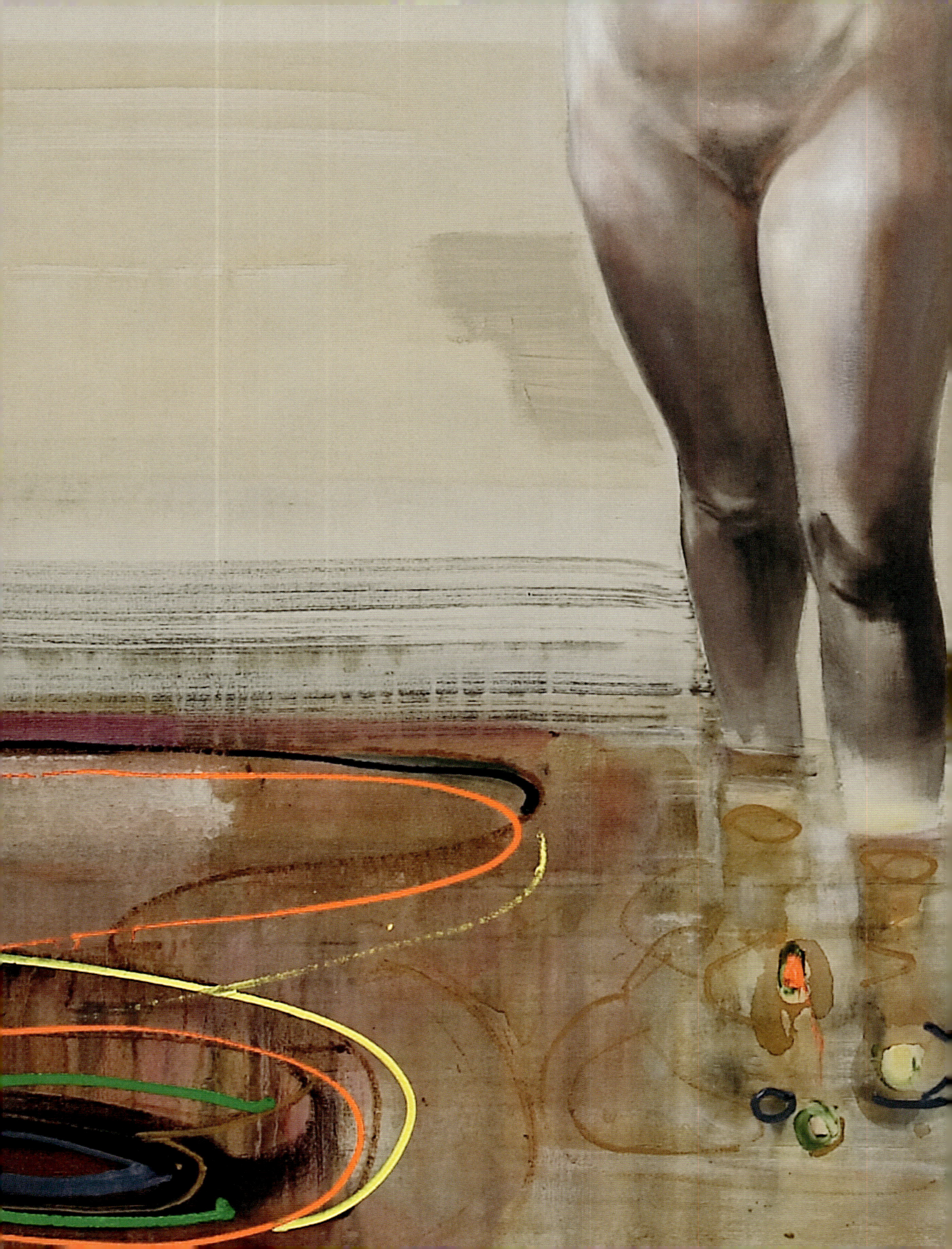

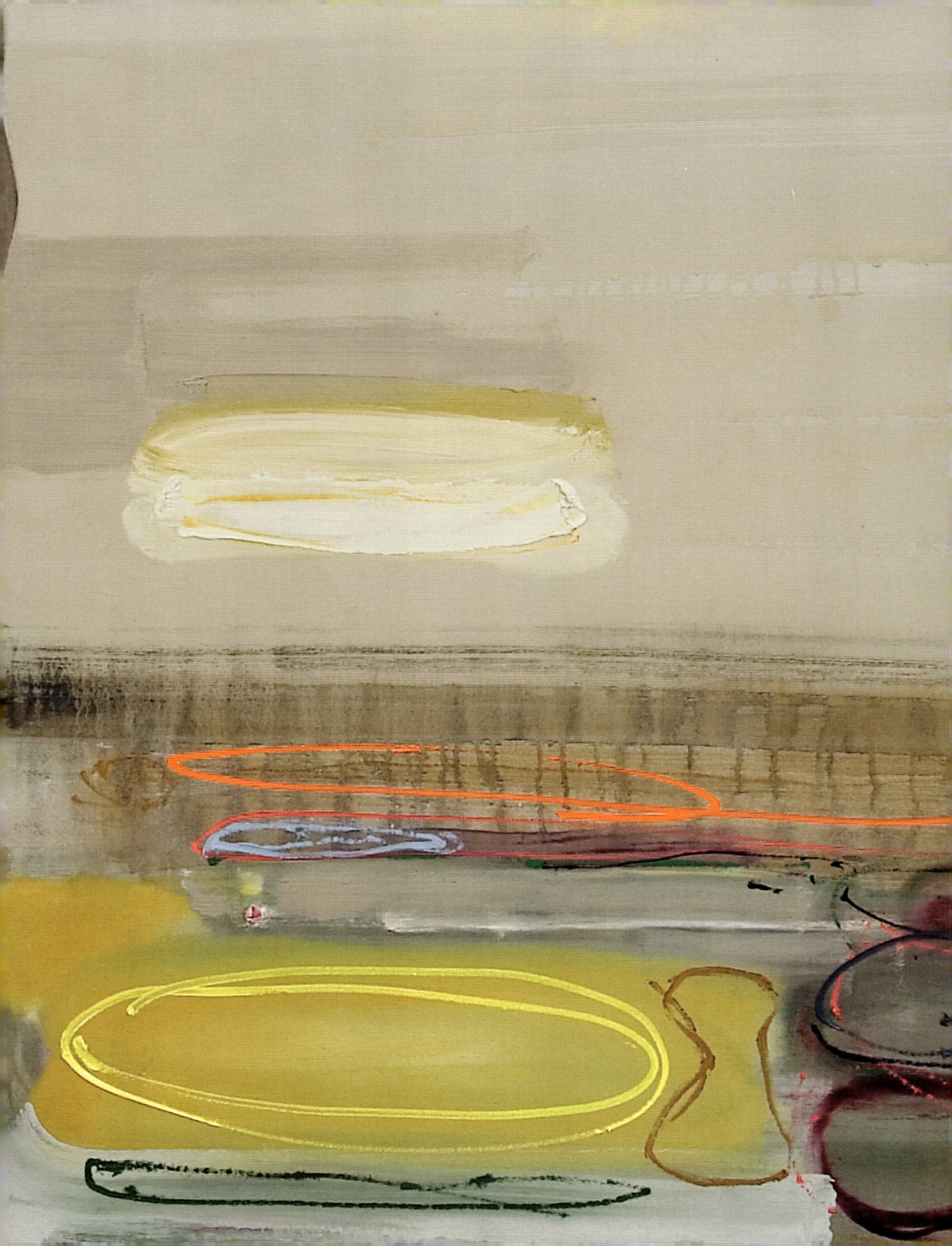

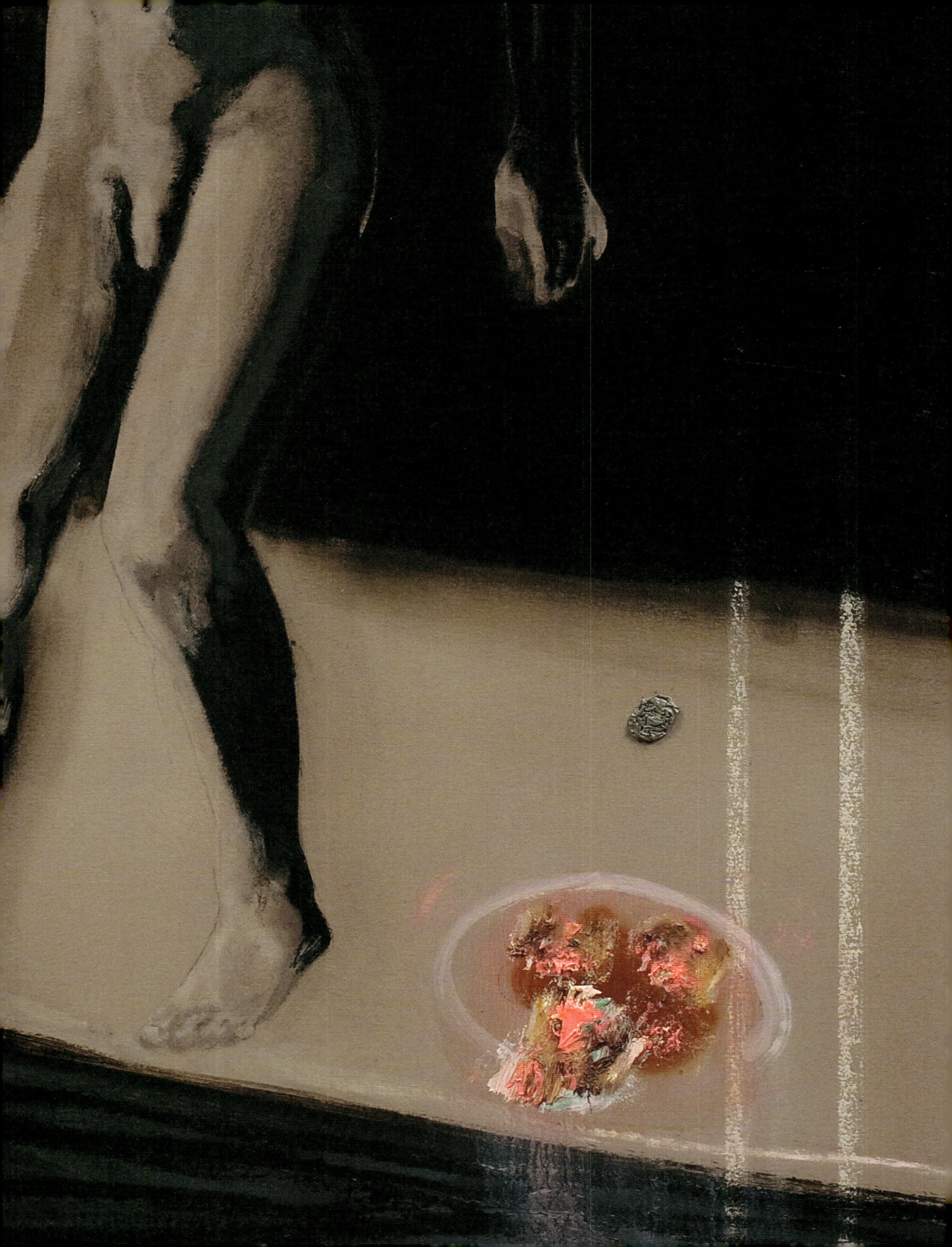

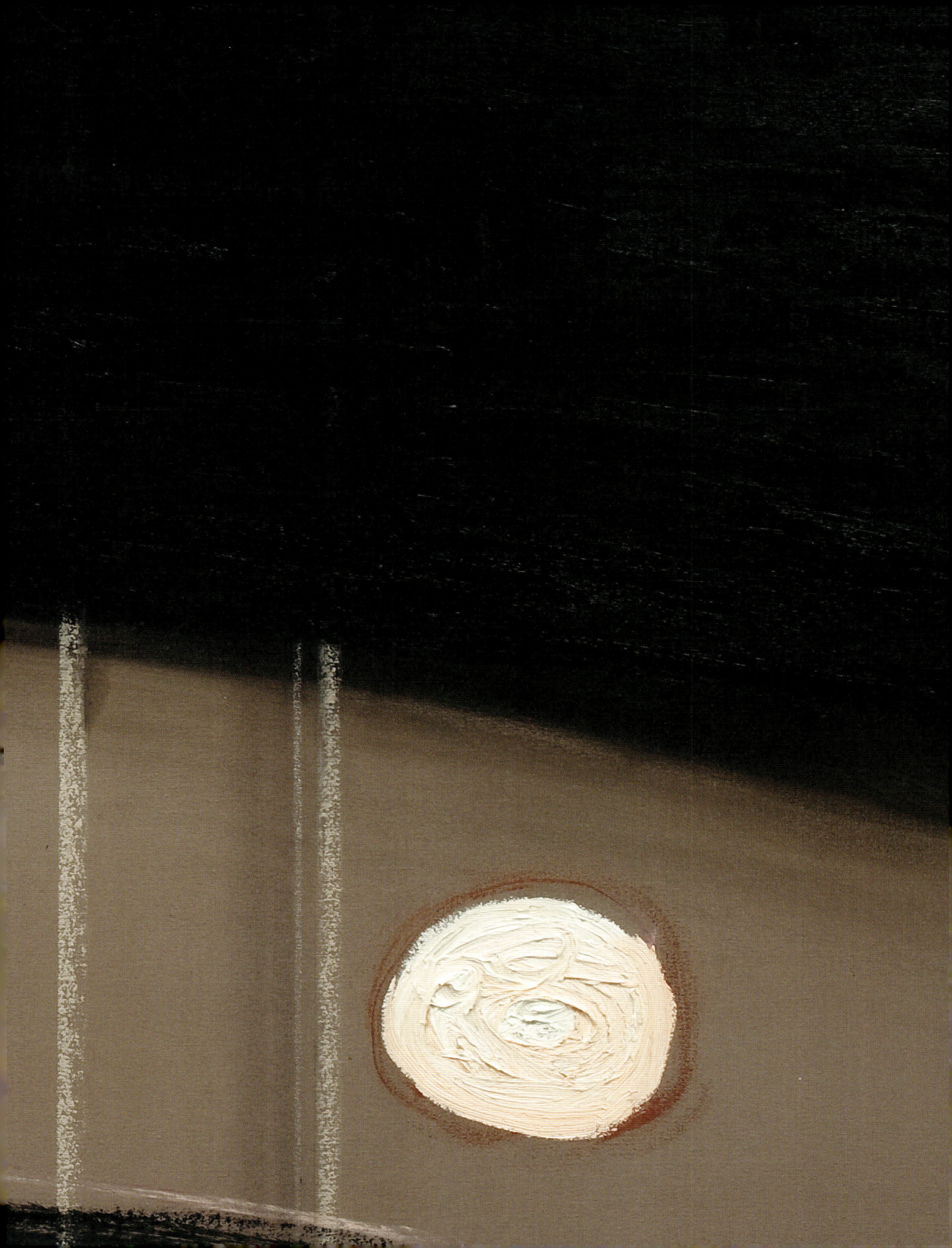

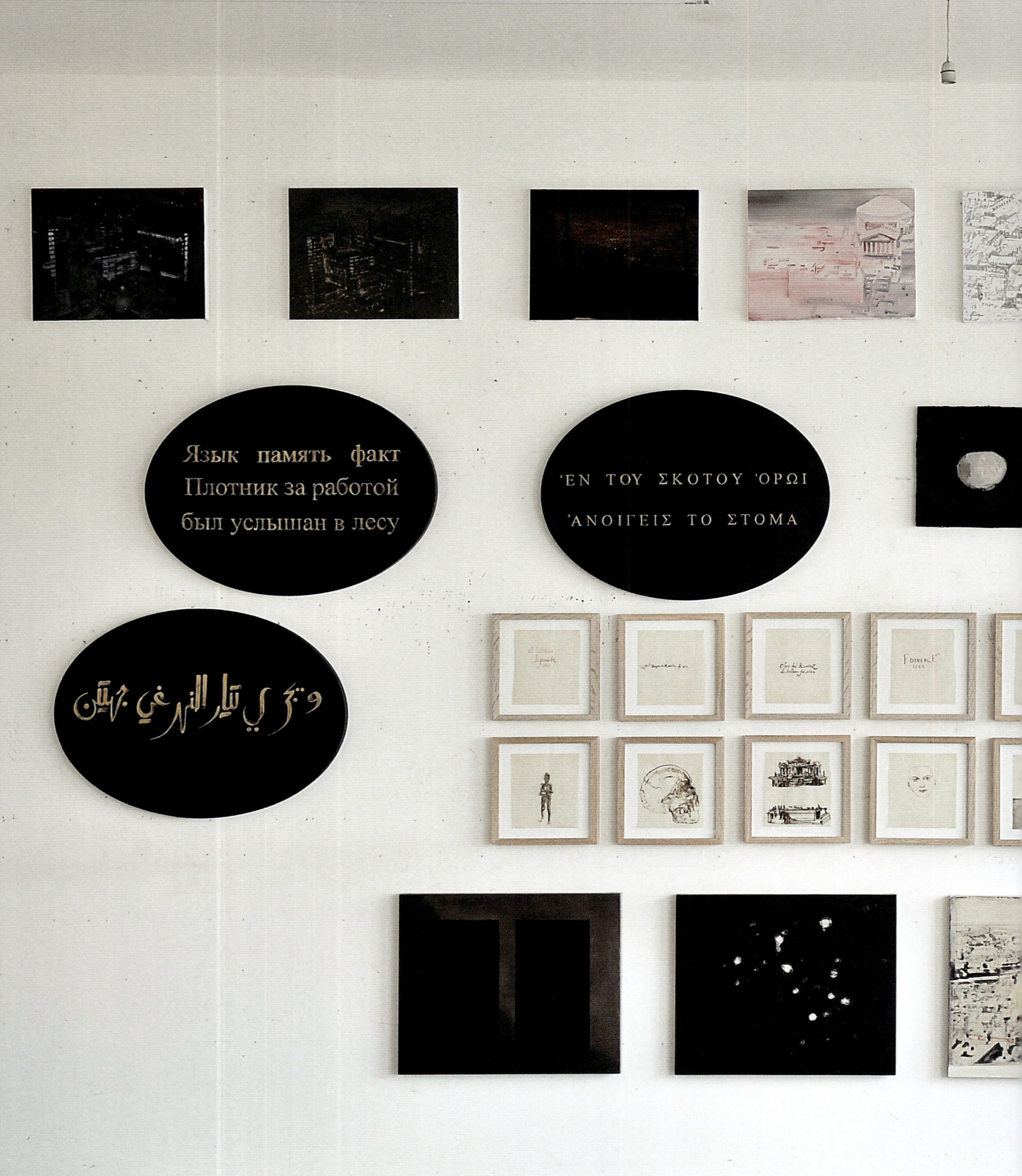
Язык  память  факт
Плотник за работой
был услышан в лесу
ΈΝ ΤΟΥ ΣΚΟΤΟΥ ΌΡΩΙ
ἈΝΟΙΓΕΙΣ ΤΟ ΣΤΟΜΑ

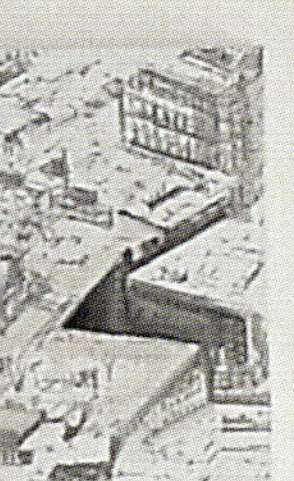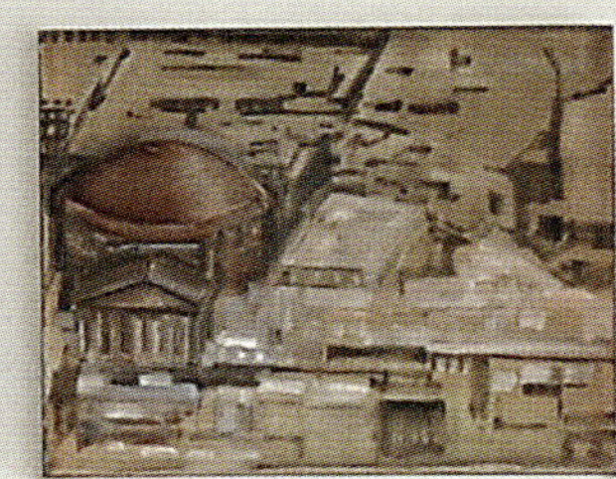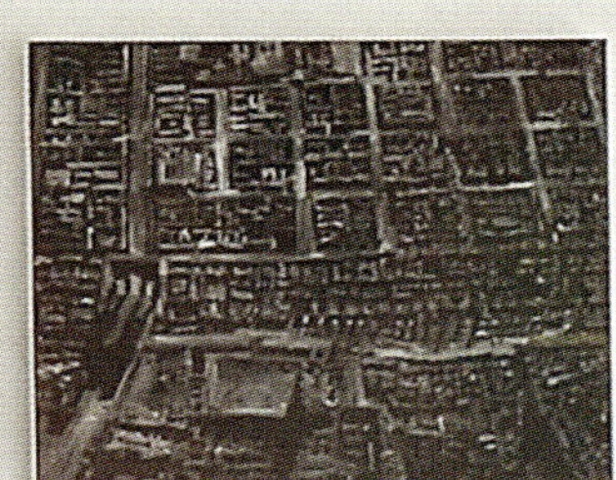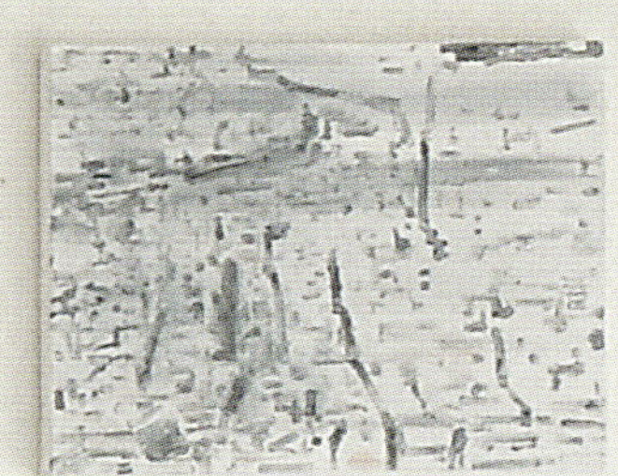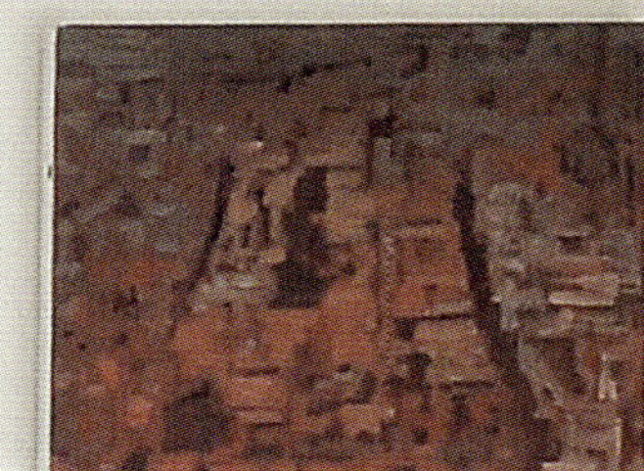

*Y recuerda que tu miras
la luz del mundo a través
de lo negro de las pupilas*

*Visibilia omnia
Et invisibilia
Oculum Audientis movere*

総ての輝きも陰影れ
稲妻の中に凍りつん

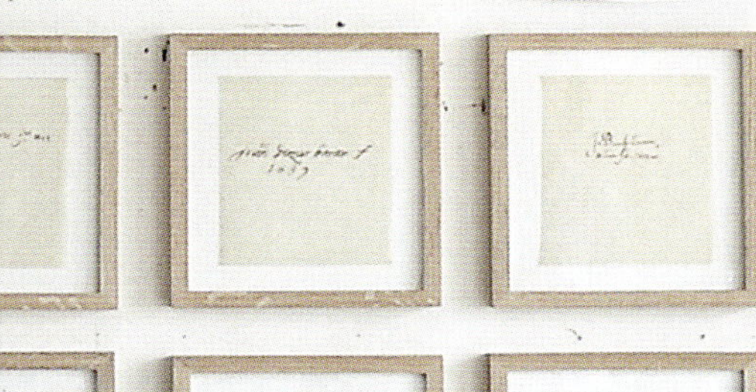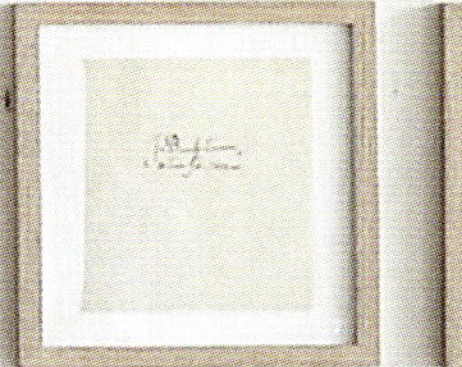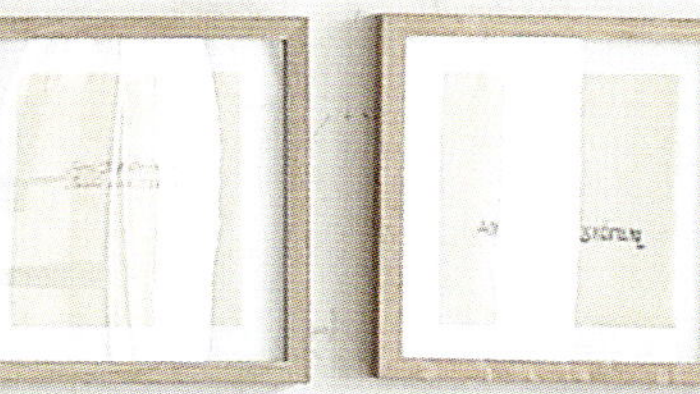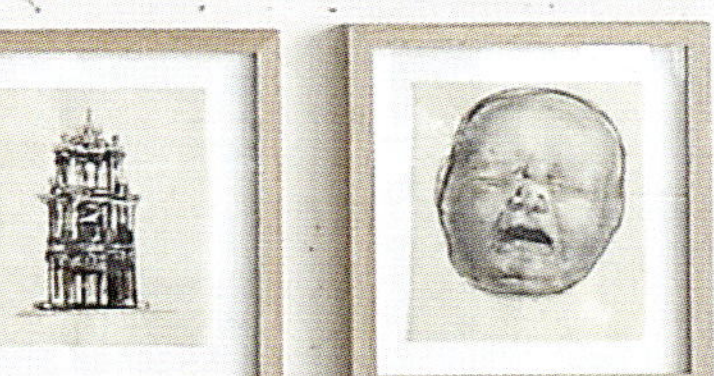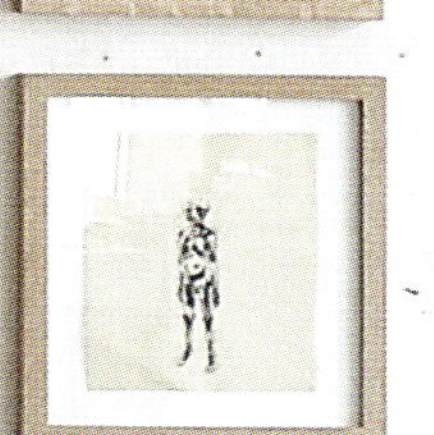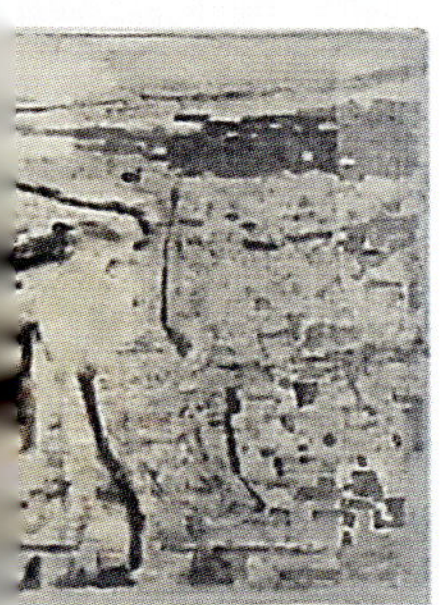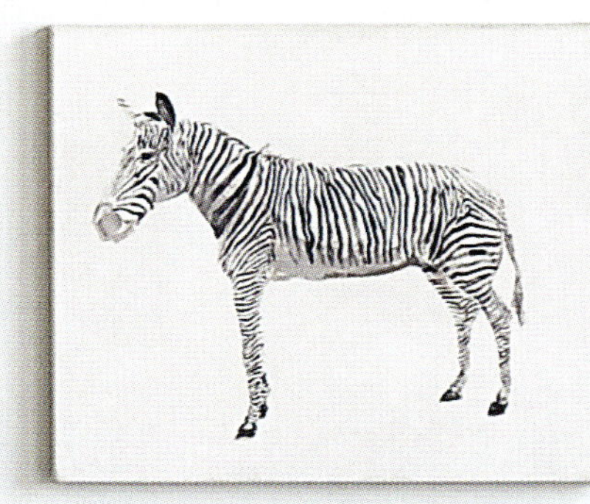

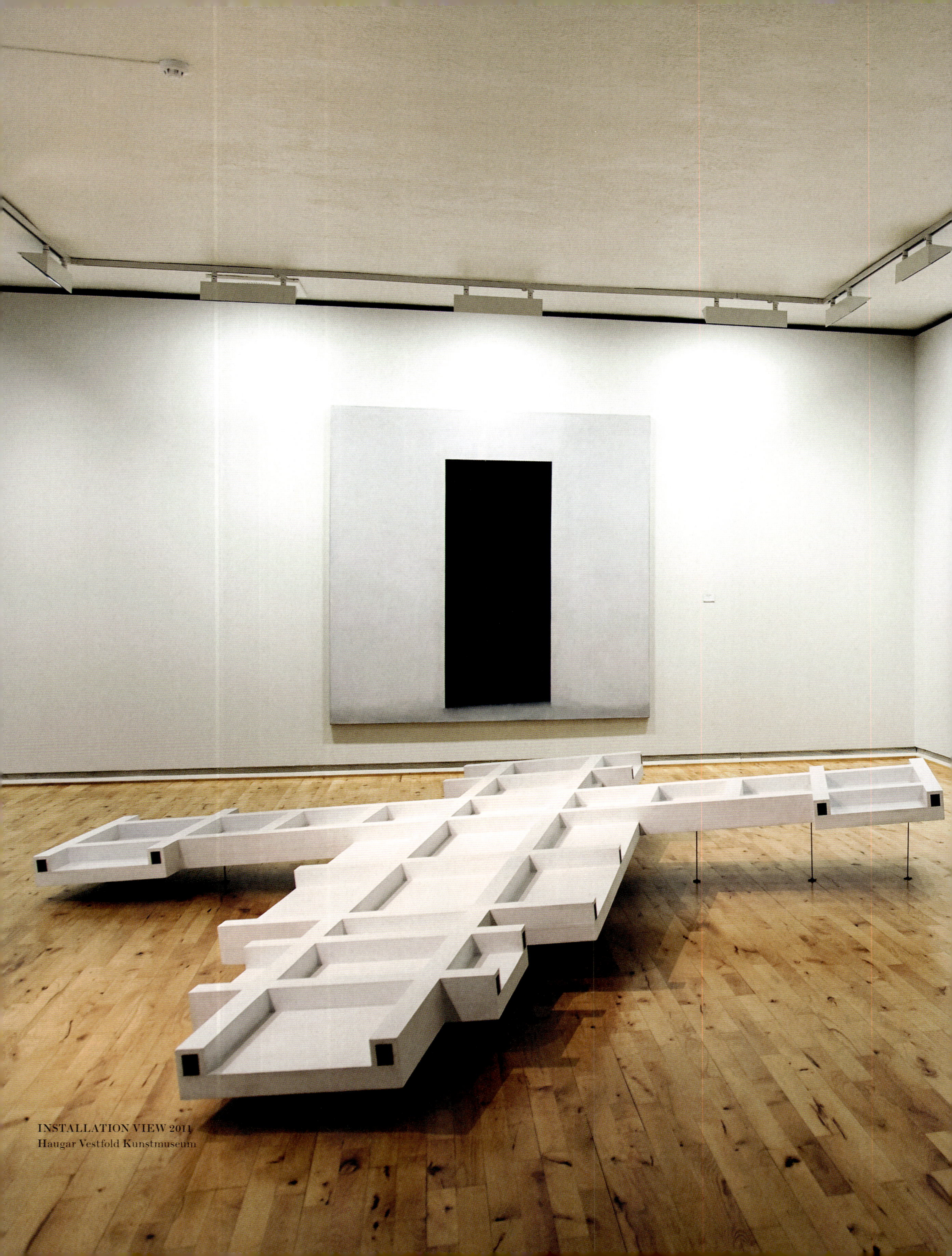


INSTALLATION VIEW 2011
Haugar Vestfold Kunstmuseum

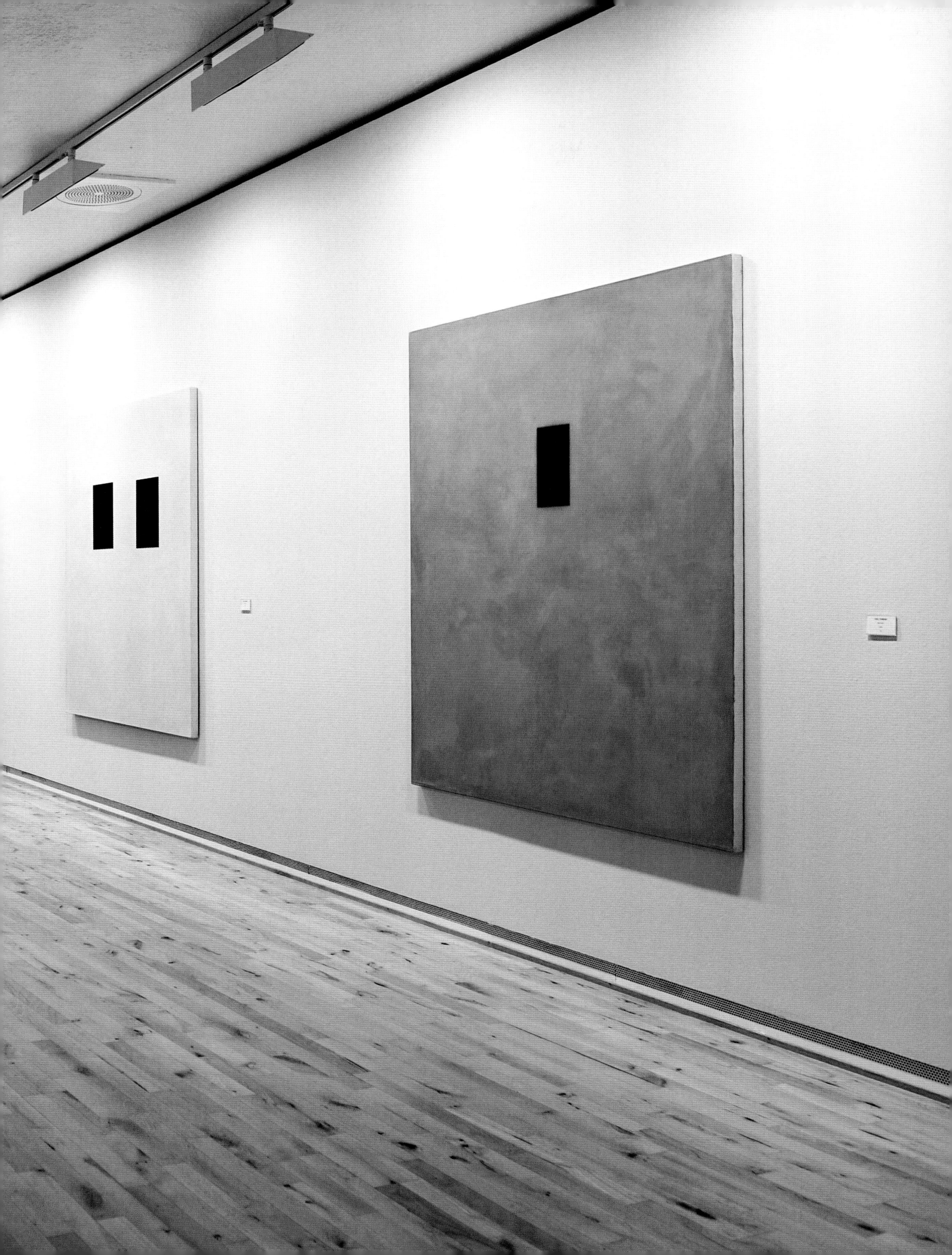

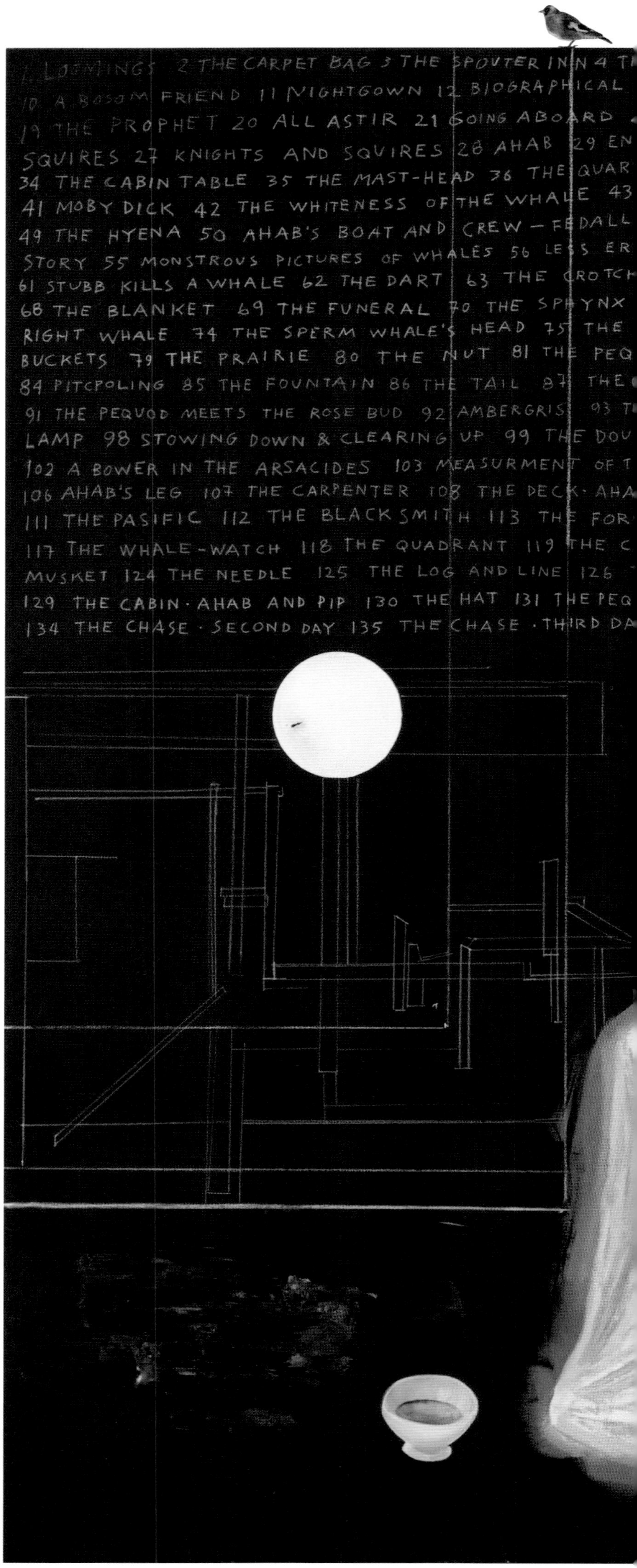

1 LOOMINGS  2 THE CARPET BAG  3 THE SPOUTER INN  4 T
10 A BOSOM FRIEND  11 NIGHTGOWN  12 BIOGRAPHICAL
19 THE PROPHET  20 ALL ASTIR  21 GOING ABOARD
SQUIRES  27 KNIGHTS AND SQUIRES  28 AHAB  29 EN
34 THE CABIN TABLE  35 THE MAST-HEAD  36 THE QUAR
41 MOBY DICK  42 THE WHITENESS OF THE WHALE  43
49 THE HYENA  50 AHAB'S BOAT AND CREW — FEDALL
STORY  55 MONSTROUS PICTURES OF WHALES  56 LESS ER
61 STUBB KILLS A WHALE  62 THE DART  63 THE CROTCH
68 THE BLANKET  69 THE FUNERAL  70 THE SPHYNX
RIGHT WHALE  74 THE SPERM WHALE'S HEAD  75 THE
BUCKETS  79 THE PRAIRIE  80 THE NUT  81 THE PEQ
84 PITCPOLING  85 THE FOUNTAIN  86 THE TAIL  87 THE
91 THE PEQUOD MEETS THE ROSE BUD  92 AMBERGRIS  93 T
LAMP  98 STOWING DOWN & CLEARING UP  99 THE DOU
102 A BOWER IN THE ARSACIDES  103 MEASURMENT OF T
106 AHAB'S LEG  107 THE CARPENTER  108 THE DECK · AHA
111 THE PASIFIC  112 THE BLACKSMITH  113 THE FOR
117 THE WHALE-WATCH  118 THE QUADRANT  119 THE C
MUSKET  124 THE NEEDLE  125 THE LOG AND LINE  126
129 THE CABIN · AHAB AND PIP  130 THE HAT  131 THE PEQ
134 THE CHASE · SECOND DAY  135 THE CHASE · THIRD DA

LANDLESSNESS 2010
Oil on canvas
228 x 270 cm

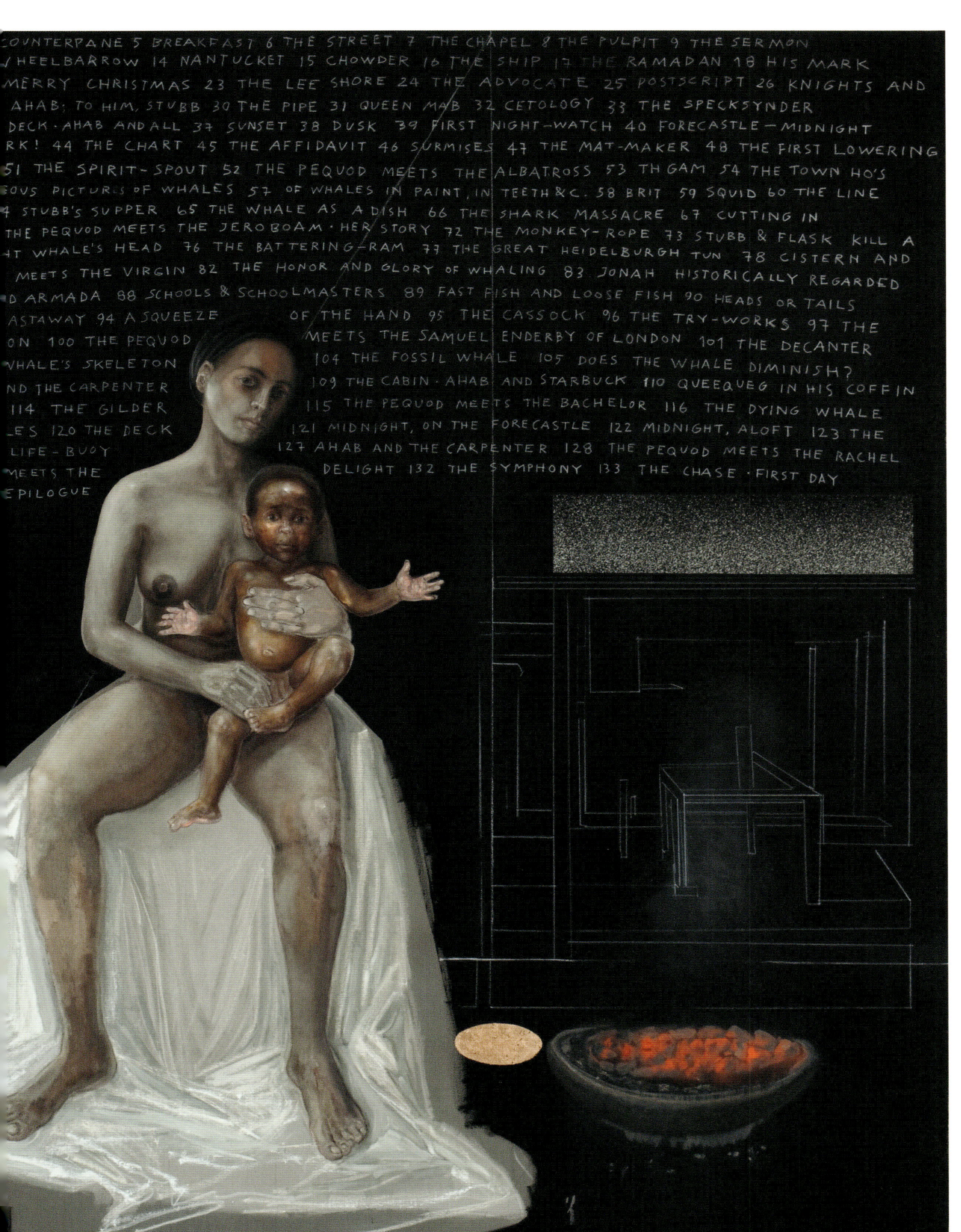
COUNTERPANE 5 BREAKFAST 6 THE STREET 7 THE CHAPEL 8 THE PULPIT 9 THE SERMON
WHEELBARROW 14 NANTUCKET 15 CHOWDER 16 THE SHIP 17 THE RAMADAN 18 HIS MARK
MERRY CHRISTMAS 23 THE LEE SHORE 24 THE ADVOCATE 25 POSTSCRIPT 26 KNIGHTS AND
AHAB; TO HIM, STUBB 30 THE PIPE 31 QUEEN MAB 32 CETOLOGY 33 THE SPECKSYNDER
DECK · AHAB AND ALL 37 SUNSET 38 DUSK 39 FIRST NIGHT-WATCH 40 FORECASTLE-MIDNIGHT
RK! 44 THE CHART 45 THE AFFIDAVIT 46 SURMISES 47 THE MAT-MAKER 48 THE FIRST LOWERING
51 THE SPIRIT-SPOUT 52 THE PEQUOD MEETS THE ALBATROSS 53 TH GAM 54 THE TOWN HO'S
OUS PICTURES OF WHALES 57 OF WHALES IN PAINT, IN TEETH &C. 58 BRIT 59 SQUID 60 THE LINE
4 STUBB'S SUPPER 65 THE WHALE AS A DISH 66 THE SHARK MASSACRE 67 CUTTING IN
THE PEQUOD MEETS THE JEROBOAM · HER STORY 72 THE MONKEY-ROPE 73 STUBB & FLASK KILL A
HT WHALE'S HEAD 76 THE BATTERING-RAM 77 THE GREAT HEIDELBURGH TUN 78 CISTERN AND
MEETS THE VIRGIN 82 THE HONOR AND GLORY OF WHALING 83 JONAH HISTORICALLY REGARDED
D ARMADA 88 SCHOOLS & SCHOOLMASTERS 89 FAST FISH AND LOOSE FISH 90 HEADS OR TAILS
ASTAWAY 94 A SQUEEZE OF THE HAND 95 THE CASSOCK 96 THE TRY-WORKS 97 THE
ON 100 THE PEQUOD MEETS THE SAMUEL ENDERBY OF LONDON 101 THE DECANTER
WHALE'S SKELETON 104 THE FOSSIL WHALE 105 DOES THE WHALE DIMINISH?
ND THE CARPENTER 109 THE CABIN · AHAB AND STARBUCK 110 QUEEQUEG IN HIS COFFIN
114 THE GILDER 115 THE PEQUOD MEETS THE BACHELOR 116 THE DYING WHALE
LES 120 THE DECK 121 MIDNIGHT, ON THE FORECASTLE 122 MIDNIGHT, ALOFT 123 THE
LIFE-BUOY 127 AHAB AND THE CARPENTER 128 THE PEQUOD MEETS THE RACHEL
MEETS THE DELIGHT 132 THE SYMPHONY 133 THE CHASE · FIRST DAY
EPILOGUE

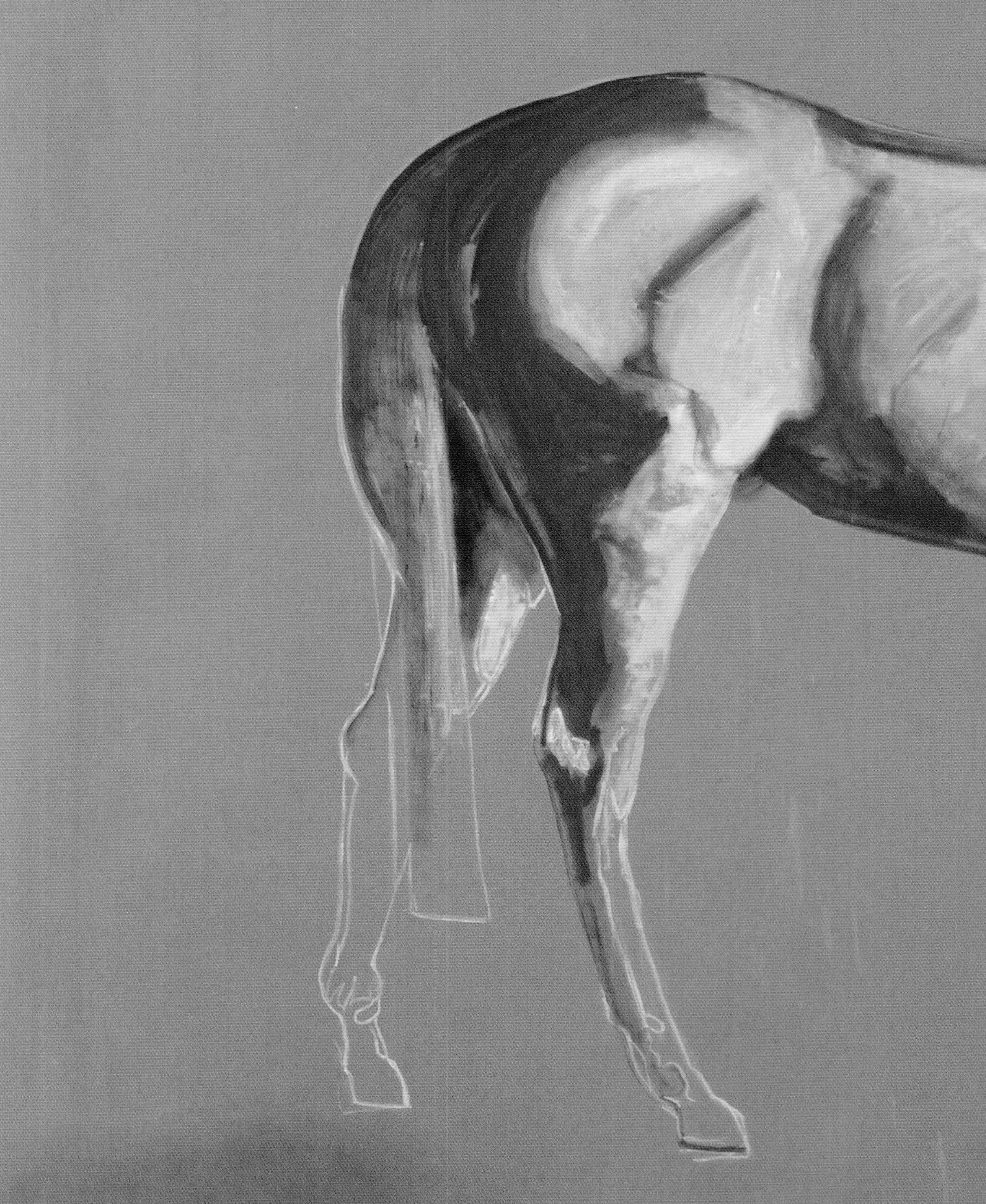


THE PREMONITION 2011
Oil on canvas
235 x 312 cm

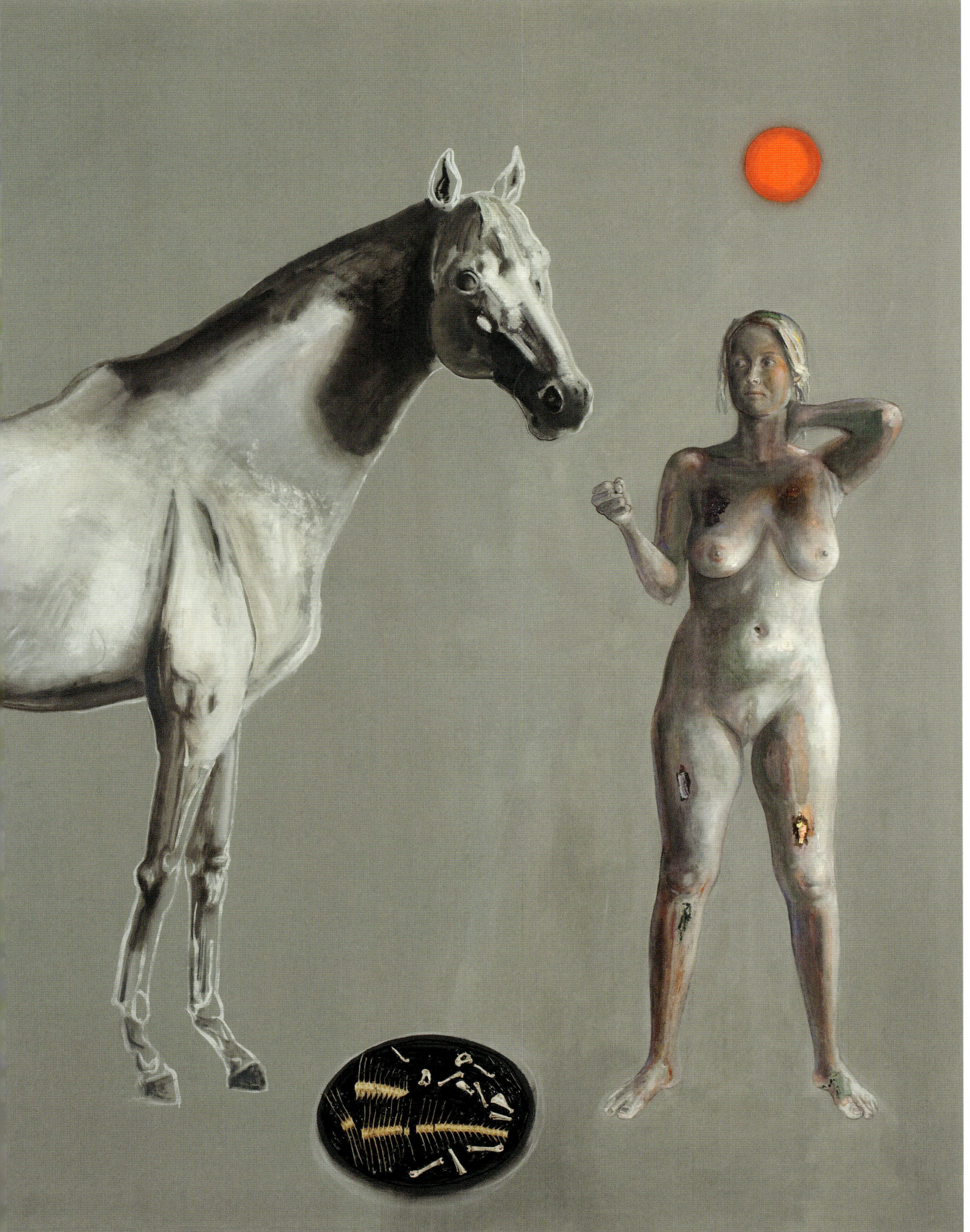

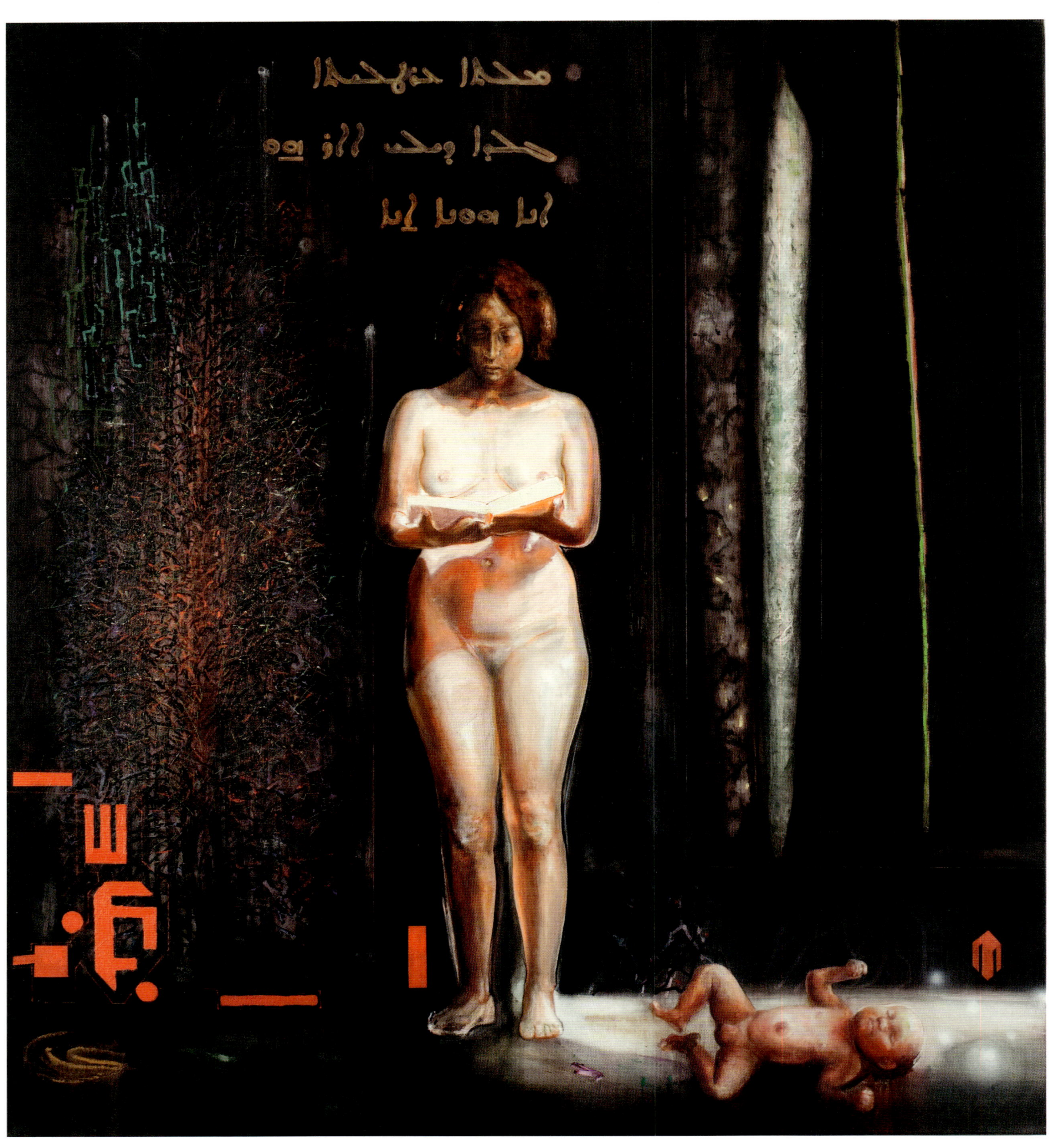

THE READING  2010
Oil on canvas
220 x 200 cm

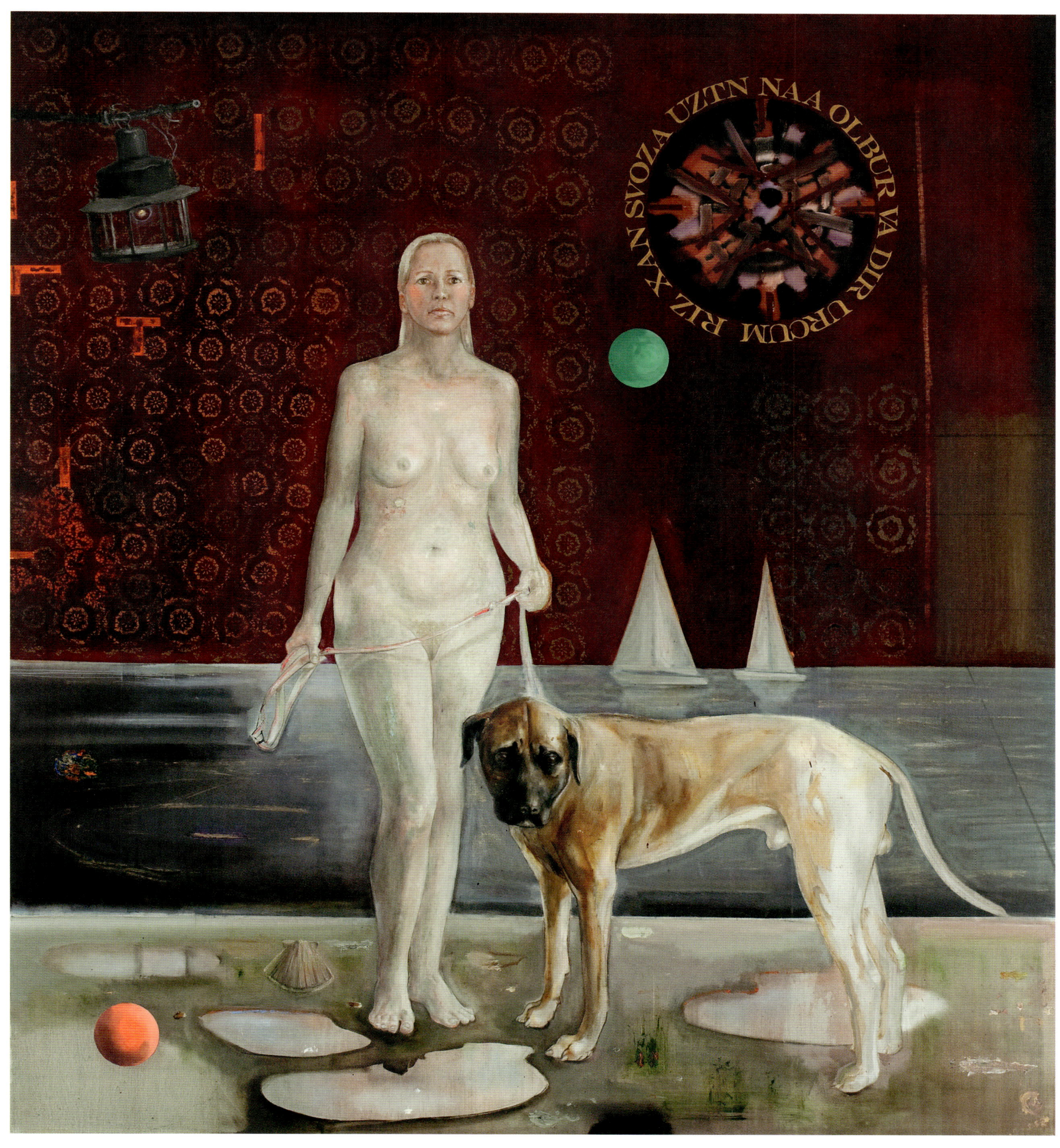


THE CLAIRVOYANT  2010
Oil on canvas
220 x 200 cm

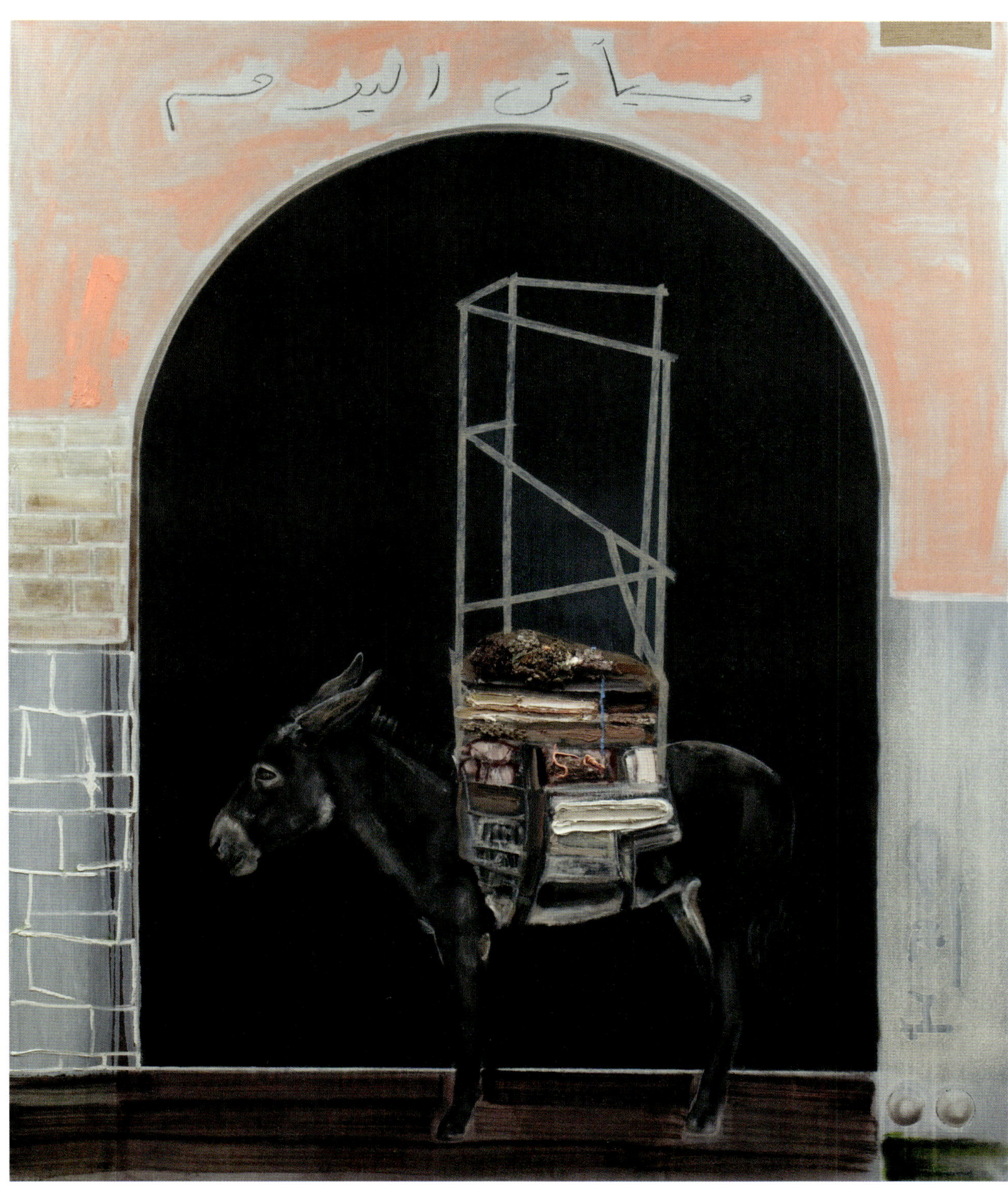

ESEL 2010–2011
Oil on canvas
182 x 152 cm

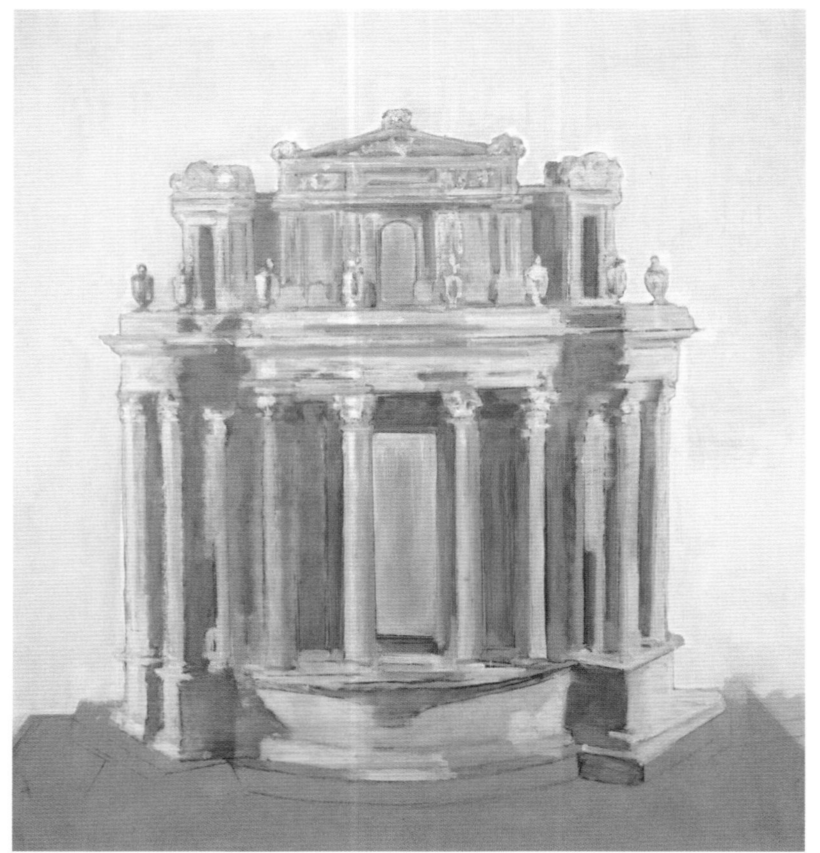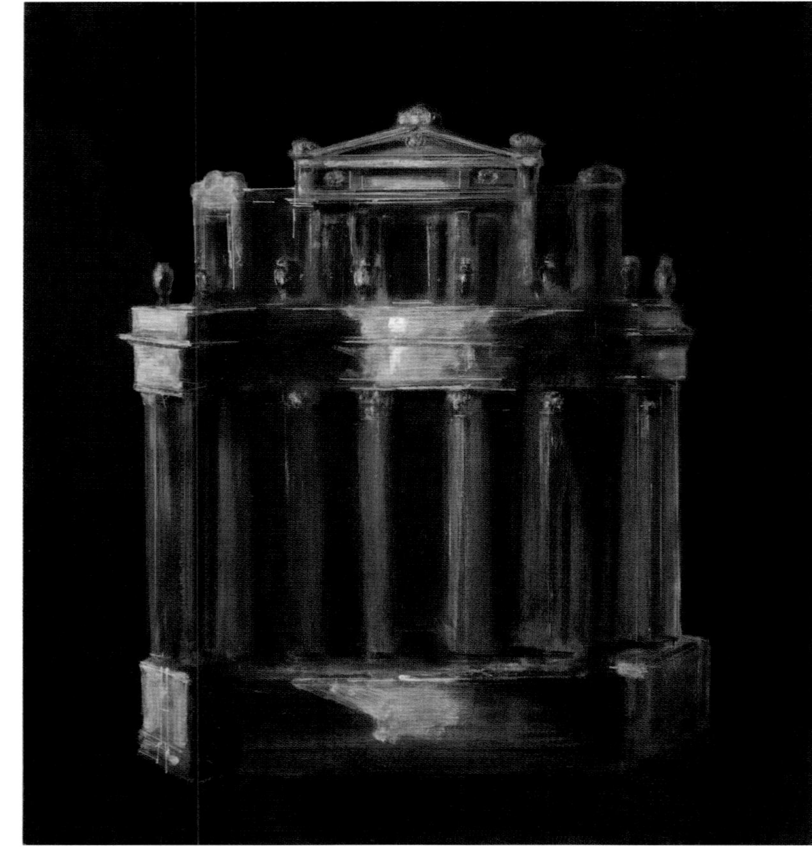

THE SOANE QUARTET 2004
Oil on MDF
Each 68 x 55 cm

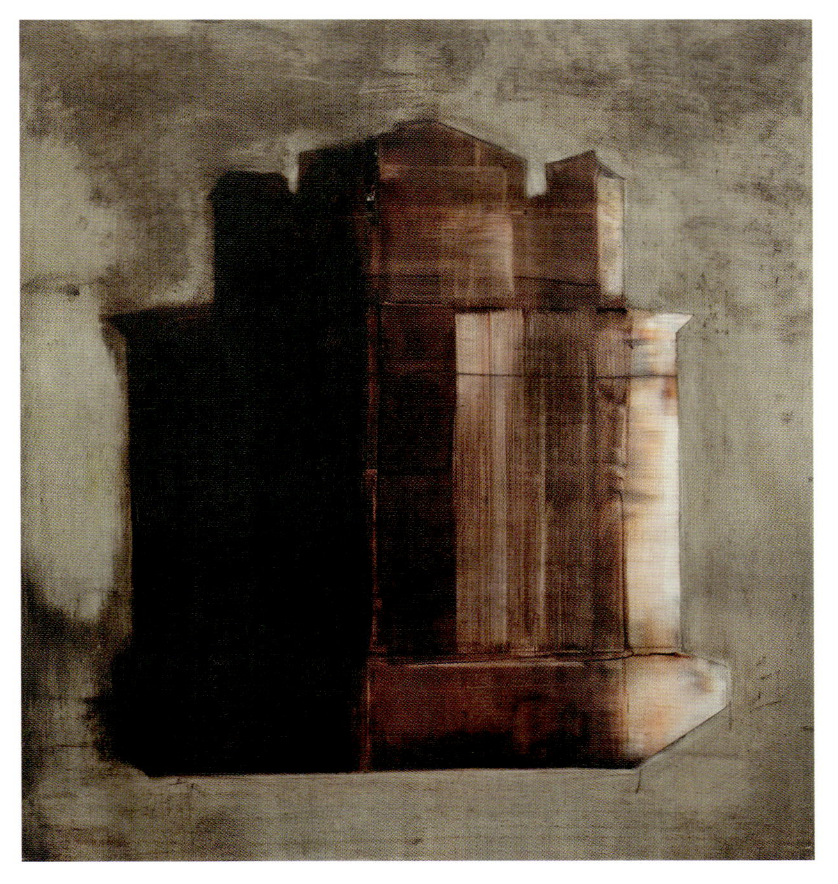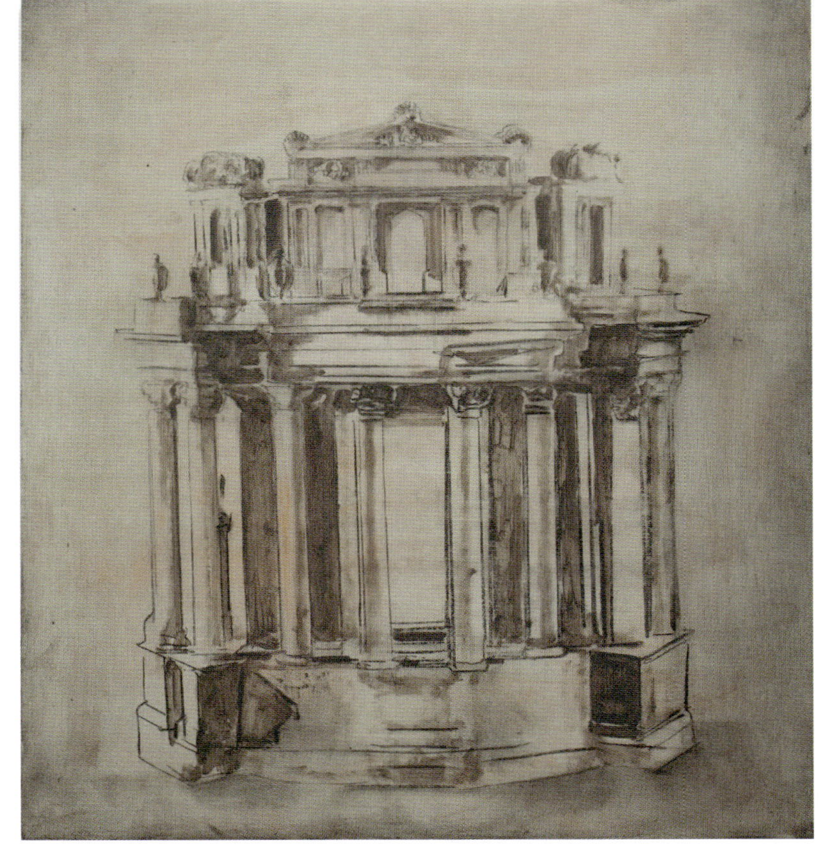

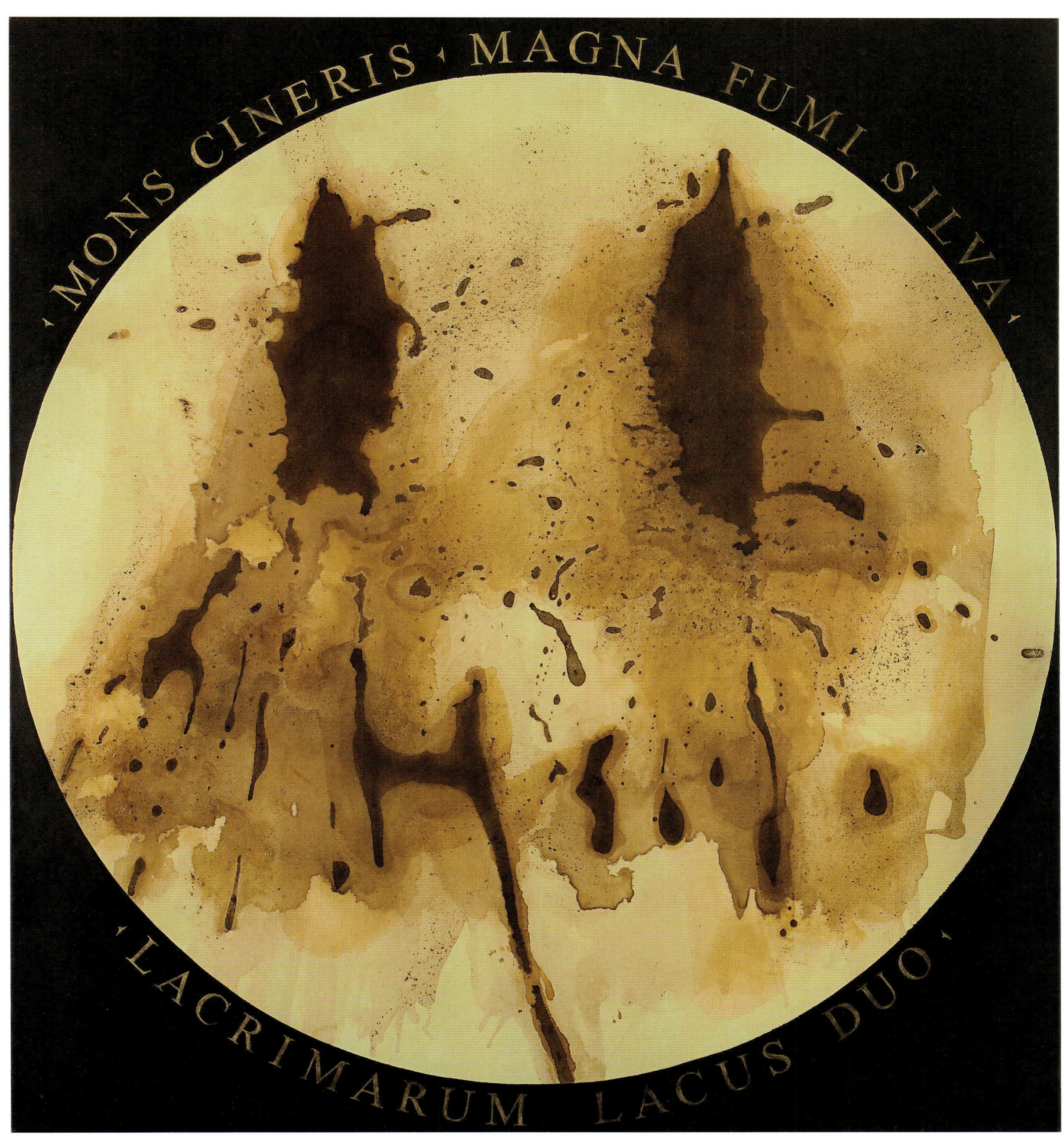


ONE MINUTE AT A TIME  2008
Oil on canvas
220 x 200 cm

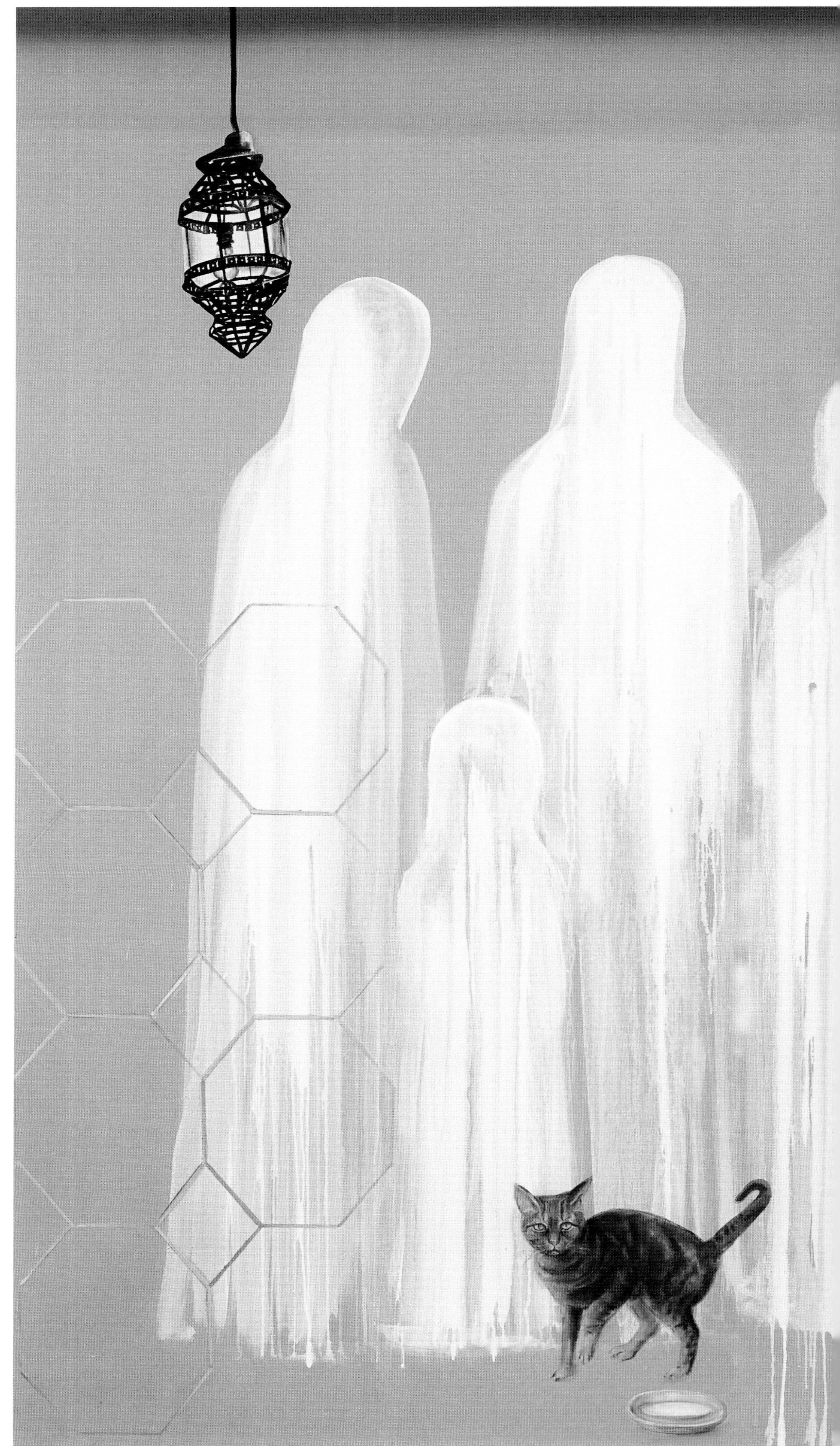

LARGO 2010–2011
Oil on canvas
235 x 312 cm

CORPORIS EFFICIEM ISTA QUIVEM BENE ACTA TABELLA EXPRIMIT AST ANIMA TOT MEA SCRIPTA MEI


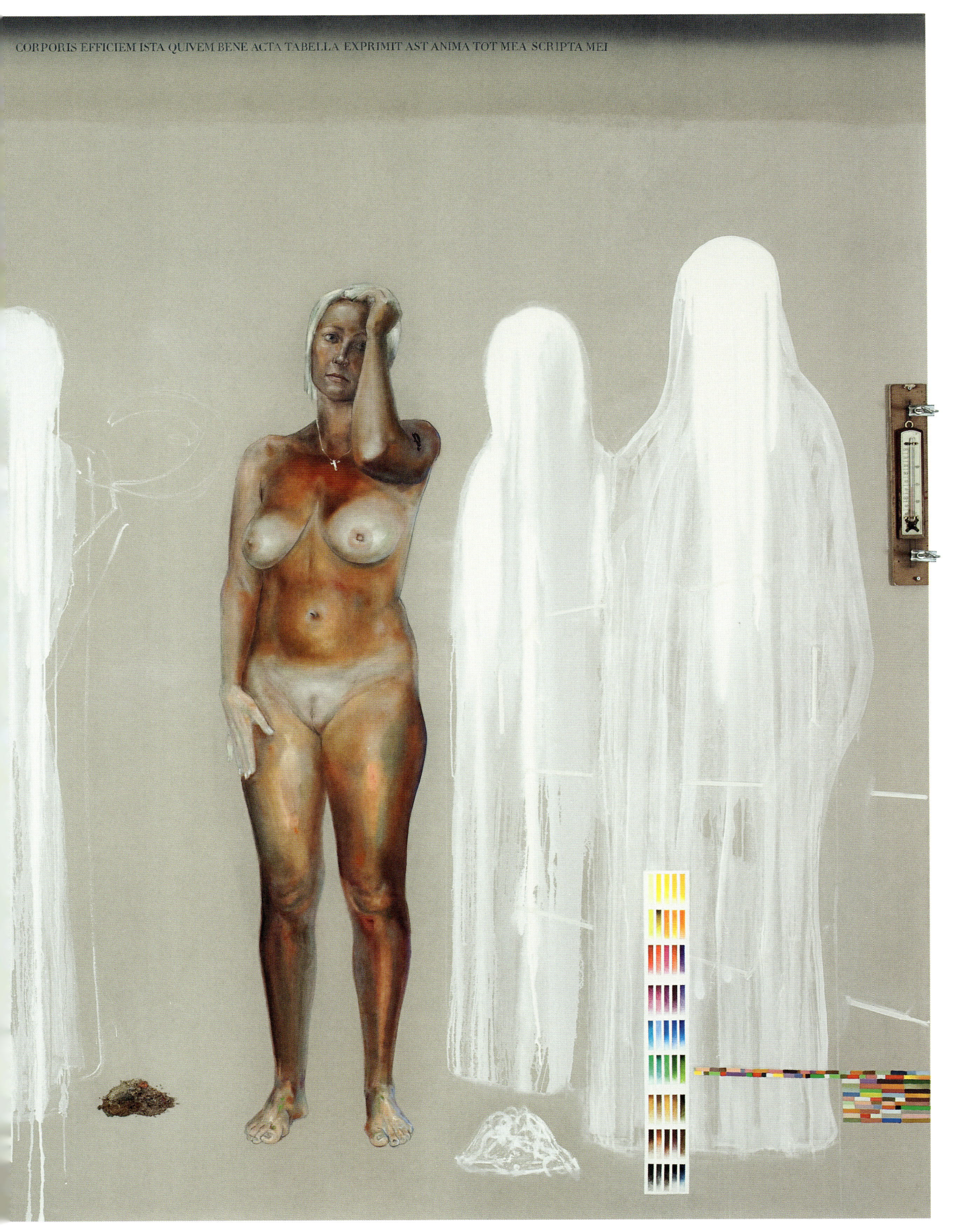

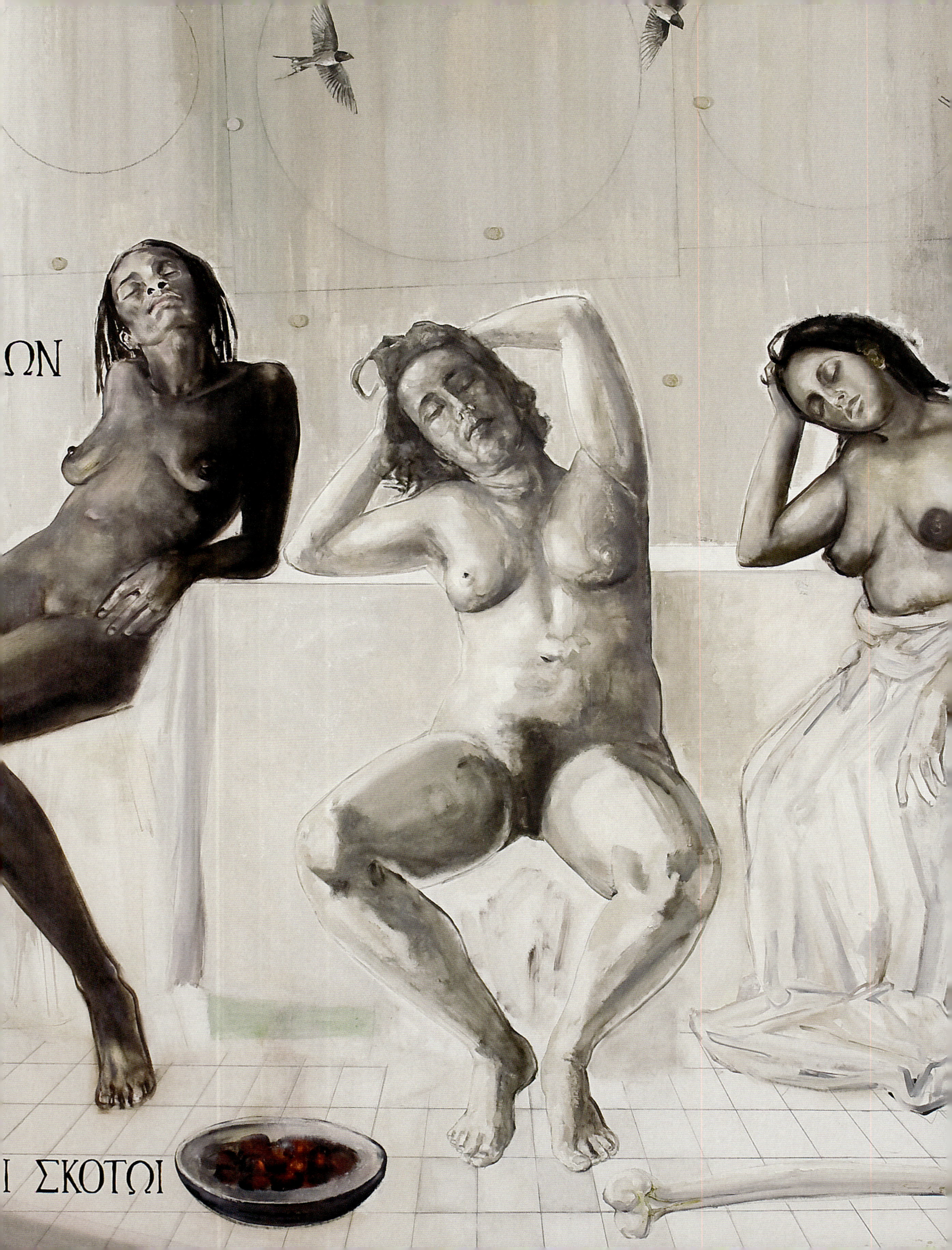
ΩN
Ι ΣΚΟΤΩΙ

# AKTENS ERINDRING

## Tone Lyngstad Nyaas
KONSERVATOR, HAUGAR VESTFOLD KUNSTMUSEUM

I Kjell Torrisets kunstnerskap føres det en nær dialog
med fortidens kunst. Det kunsthistoriske materialet han
tar opp i sine arbeider, blir inderliggjort på samme måte
som situasjonene han anvender fra sitt personlige liv.
Referansene til annen kunst blir derfor en høyst subjektiv
del av Torrisets billedgrammatikk. Maleriene har en
fragmentarisk oppbygging og et mangfold av visuelt tilfang
som skaper et gåtefullt uttrykk. I hans særegne billedspråk
sammenføres figurasjoner med lange kunsthistoriske
tidslinjer med et abstrakt og minimalistisk formvokabular.
I maleriene fra 1980- og 1990-tallet finner man en utpreget
stofflighet som kan påminne om Mark Rothkos sanselige
meditasjonsbilder. Billedflaten tar form av et mykt og
glødende landskap som ofte blir kontrastert med nakne,
vektløse menneskeskikkelser og arkitektoniske strukturer.

Med en utsøkt varhet i behandlingen av koloritt og stofflighet
fikk Torriset på 1980- og 1990-tallet en sentral posisjon
som fornyer av menneskekroppens betydning i maleriet.
Revitaliseringen av den nakne akten ble fortolket som en
tilbakeføring av en historisk figurasjon som hadde blitt drevet
ut i eksil av modernismen og den abstrakte kunsten. Kroppen
i maleriet ble ved postmodernismens inntreden ofte tildelt en
historisk og mytologisk dimensjon; hensikten var å utvide
menneskets selvforståelse relatert til de lange tidslinjene. Dette
er et perspektiv som kommer tydelig til uttrykk i Torrisets
mytologiske og klassiske forelegg. Det var som om lengselen
etter en forankring langt utover vår egen samtid trakk kroppen
med seg inn i et mytologisk reservat; der søkte den tilflukt fra
det moderne samfunnets optimisme. På dette grunnlaget ble
et sivilisasjonskritisk perspektiv risset inn i hans arbeider, et
tema som videreføres i arbeidene fra 2004 og frem til i dag.

Torrisets arbeider preges av et visuelt mangfold hvor
sammenstillingene av ulike elementer skaper en kompleks og
særegen ikonografi. På denne måten skapes det en tilsiktet
følelse av fragment, som bryter med opplevelsen av kunstverket
som et visuelt homogent uttrykk.[1] I arven fra modernismen
ble et gjennomført stilistisk billedspråk gjerne identisk med
kunstnerens signatur, men betrakter man dette forholdet

---

1   *A Discussion with: Stian Grøgaard, Steinar Jakobsen,
George Morgenstern, Olga Schmelding and Åsmund
Thorkildsen. Kjell Torriset, Second Nature* (Astrup
Fearnley Museet for Moderne Kunst, Oslo 1999), s. 93.

# THE NUDE REMEMBERS

## Tone Lyngstad Nyaas
CURATOR, HAUGAR VESTFOLD KUNSTMUSEUM

In Kjell Torriset's art one often detects a dialogue in progress
with art of the past. The historical art he makes use of in
his works is internalized in the same way as experiences
from his own life. These references become therefore
a subjective part of Torriset's creative grammar. The
fragmentary composition of his paintings and the scope of
their visual imagery afford them an enigmatic expression.
In his distinctive visual language the figurations, with long
timelines from art history, are fused with an abstract and
minimalistic vocabulary. In his paintings from the 1980s
and 90s there is a distinct substantiality that might remind
us of Mark Rothko's sensual meditations. In his canvases a
soft and glowing landscape is often contrasted with naked,
weightless human figures and architectonic structures.

Torriset gained for himself in those decades much respect for
revitalizing the importance of the human body in painting,
not least due to his exquisite sensitivity for coloration
and substantiality. His emphasis on the nude figure was
interpreted as a regeneration of an historical figuration that
had been driven into exile by the advances of modernism and
abstraction. With the dawn of postmodernism the human form
was often given historical and mythological connotations, with
the intention of expanding the insight of humanity into its
condition by relating it to long timelines. This is a perspective
that also comes to the fore in the mythological and classical
aspects of Torriset's works. It was as if our longing for a
heritage from beyond our own time drew the body into some
mythology refuge, a shelter from contemporary optimism. The
element of social criticism etched into his paintings has been
carried over into his works from 2004 and up to the present.

Torriset brings to his paintings a visual diversity, surprising
juxtapositions creating a complex and distinctive iconography.
He fully intends to impart this fragmentary sense to his
works, breaking down the common experience of the
painting as a visually homogenous experience.[1] A part of
the hangover from modernism is the notion that a singular
and distinctive visual style was synonymous with an artist's
signature; from an historical perspective, however, there

---

1   *A Discussion with: Stian Grøgaard, Steinar Jakobsen,
George Morgenstern, Olga Schmelding and Åsmund
Thorkildsen. Kjell Torriset, Second Nature* (Astrup
Fearnley Museet for Moderne Kunst, Oslo 1999), p. 93.

i et kunsthistorisk perspektiv, var det ikke uvanlig at man innenfor et maleri kunne finne et konglomerat av språkformer.

Torrisets visuelle mangfold er inspirert av tidligrenessansens billedgrammatikk, hvor maleriene befinner seg i en overgang mellom en geometrisk flatebehandling og en plastisk figurfremstilling. Cimabue (ca. 1251–1302), Pietro Lorenzetti (1280–1348) og Ambrogio Lorenzetti (1290–1348) er malere som levde i en overgangsfase mellom den bysantinske billedtradisjonen og den fremvoksende renessansen. Krysningspunktet mellom disse to stilene var også et tema i Torrisets installasjon Øst–Vest (2004) i Nasjonalgalleriet hvor han inkorporerte museets samling av russiske ikoner i dialog med sine egne malerier. På gulvet plasserte han et hvitmalt kors med den identiske størrelsen til Cimabues kors i Basilica di Santa Croce i Firenze. Tidligrenessansens billedgrammatikk viser til en særegen spenning mellom flate og romlighet, samtidig som maleriene ofte inneholder tekstsitater og en ornamental detaljering. Dette rike spekteret av uttrykk kan man i Torrisets nye arbeider finne i for eksempel *The Clairvoyant* (2010): En plastisk modellert kvinneskikkelse står mot bakgrunnen av et ornamentalt felt med tekstfragmenter som brytes opp med et maritimt motiv.

Kunstens frembringelser fra renessansen til romantikken var, med sine sødmefulle fortolkninger av den myke og erotiske kvinnekroppen, basert på seduktive formler. Disse berører nødvendigvis ikke den eksistensielle nakenhet som artikuleres i Torrisets fortolkninger av menneskekroppen. Hans intense og inntrengende studier viser en humanitet som er befridd fra den utbredte seksualisering av kroppen som eksisterer i vår kultur. I fortolkningen av den nakne kvinnekroppen tar han også avstand fra en politisert kjønnsdiskurs. Torriset søker seg bort fra en instrumentell holdning til kroppen i sin søken etter en menneskelig skjønnhet, som vi synes å ha tapt i vår billedkultur. Det nakne mennesket har fulgt kunstneren som motiv siden tidlig på 1980-tallet og har ført til at han har blitt assosiert med London-skolen og de tre store fornyerne av figurasjonen i maleriet, Francis Bacon (1909–1992), R.B. Kitaj (1932–2007) og Lucian Freud (f. 1922). Sistnevnte representerer en hard og lite forskjønnende realisme hvor idealiseringen av menneskekroppen blir brutt ned, men det var også denne

have been many periods in which it was anything but unusual to assemble in one painting a varied visual vocabulary.

Torriset's visual diversity has been inspired by the pictorial grammar of the early Renaissance, when painting was in a transitional phase between a geometric treatment of the picture surface and a more plastic depiction of figures. Two artists who dominated this period were Ambrogio Lorenzetti (1290–1348) and Cimabue (ca. 1251–1302). The junction of these two styles was also central to Torriset's installation Øst–Vest (East–West, 2004) at the National Gallery, in which he incorporated the museum's collection of Russian icons into a dialogue with his own paintings. On the floor, however, he placed a white crucifix with the exact measurements of Cimabue's crucifix in the Basilica of Santa Croce in Florence. The visual vocabulary of the early Renaissance suggests an extraordinary tension between surface and space, while also embracing textual quotations and a rich ornamentation. This wide spectrum of expressions is also reflected in many of Kjell Torriset's new works, including *The Clairvoyant* (2010), in which a female figure, plastically modelled, stands against an ornamental backdrop of textual fragments, composed together with a seascape.

From the Renaissance to Romanticism, art works brought seductive formulas into play in the interpretation of the soft and sensual female form. There is no reason to assume that these are also at work in the existential nakedness of Torriset's human figures. His intense studies reveal humanity divested of the blanket sexualisation of contemporary culture. In his interpretation of the female body he also places himself beyond politicised gender debate. In reaching out towards human beauty, which seems to have been lost in our culture, Torriset seeks to distance himself from an instrumental attitude to the body. As a motif the nude has been a part of his art since the early 1980s and has led to his being associated with the "School of London" and three great modernisers of figuration in painting, Francis Bacon (1909–1992), R. B. Kitaj (1932–2007), and Lucian Freud (1922). There is little beautification in Freud's approach, his hard realism breaking down the idealization of the human form; but this

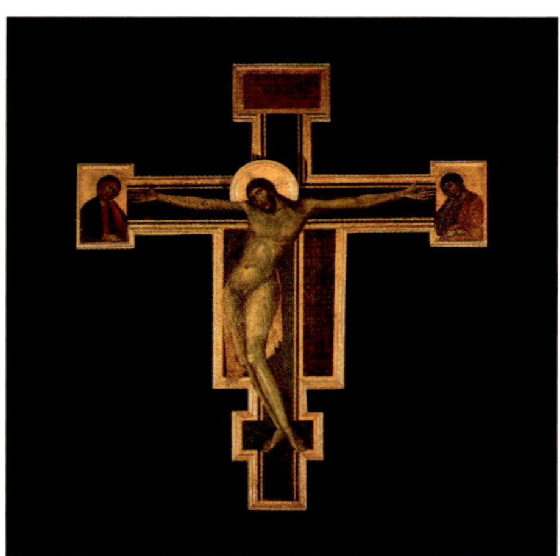

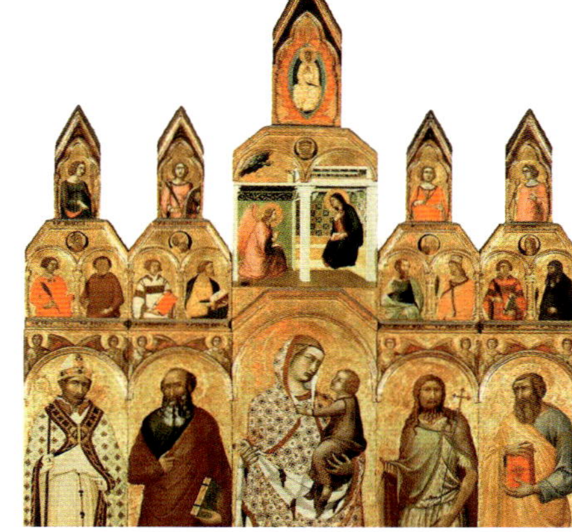

Cimabue, *Crusifix*, Basilica di Santa Croce, Firenze    Pietro Lorenzetti, *Altarpiece*, ca. 1320, Pieve di Santa Maria, Arezzo

tilnærmingen som innfridde en ny form for humanisme i skildringen av individets eksistensielle livsbetingelser.

Torrisets figurasjon ble på 1980- og 1990-tallet forbundet med en poetisk varhet i skildringen av kroppens anatomi og substanser. Det sanselige nærværet i behandlingen av motivet førte til at hans pulserende billedspråk ble forbundet med en nyvunnet humanitet i fortolkningen av kroppen i maleriet.[2] I arbeidene fra 2004 til 2011 har aktene fått en ny, realistisk utforming da de er skjøvet frem i billedplanet og fremstår som levende subjekter. Skildringen av den nakne menneskekroppen er blottet for ironi, uten tegn til det grenseoverskridende knyttet til morbiditet eller vold, og frigjort fra en problematisering av stereotype skjønnhetsidealer. I Torrisets univers er ikke nakenheten et territorium for politiske ytringer som reduserer dens anatomi til et middel, for i dens fenomenologiske sammensmeltning med verden og som sjelens speil er den fritatt fra enhver objektivering.

I *Nattevakten* (2008) hviler to kvinner seg etter flukten de har foretatt fra sivilisasjonens maskineri, kastet tilbake til en naturtilstand sitter de ved en transportabel varmekilde hvor røyken stiger opp fra glødende kull. I et meta-perspektiv kan reisen de har foretatt, fortolkes som en gjenkomst til et sted de en gang kom fra, nemlig maleriet – som nok en gang er blitt et reservat for den nakne kvinnekroppen. Et kjønnslig aspekt tematiseres uten ironi. Det blir en katalysator for det blottlagte, som utfordrer betrakterens egne grenser for patospinen. Det sårbare ved figurenes eksistens visualiseres ved den ekstreme tilstanden av stumhet, en tilstand som kan overmanne oss alle når vi begynner å tvile på om det er mulig for andre å anerkjenne vår menneskelighet.

I en rekke filosofiske tekster om Torrisets kunst fra 1980- og 1990-tallet blir hans arbeid i hovedsak betraktet i lys av verkenes formale kompleksitet. Det å berøre en allegorisk eller symbolsk fortolkning, eller å trekke inn kunsthistoriske temaer, skisseres opp som et ledd i en metodisk tilnærming, uten at det innholdsmessige

was also the path to a new form of humanism, reflected in the depiction of the existential necessities of the individual.

In the 1980s and 90s Torriset's figuration was characterized by a poetical sensitivity to the body's anatomy and substance. His vibrant language when approaching these motifs was associated with a newly gained humanity in painting the body.[2] In his works from 2004 to 2011 the nudes have again been given a realistic presentation, pushed to the front of the picture and depicted as living subjects. There is no place for irony, no disputation about beauty stereotypes, no sign of the transcendence associated with violence and morbidity. In Torriset's universe the nude is not an arena for political statements reducing anatomy to a tool; as the mirror of the soul, and in its phenomenological merging with the world, it is free of all objectification.

In *Nattevakten/The Nightwatch* (2008) two women rest after their flight from the machinery of civilisation. Thrown back into a natural state they warm themselves at a brazier, smoke rising from the glowing coals. Seen from a metaperspective their journey might be read as a homecoming to a place they belonged to, the painting, once again realized as a refuge for the naked female form. This gender aspect is used as a catalyst for the naked exposure, challenging the limits of how much pathos-pain the observer can take. The vulnerability of the figures is visualized through their extreme silence, a sense of speechlessness that might overwhelm anyone who begins to doubt the capacity of others to allow us our individual humanity.

In several philosophical texts discussing Torriset's art from the 1980s and 90s his work is most often considered in relation to its formal complexity. An allegorical or symbolic interpretation might be alluded to, also ideas from the history of art, but generally only as steps in a methodical approach, and without deeper consideration. Perhaps commentators have been motivated by a desire not to confine the ambiguous diversity

---

2    Geraldine Prince, *Ettertanker, Kjell Torriset* (John Grieg Forlag, Bergen, i samarbeid med Bergens Kunstforening og Galleri K, Oslo 1992), s. 53.

2    Geraldine Prince, *Ettertanker, Kjell Torriset* (John Grieg Forlag, Bergen, in collaboration with Bergens Kunstforening and Galleri K, Oslo 1992), p. 53.

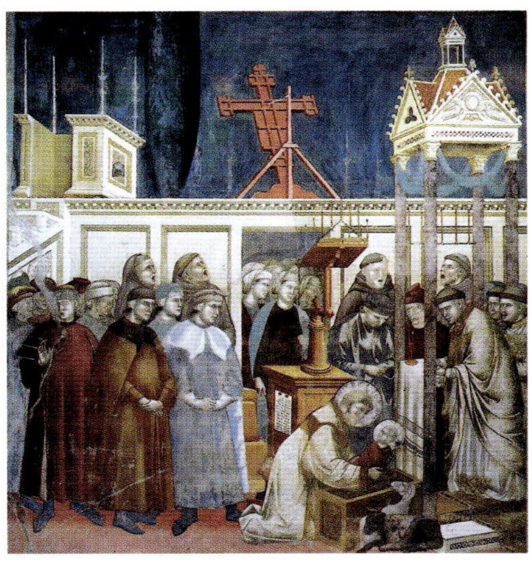 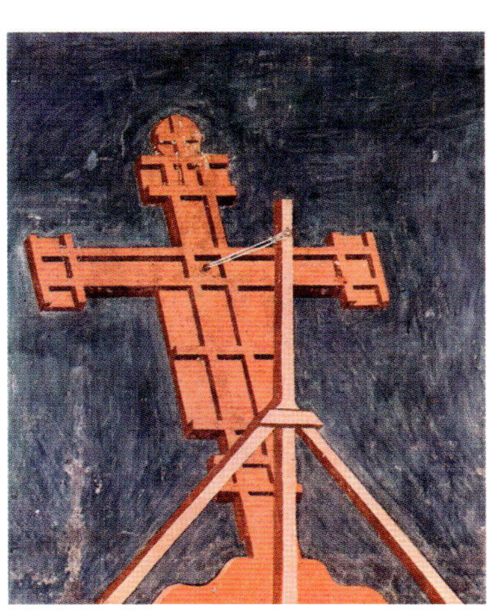

Giotto, *From the life of St Francis*, ca. 1290, Basilica di St. Francesco, Assisi

utdypes. Kanskje årsaken til det er at man ikke ønsket å låse de høyst mangetydige uttrykkene innenfor rammene av en fortolkning. Et eksempel på det er diskusjonen rundt hans utstrakte anvendelse av den fragmenterte kroppen, hvor det blir advart mot å fortolke i retning av en eksistensiell fremmedgjøring.[3] Selv om Torrisets verk på den tiden helt klart stod i en nærmere dialog med modernismens flateorientering enn hans arbeider etter 2000, finner man et snev av berøringsangst relatert til spørsmålet om hans intense og inntrengende menneskeskildringer kunne anspore et tematisk innhold. På denne måten ble vesentlige eksistensielle temaer i Torrisets malerier skjøvet i bakgrunnen for en formalistisk tilnærming.

I Torrisets malerier fra 2004 til 2011 viser den fragmentariske sammenføringen av ulike elementer til en ny form for narrativitet hvor det mimetiske er dominerende. Gjennom en presis avgrensning og detaljering har forholdet mellom figur, rom og flate endret seg. Figurene har fått vekt, de graviterer mot grunnen. Blikk, hud og anatomiske detaljer viser i enkelte partier et realistisk anslag. Akten som tidligere var uten en tydelig ansiktsanatomi og derfor anonymisert, besitter nå en personlighet og en individuell dimensjon. Hans fremstilling av den nakne kroppen har beveget seg fra å være sjablongmessig og flateorientert, hvor hele lerretsflaten sydet av en pulserende stofflighet, til å være en visualisering av ulike kroppsportretter. Hver minste figurasjon er utført med en utpreget egensubstans som viser at den sanselige dimensjonen i Torrisets malerier har flyttet seg fra det flateorienterte til en mimetisk fremstilling.

Den indre dialogen med historien er allerede vevd inn i Torrisets personlige ikonografi; kunsthistoriske kilder reformuleres og aktualiseres. Derfor kan man få følelsen av at de historiske billedformlene ligger immanente i kunstnerens billedgrammatikk. Samtidig anvender Torriset et bredt utvalg av forelegg fra blader, aviser og fotografier. Det vitale materialtilfanget, som krysser det høye med det lave, historien med samtiden, kan påminne om arbeidet til den tyske kunsthistorikeren og kulturforskeren Aby Warburg

of his expression within a single interpretation. One instance of this is the discussion about how to interpret the artist's frequent fragmentation of the body, with warnings raised against it being interpreted as existential alienation.[3] Although Torriset sustained at the time a much closer dialogue with modernism than he has done in works produced since 2000, there is a trace of reticence among his commentators to address the question of whether his intense human depictions might suggest a thematic content. In this way important existential themes in his paintings fell under the shadow of a formalistic approach.

In Torriset's paintings from 2004 to 2011 a new form of narration evolves from the practice of bringing together disparate elements, a form dominated by the mimetic. The limits of figuration, space, and plane are precisely balanced, creating an altered relationship between them. The figures have gained mass, they are drawn downwards. Skin, gaze, and anatomical details are executed with a realistic touch. Previously his nudes were without distinct physiognomy and therefore anonymous; now they have personality, an individual dimension. His depiction of the naked form has moved from being rather stencil-like and plane-oriented, with the whole canvas vibrant with substantiality, to being a visualisation of bodily portraits. Even the smallest figuration is executed with distinct intrinsic substance, indicating that the sensual dimension of Torriset's art is now dominated by mimetic depiction.

Torriset's inner dialogue with history is already woven into his personal iconography: sources from art history are reformulated and given new actuality. It is easy to get the feeling that classical visual formulas lie just below the surface of the artist's visual vocabulary. At the same time Torriset employs other materials from an eclectic selection of magazines, newspapers, and photographs. Throwing his net so widely, drawing in the high with the low, the historical with the contemporary, Torriset reminds us of the work of German art historian and cultural scholar Aby Warburg (1866–1929). In his so-called "picture atlas" Mnemosyne Warburg

---

3    George Morgenstern, *Maleriets Beliggenhet* (Kunstnernes Hus, Oslo 1994), s. 10.

3    George Morgenstern, *Maleriets Beliggenhet* (Kunstnernes Hus, Oslo 1994), p. 10.

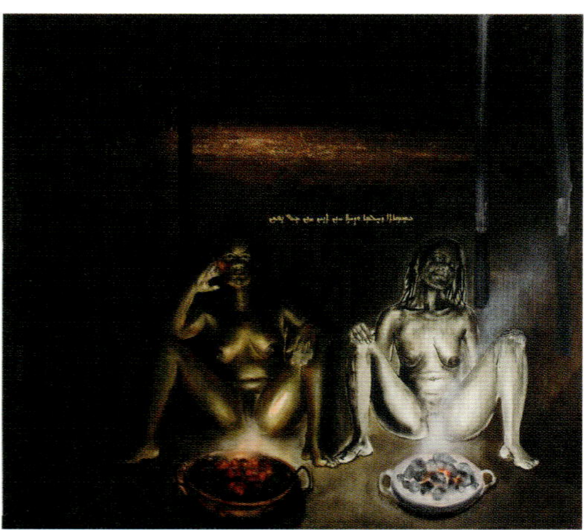

Kjell Torriset, *Nattevakten / Nightwatch*, 2009

(1866–1929). I sitt «billedatlas» *Mnemosyne* nærmet Warburg seg samtidens visuelle uttrykk gjennom antikkens patosformler.

## MNEMOSYNE: DET KOLLEKTIVE MINNETS BILLEDATLAS

Warburg var skeptisk til den estetiserende og formalistiske tilnærmingen til kunsthistorien i sin egen samtid og var interessert i å utvikle en filosofisk og tverrfaglig metode. Mens han studerte renessansens kultur i Firenze, ble han interessert i hvordan antikkens kunst hadde influert den moderne kulturens billeddannelse. Han anvendte store deler av sitt liv til å utforske hvordan antikkens patosformler ble adaptert og reformulert i renessansens kunst. Rundt dette spørsmålet ble hele hans bibliotek bygget opp, en enorm samling som siden ble inkorporert i universitetet i Hamburg og utviklet til forskningsinstitutt. I 1934 ble Warburg Institute flyttet til London, der det i dag er tilknyttet universitetet. Ernst Gombrich (1909–2001), Fritz Saxl (1890–1948) og Ernst Cassirer (1874–1945) var tilknyttet instituttet og representerte en bred tverrfaglig og filosofisk tilnærming til kunsthistoriefaget. Warburg etablerte ikonologien som en selvstendig gren av kunstvitenskapen, noe som fikk avgjørende betydning for kunsthistorikeren Erwin Panofsky (1892–1968) og hans sentrale verk *Studies in Iconology* (1939).

Warburg utforsket ulike patosformler, symbolsk fortettede kroppsgester og hvordan disse hadde endret seg opp gjennom kulturhistorien. Formlene spenner over et bredt register av emosjonelle uttrykk og blir reformulert og tilpasset en ny kulturs behov. Det oppsiktsvekkende med kunsthistorikerens forskning er at de i like stor utstrekning kan spores i massemediene som i kunsten.

I Warburgs billedatlas *Mnemosyne* inntar han en filosofisk betraktning rundt billeddannelsens historie.[4] På store treplater

---

4    Ernst H. Gombrich, «Warburg Centenary Lecture» in Richard Woodfield (red.), *Art History as Cultural History: Warburg's Projects* (G+B Arts International, London 2001), s. 49–50.

## MNEMOSYNE: ATLAS OF THE COLLECTIVE MEMORY

Warburg was sceptical about the formalistic approach to art history that prevailed in his time and wished to develop a philosophical and interdisciplinary method. While studying Renaissance art in Florence he became interested in the ways classical art influenced contemporary visual arts. He devoted much of his life to a study of how ancient Greek pathos formulas had been adapted and reformulated in the art of the Renaissance. Around this one question he built up a huge library; later it would be incorporated into the university in Hamburg and further developed into a research institute. In 1934 the Warburg Institute was moved to London and is today part of London University. Ernst Gombrich (1909–2001), Fritz Saxl (1890–1948), and Ernst Cassirer (1874–1945) were connected to the institute, representing a broad philosophical and interdisciplinary approach to art history. Warburg established iconology as an independent discipline, a fact that would have great significance for art historian Erwin Panofsky (1892–1968) and his central work *Studies in Iconology* (1939).

The object of much of Warburg's research was the intense, symbolic gestures of the body he called pathos formulas, and the ways these had altered their meaning over the course of art history. The formulaic gestures span a huge range of emotional expressions and were constantly reformulated to meet the needs of a new culture. Especially surprising in Warburg's research was the discovery that they could be as easily traced through mass media as through art.

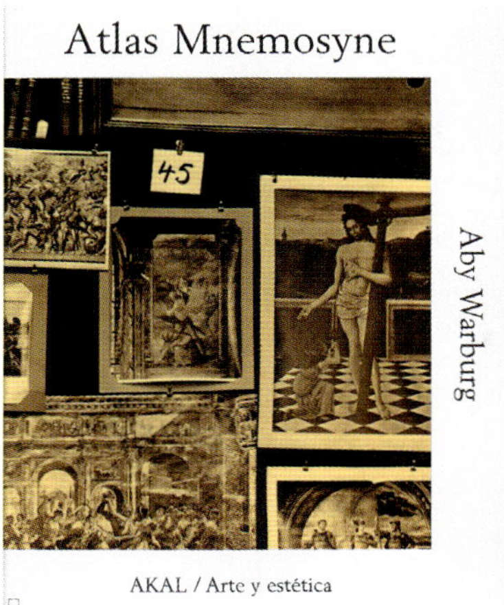


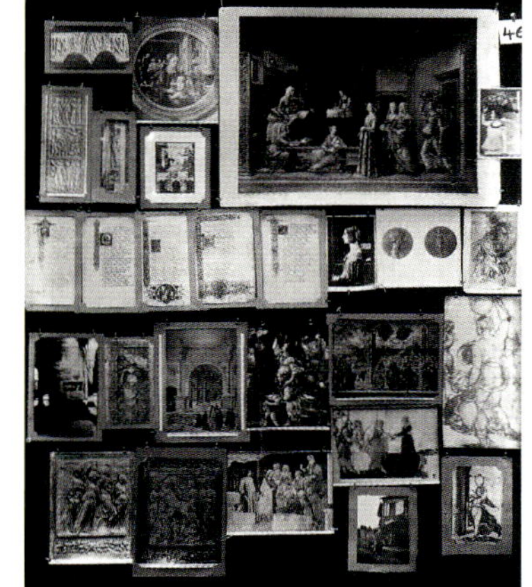

Aby Warburg, *Mnemosyne Atlas*, 1923

med sort stoff monterte han reproduksjoner av kunst og kulturhistoriske bilder fra bøker, aviser og dagliglivet, som ble komponert inn under tematiske felt. Han produserte 63 tablåer med i alt 2000 fotografier. I dag ville Warburgs frie assosiative og undersøkende metode kanskje være mer beslektet med kunstnerens eller kuratorens arbeidsmetoder enn kunsthistorikerens, for de visuelle grupperingene av bilder kunne ikke vise til en systematisk gruppering ut fra stilistisk likhet, eller en overordnet tematikk. Sammenføringen av bilder ble basert på affinitet og forestillingen om et åndelig slektskap. Det er i dette landskapet at det finnes en sammenfallende praksis mellom Torrisets sammenstilling av historiske og samtidige bilder og hvordan Warburg i sitt billedatlas sammenførte pressebilder og kunsthistoriske bilder i en collage som genererte en ny mening.

Patosformlene betegner kroppslige erindringsbilder og kan sammenlignes med språket som langsomt endrer seg, men uten å miste kontakten med ordets grunnstamme. Warburgs psykologisk orienterte kulturanalyse bidro til en nytenkning rundt relasjonen mellom samtid og fortid. Han ønsket å forene den dype polariteten som betegnet den vestlige kulturelle og sosiale virkelighetsforståelse. Her finner man en filosofisk anskuelse som er beslektet med Torrisets kunstneriske virke. For det første finnes det en parallell i den utbredte anvendelse av fotografier fra media og kunsthistoriske forelegg, samtidig finnes det i Torrisets orientering en indirekte sivilisasjonskritikk rettet mot positivismens neglisjering av historiens betydning. I maleriene *Accademia della Morte I–IV* anvender kunstneren pietà-motivet, en kunsthistorisk patosformel som ble fornyet i Michelangelos skulptur i 1499. På tross av ideologiske og kulturelle skiftninger viser Torrisets adapsjon at denne formelen besitter et kollektivt minne om død og lidelse. Det skapes et visuelt brennpunkt hvor historien møter samtiden, en synkronisering som kanskje er ett av kunstens fremste privilegier. I dette brennpunktet overskrides tid og rom, mennesket ankres fast til de lange tidslinjene og den store avstanden mellom menneskets fortid og fremtid utlignes med brøkdelen av et sekund. Brennpunktet representerer en utopisk dimensjon som alltid har vært en del av Torrisets kunstnerskap.

I denne sammenhengen er det interessant at Warburg avviste begrepet tidsånd og alle generaliserende oppfatninger av «det

In his "picture atlas" *Mnemosyne* Warburg considers the history of visual imagery from the standpoint of philosophy.[4] On wooden boards covered with black cloth he mounted reproductions of images from art and cultural history collected from books, newspapers, and everyday life. The 2000 photographs were ordered into loosely related areas, resulting in 63 tableaux. Today his method of free association between images would be a tool more of the curator or artist than of the art historian, for these visual clusters were not classified according to stylistic similarity or underlying theme. Their affinity was identified as a form of spiritual kinship. In this landscape one might also identify an affinity between Kjell Torriset's practice of juxtaposing historical and contemporary images and the method Warburg employed to generate new meaning from a collage of press photos and art works.

A pathos formula can be described as a physical gesture arising from our innate memory. Over time the meaning of the gesture changes, much as a word might slowly evolve yet never lose its original meaning. Warburg's psychological approach to cultural analysis threw new light on the relationship between the present and the past. This philosophical perspective seems also clearly reflected in Torriset's art. Not only is there an obvious parallel in the way he employs photographs alongside classical tools, but we also identify in the whole approach of the artist an indirect cultural criticism directed at positivism's neglect of the significance of history. In the paintings *Accademia della Morte I–IV* the artist adopts the pietà-motif, a pathos formula from art history that would enjoy its great renewal in Michelangelo's sculpture of 1499. Ideological and cultural adjustments apart, Torriset's adaptation illustrates that this formula is endowed with collective memory of death and suffering. A focal point is created where past meets present, a synchronisation that is among the foremost privileges of art. At this focal point time and space are transcended, humans extend their heritage along the long timelines, and the distance between our past and our future balance out in the blink of an eye. This focal point represents a Utopian dimension that has always been part of Torriset's art.

---

4    Ernst H. Gombrich, "Warburg Centenary Lecture" in Richard Woodfield (ed.), *Art History as Cultural History: Warburg's Projects* (G+B Arts International, London 2001), p. 49–50.

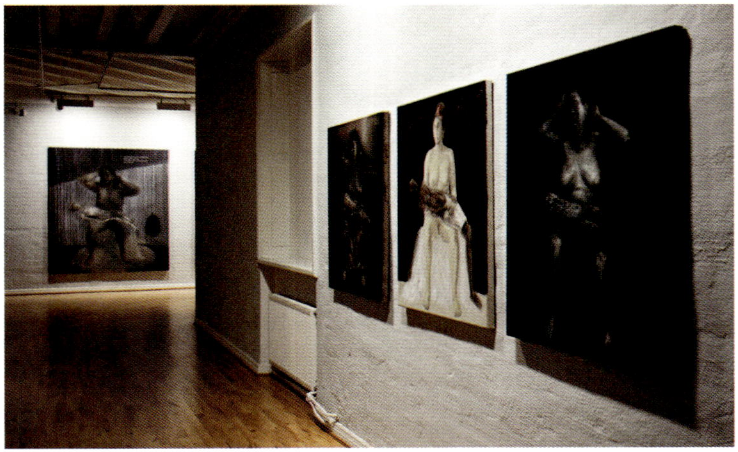

Kjell Torriset, *Installation view: Accademia della Morte,* Haugar Vestfold Kunstmuseum, 2011

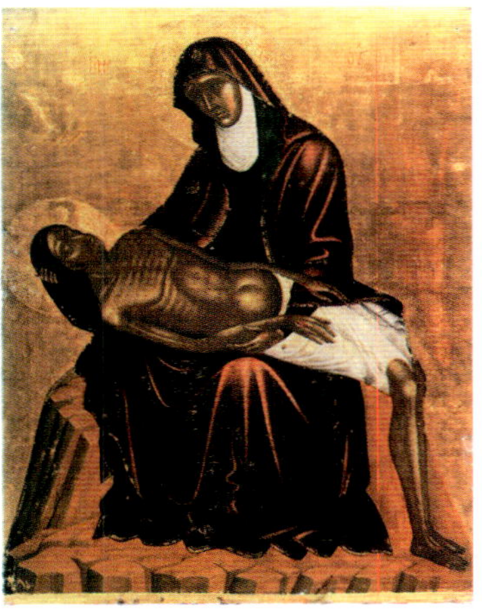

*Pietà (15th century),* Benaki Museum, Athens

samtidige» som kunne undergrave de komplekse og motstridende
kreftene som finnes i kunsten. *Mnemosyne* er ofte beskrevet
som en form for poesi, og Warburgs vitenskapelige tilnærming
er derfor omdiskutert da språket ofte er profetisk og kryptisk.
Warburg brøt med den tradisjonelle kunsthistorieforskningen
som betraktet verket som en lukket historisk totalitet.
Tilnærmingen gikk i retning av en dekonstruksjon av maleriets
ulike deler som om det representerte en serie med sammensatte
tidsfragmenter.[5] Det fragmenterte er en vesentlig del av
Torrisets kunstnerskap der det gjennom sammenstillingens magi
skapes et poetisk og gåtefullt uttrykk. I mange kunstnerskap
lar de ulike billeddelene seg avkode, som en rebus eller
narrativ helhet. Både på detaljplan og i bildet som helhet er
heterogeniteten i Torrisets seneste arbeider gjennomgripende.

## Å BLI RAMMET AV NOE

Selv om ikke Torrisets figurasjoner spiller på en dramatikk
av gestikulasjoner og ekspressiv lidelse som forbindes med
patos, vil jeg likevel påstå at han berører vesentlige patos-
eksistensialer som tematiseres gjennom den nakne kroppens
grammatikk. Ordet patos er hentet fra gresk der det betyr
«lidelse», og et fellestrekk ved fremstillingene er at figurene
antyder en indre smerte, som om de er blitt rammet av noe.
Patos-kroppen forbindes gjerne med en utholdelig smerte
som blottlegges inntil det pinlige gjennom gestikulasjoner
og mimikk. Blant patos-temaene finner man død, lidelse,
kjærlighetslengsel, sorg eller oppofrende kjærlighet i forholdet
mellom mor og barn.[6] Ved nærmere undersøkelser viser det
seg at en rekke av Torrisets komposisjoner sporer inn på disse
temaene som i *Landlessness* (2011), *Largo* (2011) og, som
tidligere nevnt, *Accademia della Morte I–IV* (2005–2006). Det
å utforske tradisjonelle emner er ifølge kunstneren også en
polemisk handling: Noen temaer, som mor og barn-motivet,
har blitt ødelagt ved at det har blitt gjort sentimentalt.

---

5   Matthew Rampley: *The Remembrance of Things
    Past: On Aby Warburg and Walter Benjamin*
    (Harrassowitz Verlag, Wiesbaden 2000), s. 29.
6   Prince, s. 53.

In this connection it is worth noting that Warburg rejected
the existence of zeitgeist and any generalizations of "the
contemporary" that oversimplified the complex and conflicting
forces at work in art. *Mnemosyne* has often been described
as visual poetry and Warburg's scientific method, typically
expressed in prophetic and cryptic language, left him open to
criticism. He broke with traditional research into cultural history,
which held the work of art to be a closed historical totality. His
approach was rather to deconstruct the various parts of the
painting as if it was the sum of a series of time fragments.[5] Also
in Torriset's works we see that a poetic and enigmatic expression
is the magical result of fragmentary juxtapositions. In the
works of many artists the composite elements of a picture can
be decoded, like a rebus or parts of a narrative. In Torriset's
later works however the level of heterogeneity extends through
every part of the picture, both to its details and to the whole.

## TO SUFFER ONE'S EXISTENCE

Even though Torriset's figures do not play on the drama of
gesticulation and expressive suffering associated with pathos
formulas, essential pathos elements are touched on through
the grammar of the nude. Our word pathos is derived from the
Greek word for suffering, and Torriset's nudes seem to have in
common that they all wordlessly suffer, endure. The pathos body
is associated with an endurable pain that is exposed through
gesture and facial expression. Among pathos themes are death,
suffering, love longing, grief, or selfless love in the relationship
between mother and child.[6] When we look closer we discover that
several of Torriset's compositions touch on these themes, including
*Landlessness* (2011), *Largo* (2011), and, as earlier mentioned,
*Accademia della Morte I–IV* (2005–2006). According to the
artist the wish to explore classical subjects is a polemical action.
Certain themes, including the mother-and-child motif, have been
devalued because they have often been rendered sentimentally.

---

5   Matthew Rampley: *The Remembrance of Things
    Past: On Aby Warburg and Walter Benjamin*
    (Harrassowitz Verlag, Wiesbaden 2000), p. 29.
6   Prince, p. 53.

Torriset tar bevisst tak i disse patosformlene som har blitt skjøvet ut og balanserer på grensen til kitsch. Han revitaliserer motivene slik at de bærer sin egen mening og sitt eget alvor. På lignende måte utfordrer han fremstillingen av kvinnekroppen i samtidskunsten, som kan synes å ha blitt redusert til et politisk territorium for en kjønnsdiskurs. Mor og barn-motivet er i så måte et interessant kontrapunkt i et instrumentelt samfunn der kroppen er blitt invadert av meninger, politisert eller seksualisert, og der den ubetingede kjærligheten mellom mor og barn ikke passer inn i noen av disse kategoriene.

Patos forbinder man ikke utelukkende med det høystemte og lidenskapelige, men også med en indre konflikt som kommer til uttrykk gjennom en tvekamp mellom det oppbyggende og det nedbrytende. Disse kreftene gjenfinnes i mange av malerienes figurer, som når mørket absorberer figurkomposisjonen og synes å tilintetgjøre den i *Accademia della Morte III* og hudens punkteringer i *The Premonition*. Transformasjonene kan fortolkes som en indikasjon på det forgjengelige og kan leses som en visualisering av angst knyttet til død og oppløsning.

Det finnes en intern spenning i Torrisets billedunivers som opererer på to plan. Den første er møtet med tilsynelatende ulike virkelighetsbrokker som når en arkitektonisk struktur sammenstilles med en frontalt plassert akt, eller når omrisset av klassiske bygninger og et bredt felt med tekst omkranser mor og barn-motivet i *Landlessness*. Den andre spenningsfaktoren finnes immanent i de ulike figurasjonene som kan relateres til Warburgs begrep om en indre polarisering. I *Accademia della Morte I–IV* finnes det en klar allusjon til Michelangelos *Pietà* i Peterskirken i Vatikanet, samtidig er den døende Kristus inspirert av et gresk ikon. Torrisets monumentale kvinneskikkelse er derimot malt ut fra en modell og utstråler en påtagelig sanselig tilstedeværelse som bekrefter nåtidens puls. Pietà-motivet er assimilert inn i den monumentale skikkelsens melankolske utstråling. Det skaper en indre polarisering mellom betrakterens forventninger angående det opprinnelige ikonets formel, og kunstnerens egen fortolkning. Den indre dualiteten skaper en dynamisk bevegelse mellom samtid og fortid. Store deler av Warburgs forskning handlet om å vise hvordan høyrenessansens kunst assimilerte den greske kunstens

Torriset makes deliberate use of these pathos formulas that have been pushed out into the cold and balance on the edge of kitsch; he revitalises the motifs so that they can again carry their own meaning, their own seriousness. In a similar way he challenges the depiction of the nude in contemporary art, where it can seem to have been reduced to an arena for political debate on gender. The mother-and-child motif is an interesting counterpoint to an instrumental society where the body has been politicized, sexualized, invaded by opinions, and where the unconditional love between mother and child is a poor fit in all these categories.

Pathos is not exclusively associated with the exalted or the suffering, but also with inner conflict resulting from a tug-of-war between the constructive and the destructive. These forces are at work in many of the figures in the paintings, for example in *Accademia della Morte III* where the dark seems to absorb the composition of figures and obliterate it, and in the puncturing of the skin in *The Premonition*. These transformations might be interpreted as signs of our ephemeral nature, as visualisations of anxiety associated with death and decay.

There is internal tension in Torriset's visual universe, and it is felt on two planes. The first is felt in the meeting between two apparently unconnected blocks of reality, as when an architectonic structure is juxtaposed with a foreground nude, or when the mother-and-child motif in *Landlessness* is surrounded by the outline of classical buildings and a broad panel of textual quotations. The second factor that creates tension is felt in those figures where there seems to be what Warburg defined as a cultural bipolarity. In *Accademia della Morte I–IV* we discover an obvious allusion to Michelangelo's *Pietà* in St. Peter's Basilica in the Vatican City; at the same time the figure of the dying Christ is inspired by a Greek icon. On the other hand the monumental figure of the woman is painted from a model and, exuding an almost tangible presence, anchors us to the present day. The pietà motif is assimilated into the melancholic radiance of the monumental figure. An internal bipolarity is set up: on one side are the associations with the original icon that are aroused in the observer, on the other the artist's own interpretation. The duality creates a dynamic movement between past and present.

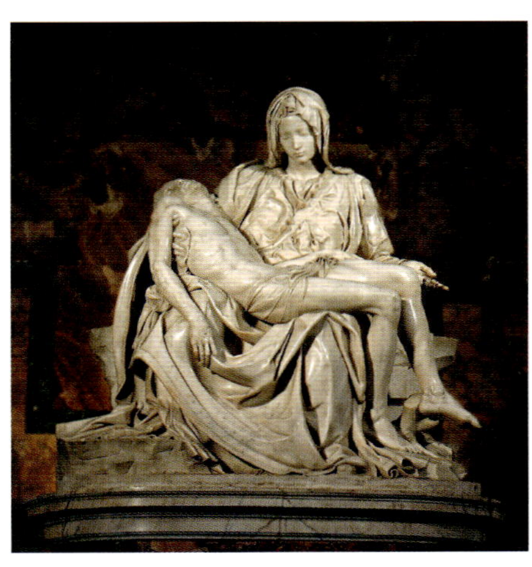

Michelangelo, *Pietà*, 1498–1499, Roma

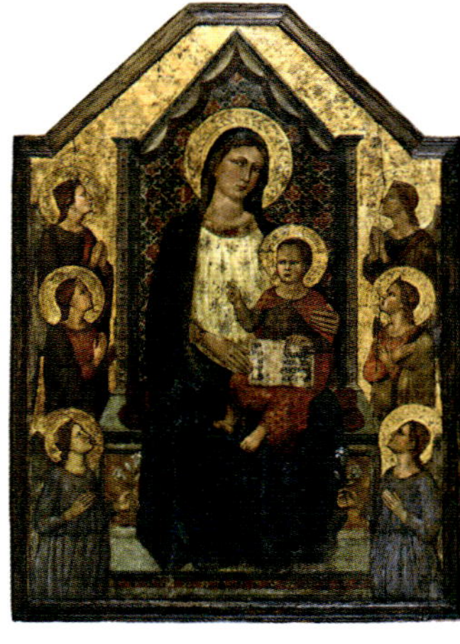

Bernardo Daddi, *Madonna*, ca. 1335

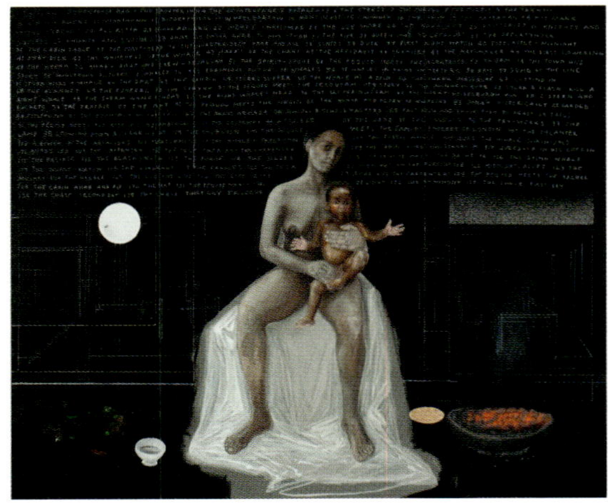

Kjell Torriset, *Landlessness*, 2010

fremstilling av patos. Det at formlene ble adaptert av et nytt uttrykksbehov i høyrenessansen, skapte en indre polarisering i figurfremstillingen.[7] Det er interessant at Torriset fornyer pietà-motivet ved å utfordre Maria-ikonografien med en mørkhudet, naken kvinne som monumentalt inntar billedrommet. I denne konteksten bør vi notere at Michelangelo også fornyet dette motivet da han fremstillet Maria som en rolig, ung og vakker kvinne i stedet for en sorgfull, eldre kvinne. Figurene er plassert inn i et scenografisk rom der bakgrunnens vertikale striper gir assosiasjoner til Francis Bacons *Study after Velázquez's Portrait of Pope Innocent X* (1953). Den påtagelige kontrasten i størrelse mellom moren og barnet, samt kvinnens fraværende uttrykk, kan fortolkes som umuligheten av det å tilvenne seg til dødens realitet. Tittelen Accademia della Morte, Dødens Akademi, henviser til hvordan motivet som et hovedemblem innenfor lidelsens ikonografi, uavhengig av religion har banet vei inn til smertens og dødens realitet. Torriset har hentet tittelen fra et religiøst broderskap med musikere fra Ferrara, som på 1500-tallet ble en sentral del av byens religiøse utfoldelse. Blant de sentrale italienske komponister som var tilknyttet akademiet, var Luzzaschi (ca. 1545–1607) og Frescobaldi (1583–1643).

## METAMORFOSEN OG MALERIETS SELVREFLEKSIVITET

På midten av 1500-tallet fikk Tizian (ca. 1488–1576) i oppdrag av Filip II av Spania å male en serie såkalte poesier, hvor han valgte temaer fra *Metamorfoser* av den romerske dikteren Ovid (43 f.Kr.–18 e.Kr.). To av maleriene i serien henger i Nasjonalgalleriet i Edinburgh, et museum Kjell Torriset jevnlig oppsøkte da han var bosatt i byen fra 1989 til 1992. Hans fascinasjon for *Diana og Aktaion* (1559) kan betraktes i sammenheng med hans interesse for metamorfosens posisjon i litteratur og billedkunst. Motivet skildrer øyeblikket da den unge jegeren Aktaion helt uforvarende og tilfeldig kommer over den kyske Diana, jaktens gudinne, mens hun bader med sine tjenerinner. Dianas nakne skjønnhet får Aktaion til å miste buen på bakken. Forskrekkelsen brer seg blant de badende kvinnene som vet at den mannen som får se Diana

---

7   Rampley, s. 51–52.

Large parts of Warburg's research were focused on illustrating how the art of the High Renaissance assimilated the conception of pathos found in the art of ancient Greece. The adaptation of the formulas to new expressive tasks in the High Renaissance created an internal bipolarity in the depiction of figures.[7] It is interesting to note that Torriset revitalises the pietà motif by challenging the Maria-iconography with a dark-skinned, naked woman who dominates the canvas. In this context we should note that Michelangelo also renewed this motif when he depicted Maria as a serene, young, and beautiful woman rather than a mourning older woman. Torriset places his figures in a scenographic room where the vertical stripes in the background awaken associations with Francis Bacon's *Study after Velázquez's Portrait of Pope Innocent X* (1953). The striking contrast in size between mother and child, as well as the absent expression on the women's face, might be interpreted as the impossibility of reconciliation with the reality of death. The title Accademia della Morte, The Academy of Death, plays on the fact that this motif, as a central emblem of the iconography of suffering and over and above its religious connotations, has opened a door into the reality of pain and death. Torriset has actually borrowed the title from the name of a musical, religious brotherhood that thrived in Ferrara in the sixteenth century and had connected to it such leading lights of Italian music as Luzzaschi (ca. 1545–1607) and Frescobaldi (1583–1643).

## METAMORPHOSIS AND THE SELF-REFLEXIVE PAINTING

In the mid sixteenth century Titian (ca. 1488–1576) was given a commission by Philip II of Spain to paint a series of so-called "poesie", choosing for his subject matter themes from the *Metamorphoses* by the Roman poet Ovid (43 BC–18 AD). Two works from the series hang today in the National Gallery of Scotland in Edinburgh, a museum Kjell Torriset regularly visited when resident in the city from 1989 to 1992. His fascination with *Diana and Aktaeon* (1559) is best understood together with his interest for the role of metamorphosis in art and literature. Titian's painting

---

7   Rampley, p. 51–52.

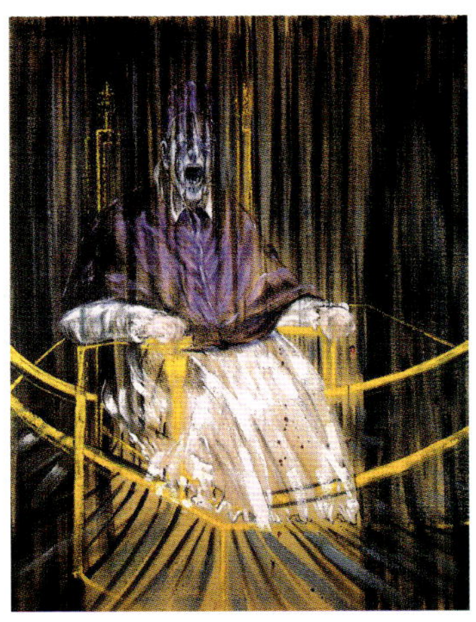

Francis Bacon, *Pope Innocent X*, 1953

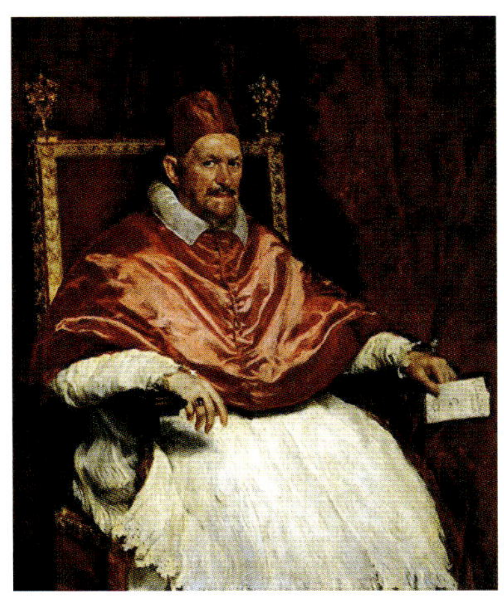

Velázquez, *Pope Innocent X*, 1650, Roma

naken, må bøte med sitt liv. Aktaion blir i det øyeblikket han ser
på den nakne Diana, forvandlet til en hjort; blikket straffes med at
Dianas hunder tror hjorten er et bytte og dreper den. Temaet for
denne myten er hvordan livet ved en skjebnens tilfeldighet fører
til dramatiske omveltninger.[8] Den verst tenkelige død innvarsles
ved metamorfosens forvandlinger, et tema som også gjenfinnes
i historien om Apollon og Dafne. I Ovids versjon av myten erter
Apollon Eros for å leke med en voksen manns våpen. Eros hevner
seg med å skyte en gullpil i Apollon og samtidig skyte en blypil i
Dafne. De to ulike pilene fører til at Apollon blir forelsket i Dafne,
mens hun blir frastøtt av Apollon. Når Dafne blir jaget av den
begjærlige Apollon, ber hun til sin far, elveguden Peneios, om
hjelp, og i det øyeblikket Apollon griper henne, forvandles hun
til et laurbærtre: Laurbær er siden blitt Apollons attributt. Gian
Lorenzo Bernini var dypt fascinert av Ovids metamorfoser og
hans mesterverk *Apollon og Dafne* (1624) er barokkens ypperste
eksempel på en ekspressiv dramatisering av forvandlingen. Han
fanger øyeblikket når Dafnes hud er i ferd med å omformes til
bark, og det gror greiner med et florlett løvverk ut fra hennes
fingertupper. Metamorfosene handler om eksistensielle, men
menneskelige situasjoner, nettopp fordi de ofte medbringer tap
og har døden som følge. I likhet med våre drømmer forbereder
metamorfosene mennesket på skjebnens omskiftelighet. Derfor
har den en naturlig forbindelse med menneskets underbevissthet
og dødsangst. Det er også årsaken til at surrealistiske kunstnere
i så omfattende grad henga seg til forvandlingens mystikk.

I Ovids metamorfoser er virkeligheten i stadig forvandling.
Mennesket omformes til naturfenomener som planter, dyr,
mineraler eller geografiske steder. Metamorfosen får også et
kosmologisk perspektiv når heltenes død fører til at de forvandles
til stjernetegn og får guddommelig status, som beskrevet i en
annen klassisk samling av myter, den såkalte Katasterismoi.
Menneskets relasjon til det kosmiske er tydelig i flere av Torrisets
malerier. I *Well* (2008) kan det synes som om hvert individ i
kvinnegruppen er utstyrt med en lederstjerne eller at antallet
planeter og stjerner i deres nærhet kan fortolkes i retning av
en mystisk transformasjon. I *The Premonition* henger en ildrød
planet over en ung jente som paradoksalt nok synes å lede sin

captures the moment when the young hunter Actaeon stumbles
across the chaste Diana, goddess of the hunt, while she is bathing
with nymphs. Dazzled by Diana's naked beauty Actaeon drops his
bow. Fear grips the bathing women who know that any man who
sees Diana naked must pay with his life. At that moment Actaeon
is transformed into a deer and Diana's hounds, mistaking him for
their prey, attack and kill him. The theme of the myth is how life
can be transformed almost at the blink of an eye.[8] A similar theme
of terrible death preceded by physical metamorphosis is found
in the tale of Apollo and Daphne. In Ovid's telling of the myth
Apollo mocks Eros for his marksmanship and the love-god revenges
himself by shooting a golden arrow at Apollo and an arrow of lead
at Daphne. The result is that Apollo falls in love with Daphne
while she despises his advances. Fleeing from him she implores the
aid of her father, the river god Peneus, and at the moment Apollo
catches her she is transformed into a laurel tree. Gian Lorenzo
Bernini was also deeply taken with Ovid's Metamorphoses and his
masterly *Apollo and Daphne* (1624) is the Baroque's most expressive
dramatization of transformation, capturing the moment when
her skin is transformed into bark and a filigree of leaves sprouts
from her fingertips. These metamorphoses deal with existential,
but human, situations in which loss or death is a consequence. As
do our dreams, the myths prepare us for the unforeseeable turn of
fate and are therefore strongly linked to our subconscious fear of
death. This is also the reason why the mysteries of transformation
had such a strong grip on the imaginations of surreal artists.

In Ovid's poems of metamorphosis reality is in constant change.
Humans are transformed into natural phenomena such as animals,
plants, minerals, or geographical places. The metamorphosis
can even have a cosmological perspective when the hero's death
results in his being transformed into a constellation and gaining
the status of a god, as told in another classical collection of myths,
the Catasterismi. Our relationship to the cosmos is a theme of
several Torriset paintings, including *Well* (2008). Here it seems that
each individual in a group of female figures is accompanied by a
guiding star, or that the large number of stars and planets around
them is a sign of mystical transformation. In *The Premonition*
a bright red planet hangs above a young girl who paradoxically

---

8    Otto Steen Due, *Ovids Metamorfoser*
     (Gyldendal, København 2005), s. 18.

8    Otto Steen Due, *Ovids Metamorfoser*
     (Gyldendal, København 2005), p. 18.

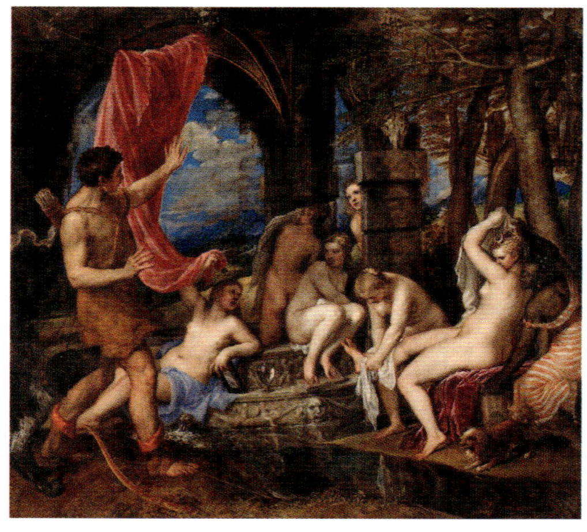

Titian, *Diana and Actaeon*, 1556–1559, Edinburgh

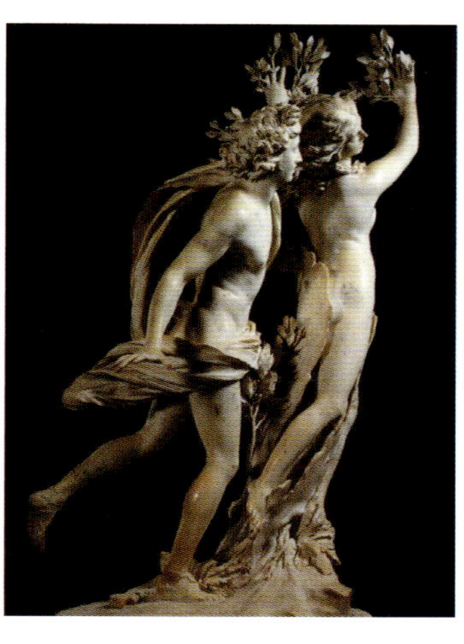

Bernini, *Apollo and Daphne*, 1622–1625, Roma

grasiøse hest uten tøyler. Ledestjernens rødlige lys reflekteres i hennes hud. I venstre hjørne er det skrevet inn en tekst fra myten om Orfeus og Eurydike, hentet fra Ovids metamorfose.

Dyr har en utbredt motivkrets i Torrisets arbeider, og enkelte ganger er det som om de er gitt en antropomorf utforming. Hundens inntrengende blikk i *The Clairvoyant* gir en skremmende følelse av en person, og i *Considering the Zebra* (2008) sprer sebraens anatomi og sjelfulle øye en usikkerhet om forholdet mellom mennesket og dyreriket, om det er helt avklart.

Metamorfosene var ifølge Ovid et resultat av den kunstneriske prosessens kreativitet.[9] Torrisets anvendelse av metamorfosen kan settes i direkte forbindelse med den maleriske prosessens intuitive innskytelser. Innenfor temaet metamorfose og det underbevisste kan det være interessant å gjøre et sprang til surrealismens utbredte anvendelse av temaet relatert til kvinnens kropp. Kvinnen var for surrealistene et nesten overnaturlig vesen, en muse som kunne lede mannen inn i sin underbevissthets labyrint. René Magritte lot ofte den nakne kvinnekroppen gjennomgå underlige forvandlinger hvor det erotiske og fryktinngytende veves sammen.

Metamorfosen kan fortolkes i retning av det forgjengelige i *Accademia della Morte III* hvor figurgruppen synes å bli absorbert inn i et truende mørke. I *Dust Map* og *The Premonition* synes huden å være i en overgang mellom ulike substansielle og koloristiske forvandlinger. Lagene med maling som enkelte ganger utformes som reliefflignende opphopninger, indikerer den maleriske prosessens spor. Hudens forvandlinger hos den mørke kvinnen kan fortolkes som en indikator på tiden og livsprosessenes overganger. Men kroppenes hud blir også et mikrokosmos av hele maleriets spill med form, farge og tekstur. Kroppene oppløser seg i billedflatens detaljer; i det ene øyeblikket modellerer betrakteren figurene, for i det andre momentet å fortape seg i det dynamiske spillet som utføres på lerretsflaten. Metamorfosens spordannelser i Torrisets malerier bringer også tankene inn på at alt levende er i en stadig forandring. Han holder derfor fast på

seems to be leading her graceful horse without the aid of reins. The red glow of the guiding star is reflected in her skin. In the left hand corner Torriset has included a quotation from the myth of Orpheus and Eurydice as told in Ovid's Metamorphoses.

Animals are a favoured Torriset motif, occasionally rendered with an anthropomorphic touch. The piercing glance from the eye of the dog in The Clairvoyant seems disturbingly human, and the anatomy and soulful eyes of the zebra in *Considering the Zebra* (2008) leave the observer feeling unsure whether the relationship between man and animal has been quite resolved.

According to Ovid the Metamorphoses arose from the creativity of the artistic process.[9] Torriset's use of the myths can also be regarded as part of the intuitive process of painting. And while we dwell on the subject of metamorphosis and the subconscious it might be interesting to widen our view to the extensive use surrealist artists made of the transformation theme in relation to the female body. For the surrealists the woman was an almost supernatural being, a muse that might lead the man into the labyrinth of her subconscious. In the works of René Magritte the female nude undergoes strange transformations in which the erotic and the disturbing are often intertwined.

In *Accademia della Morte III* metamorphosis is a result of the ephemeral, the figures seeming to be absorbed by the threatening dark. In *Dust Map* and *The Premonition* the skin is painted so that it seems to be undergoing processes of colouristic and substantial transformation. We can trace the evolving process in the strata of paint, at times layered to give the appearance of a relief. Perhaps the transformation of the skin of the dark woman might be interpreted as an indicator of the transitional processes of time and life. But the skin in these paintings is also a microcosm of the works' overall play of form, colour, and texture. The bodies are dissolving into the details of the canvas, leaving the observer to divide his attention between the modelled figures and the dynamic interplay of the whole. This evidence of metamorphosis in Torriset's paintings inevitably brings to mind that all living things are

9   Mette Heuch Berg, *Ovids Metamorfoser – eposets transformasjon* (Duo, Universitetet i Oslo), s. 8.

9   Mette Heuch Berg, *Ovids metamorfoser – eposets transformasjon* (Duo, Universitetet i Oslo), p. 8.

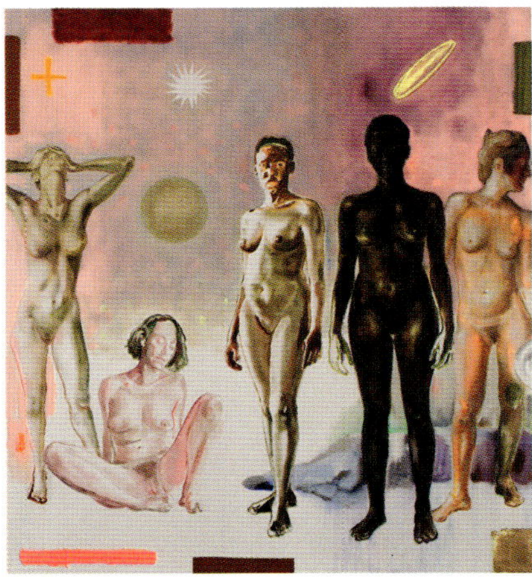

Kjell Torriset, *Well*, 2008

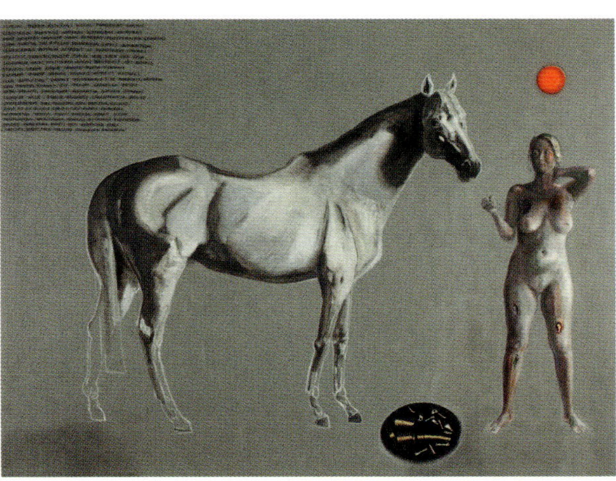

Kjell Torriset, The Premonition, 2011

en organisk tilnærming til den maleriske prosessen hvor ethvert bilde formes i en overgang fra det ene momentet til det andre.

I en kommentar på Torrisets malerier frem til 1999 fremhever kunstner og kunstkritiker George Morgenstern hvordan bevegelsen mellom det indeksiale (maleriets selvrefleksivitet) og figurative (det ikoniske) utgjør fundamentet i Torrisets billedgrammatikk.[10] Det kan være interessant å undersøke hvordan disse størrelsene kommer til uttrykk i hans arbeider fra 2004 til 2011. Figurenes realistiske tilstedeværelse spiller i større grad på det illusjonistiske, og bevegelsen mellom det indeksiale og ikoniske utfolder seg innenfor kroppens territorium. Den maleriske tilnærmingen til hud veksler med pastose former og punkteringer hvor malingen enkelte ganger synes å kunne forveksles med væske fra et åpent sår. På denne måten skapes det en analogi mellom huden og lerretets overflate. Her finnes det en åpenbar relasjon til Lucian Freuds aktstudier hvor kroppen nesten ser ut til å flyte ut over seg selv og den tykke malingen er revet av og dratt ut som om det var kjøtt. I Torrisets malerier inntar de ulike fargetonene og teksturene også et terreng av kroppslige substanser. I *Largo* (2011) står en kvinne nærmest i transe foran i billedfeltet med et søkende blikk som rettes ut i betrakterens rom. Hun er flankert av en rekke tvetydige draperier; en substans av rennende hvit maling møter en svært nærværende katt som er skutt lengst frem i billedplanet. I det komplekse landskapet er det satt inn mindre rektangulære former som kan påminne om fargeprøver, og det er montert en gradestokk ytterst på rammen. Så vokser det frem pastose relieffer med maling i nederste felt som synes å leve sitt eget organiske liv. Kontrastene mellom nonfigurative strukturer, tekstur og en tilnærmet realistisk utformet figurasjon har i hans seneste arbeid eskalert. Hvert element er malt med en substansiell egenkvalitet; presisjon med hensyn til plasseringen i flaten og det negative rommet utnyttes på en skulpturell måte, da figurene komponeres opp mot en monokromatisk flate. Det er som om Torriset utforsker grensene for hva som er mulig å gjennomføre av språklige ytterligheter innenfor maleriets medium. Mangfoldet av ulike språk skaper en ikonisk tetthet og en særegen kompleksitet som utgjør en vesentlig del av den ladede atmosfæren i kunstnerens malerier.

in a constant state of flux. It would seem therefore that he sustains an organic approach to the artistic process, each work being created in the transitions from one moment to the next.

In a commentary on Torriset's art up to 1999 artist and art critic George Morgenstern pointed out that the fundamentals of his visual grammar were the indexical (the self-reflexivity of the painting) and the figurative (the iconic).[10] It might be interesting to see how these values define his recent work. To create the sense that the figures have a realistic presence the artist has become even more reliant on the illusionary: it is in the body's intimate sphere that the movement between the indexical and the iconic is played out. In painting skin his approach has been to alternate between impasto techniques and puncturing the surface in such a way that the paint can at times be mistaken for fluid running from an open wound. The skin and the canvas are suddenly analogous. There is a striking similarity here to Lucian Freud's studies of nudes where the body seems almost to "spill over", the thick layers of paint torn away from the canvas as if they were flesh. Also in Torriset's paintings colour tones and textures can form a landscape of corporeal substances. In *Largo* (2011) a woman stands in the foreground as if entranced, her searching stare fixed on the observer's space. She is flanked by ambiguous draperies and a substance of fluid, white paint that runs down to meet a black cat in the foreground. Small, rectangular shapes, like colour samples, have been introduced into this landscape, and a thermometer has been mounted on the frame. The lower part of the canvas seems to lead its own organic life, heavy impasto paint rising up in relief. In this, one of his latest works, the contrasts between nonfigurative structures, texture, and an almost realistic figuration are even more clearly demarcated. Each element is painted with its own quality of substance; he composes the figures on a monochrome surface, for so to exploit in almost a sculptural manner the effects of precise positioning on the picture plane and in the negative room. It is as if Torriset wishes to explore the limits for what one can express in painting through extremes of visual vocabulary. The diversity of language creates an iconic density and a distinctive complexity, essential parts of the charged atmosphere in a Torriset painting.

---

10  *A Discussion with: Stian Grøgaard et al.*, s. 88.

10  *A Discussion with: Stian Grøgaard et al.*, p. 88.

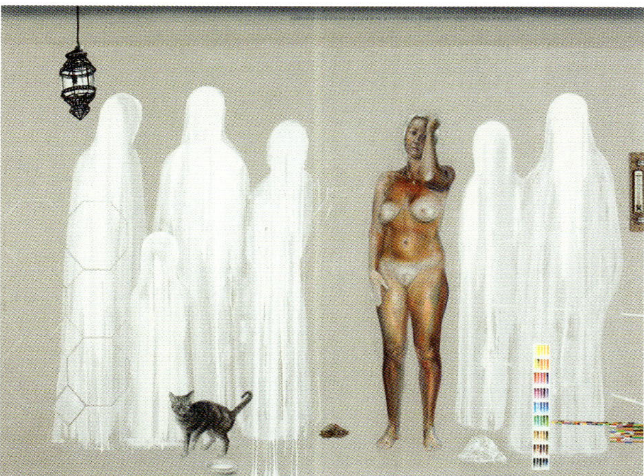

Kjell Torriset, *Largo*, 2010–11

# DEN ÅPNE KROPPENS POESI

Den nakne kroppen har opp gjennom kunsthistorien spilt en vesentlig rolle som et barometer på samtidens kulturelle og sosiale symbolspråk. Den siste omfattende kunstdiskursen rundt kjønn, kropp og identitet ble satt i gang av 1990-tallets Body Art, som inneholdt en rekke grenseoverskridende og ekspressive uttrykk. Men innenfor retningens mangfold var det også vare og mytologiske tilnærminger til kroppen. Den amerikanske kunstneren Kiki Smith problematiserte kulturelle og historiske dyp-metaforer knyttet til kroppsvæsker, fødsel og kvinnekroppens forbindelse med det abjekte. I 1994 viste hun en rekke verk i første etasje på Kunstnernes Hus, blant dem den omtalte og kontroversielle skulpturen *Tale* (1994). Torriset presenterte samtidig en serie malerier i overlyssalene som viste en var og poetisk tilnærming til den fragmenterte kroppen. De brutte kroppsdelene og de svevende figurenes anatomiske utforming reflekterte den utbredte posisjonen Maurice Merleau-Pontys teorier om fenomenologi hadde fått på 1990-tallet. Kroppen ble betraktet som selve grunnlaget for erkjennelsen og utfordret den lange, smertelige dualisme mellom kropp og sjel som har fulgt den vestlige tenkningens historie. I Torrisets malerier er figurene vevd sammen med omgivelsene, de viser til en fenomenologisk sammensmeltning med verden som først er mulig ved at blikkets tingliggjøring oppheves. I hans malerier fra 2004 til 2011 viser de nakne kroppene til en rekke ulike former for åpenhet. I *Ett Sekund* (2007) vender modellen seg mot betrakteren med en henvendende gest, og i *Nattevakten* og *End of Day* (2008) er all skam relatert til blottleggelsen av kvinnenes kjønn borte. Hudens karnasjon er i Torrisets billedunivers full av åpninger: Den viser til punkteringer, sårmerker og hull. Punkteringen kan fortolkes som et uttrykk for det martrede eller mer generelt som et uttrykk for sårbarheten ved den menneskelige eksistensen.

Sosialantropolog Jorun Solheim har skrevet om hvordan den mannlige og kvinnelige kroppen representerer kvalitativt forskjellige muligheter for en symbolsk markering av åpenhet. Ifølge hennes refleksjoner sorterer alle kulturer til en viss grad ut det grenseløse mot det avgrensede, kaos mot orden, med referanser til kjønn og kropp. Ingen kulturer, skriver hun, er så

Kiki Smith, *Virgin Mary*, 1993

# POETRY OF THE OPEN BODY

Throughout the history of art the naked body has been a barometer of the symbolic cultural and social language of the time. The last significant discussion in the art world on the themes of gender, body, and identity was sparked by the Body Art of the 1990s and its provocative and groundbreaking modes of expression. But within the movement there was also room for sensitive and mythological approaches to the body. The American artist Kiki Smith focused on problems of cultural and historical deep-metaphors associated with bodily fluids, birth, and links between the female body and the concept of the abject. In 1994 she exhibited a series of works in the main gallery of Kunstnernes Hus in Oslo, including her controversial work *Tale* (1994). At the same time in the upper galleries Kjell Torriset was exhibiting a series of paintings that illustrated a poetic approach to the fragmented body. The dismembered body parts and the anatomical form of the floating figures reflected just how dominant Maurice Merleau-Ponty's theories of phenomenology were in the 1990s. His theory of the body as incarnated subjectivity and as a perceiving thing challenged the long history of dualism between the body and soul that had characterized the history of western thought. In Torriset's paintings figures are interwoven with their environment, illustrative of the phenomenological intertwining of world, body, and consciousness. Different forms of openness are represented by the naked bodies of his works from 2004 to 2011. In *Ett sekund* (One Second, 2007) the model turns with an inviting gesture as if addressing the observer, while in *Nattevakten/The Nightwatch* and *End of Day* any shame associated with exposure of the female genitals is expunged. In Torriset's visual universe the carnation of skin allows for many sorts of openings, including punctures, wounds, and holes. These punctures might be interpreted as an expression of martyrdom or more generally as an expression of the vulnerability of human existence.

Social anthropologist Jorun Solheim published a study of the qualitatively different possibilities women and men have for a symbolic indication of openness. There she reflected on the theory that, with regard to body and gender, all cultures to some

tydelige på sammenføringen av den åpne og grenseløse kroppen forbundet med det kvinnelige, som vår egen kultur.[11] Hun har tre innfallsvinkler til temaet som kan være interessante å relatere til Torrisets behandling av kvinnekroppen. Den første handler om den grunnleggende menneskelige grenseerfaring, den opprinnelige differensiering av oss selv i forhold til verden som skjer med referanser til kvinnens kropp. Temaet bygger på Julia Kristevas teori om abjeksjon der hun påpeker at vår avgrensning av oss selv som separerte individer er basert på en lidelsesfull adskillelse fra morskroppen. Den nødvendige separasjonen gir kanskje mennesket sin første følelse av oppløsning og død.[12] Men vår identitet eller muligheten for å bli et subjekt er basert på en avgrensning og fortrengning av dette symbiotiske minnet. Denne problematikken kan leses inn i *Accademia della Morte I–IV*, hvor kvinneskikkelsens melankolske uttrykk og følelsesløse forbindelse til barnet angir et relasjonelt aspekt av frastøtning og tap.

En annen av Solheims innfallsvinkler på kvinnelighetens grenseproblem finnes i forholdet mellom mat og kvinnelighet. I *End of Day* og *Landlessness* er det en forunderlig forbindelse mellom de nakne kvinneskikkelsene og beholdere med føde. Objektene som viser til de basale forutsetningene for livet, blir gjerne satt opp i forkant av billedfeltene som et stilleben. Krukker og skåler har alltid fulgt kvinnen i Torrisets malerier; på 1990-tallet tok de form av vektløse objekter som kunne flankere figurene. Krukken er et symbol for menneskets primære livsbetingelser, men er også et symbol på døden gjennom asken og urnen. Motivets dobbelbetydning har kanskje fascinert Torriset gjennom hele hans kunstneriske virke. I *Nattevakten/The Nigthwatch* stiger røyken opp fra det brennende kullet, og skålene i forgrunnen relateres direkte til den åpne kroppen. Det er derfor nærliggende å fortolke forbindelsen mellom mat og kvinnekroppen som en metafor for den metonymiske forbindelsen mellom morsbrystet og kvinnekroppen.[13] Er beholderne med mat og melk en forlengelse av kvinnen som giver av liv? Sammenstillingen kan

degree delineate between the unbounded and the bounded, between chaos and order. And that no culture so conspicuously correlates the open and borderless body with the female as does our own.[11] Her three ways of approaching her subject are useful in understanding the ways Kjell Torriset incorporates the female body into his art. The first concerns our innate sense of border, our primal sense of what demarcates our identity in relation to the world – a theme that builds on the work of cultural theorist Julia Kristeva. According to Kristeva's theory of abjection the boundaries we create for our individual identities are dependent on the painful process of distancing ourselves from the maternal. This necessary separation is perhaps the source of each human's first knowledge of dissolution and death.[12] But our chances of becoming a functioning subject are based on us being able to delimit and suppress memory of this symbiosis. It is perhaps this problem that can be read into *Accademia della Morte I–IV*, where the woman's melancholic expression and unfeeling attachment to the child suggest aspects of loss and repulsion.

A second theme touching on women's indistinct boundaries concerns the relation between food and the female. In *End of Day* and *Landlessness* there is a peculiar link between the naked women and plates of food. Often the artist places these objects containing basic foodstuffs for survival in the foreground, almost like a still life. Jars and plates have always accompanied women in Torriset's paintings; in the 1990s they took the form of weightless objects flanking the female figures. While the jar can be a symbol of basic nourishment, its links to the cremation urn can also suggest death. It is perhaps the ambiguity of the motif that has fascinated Torriset for so many years. In *Nattevakten/ The Nightwatch* smoke rises from the glowing coal of the braziers, placed in the foreground in direct relation to the open bodies. It seems therefore apt to interpret the link between food and the female body as a metaphor for the metonymic connection between a mother's breast and the female body.[13] Are the containers

---

11  Jorun Solheim, *Den åpne kroppen: om kjønnssymbolikk i moderne kultur* (Pax Forlag, Oslo 1998), s. 69–70.
12  Julia Kristeva, *Fasans makt: en essä om abjektionen*, overs. Agneta Rehal og Anna Forssberg (Daidalos, Gøteborg 1991), s. 90–92.
13  Solheim, s. 71–72.

11  Jorun Solheim, *Den åpne kroppen: om kjønnssymbolikk i moderne kultur* (Pax Forlag, Oslo 1998), p. 69–70.
12  Julia Kristeva, *Fasans makt: en essä om abjektionen*, trans. Agneta Rehal and Anna Forssberg (Daidalos, Gøteborg 1991), p. 90–92.
13  Solheim, p. 71–72.

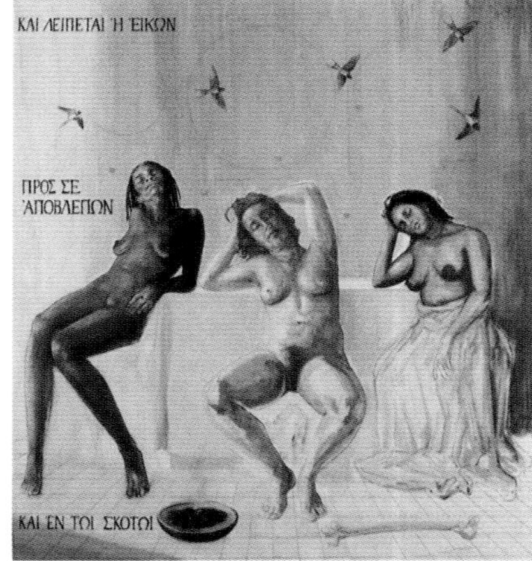


Kjell Torriset, *End of Day*, 2008

fortolkes som en kulturell dyp-metafor: I alle kulturer blir kvinnen i ulike grader oppfattet som de primære matgivere. Assosiasjonene går også i retning av en seremoniell situasjon hvor skålene med føde og glødende kull viser til det sakramentale og rituelle.

## NAKENHETENS SYMBOLSKE KRAFT

Hvordan skal man fortolke forholdet mellom den nakne kvinnekroppen og kulturelle og symbolske meningsstrukturer i Torrisets malerier? Fremstillingen av nakenhet speiler forestillinger om hvordan kropp og kulturell mening er knyttet sammen. Aktene i Torrisets univers er trukket tilbake fra den overfladiske kommersialiseringen av nakenheten som preger samtiden. Men de har også trukket seg tilbake fra sivilisasjonens frembringelser, som gjerne skisseres i bakgrunnen av scenen de har inntatt. I *Nattevakten* hviler flyktningene ut etter nattens flukt fra sivilisasjonen; tilbakestilt til naturtilstandens nullpunkt venter de på å våkne opp på den andre siden av storbyens larm. De meditative uttrykk og det at de hviler i sine kropper kan fortolkes som en gjenfødsel av en naturtilstand. Det kan antyde et sivilisasjonskritisk innhold, som kan påminne om Odd Nerdrums malerier fra 1980-tallet; der var flukten fra sivilisasjonen uttrykk for en indre eksiltilværelse, et mentalt reservat som ble fortolket i retning av en parallellverden utenfor vår egen lineære tidsforståelse.[14] Det sivilisasjonskritiske momentet kan også gi assosiasjoner i retning Arne Ekelands malerier, som i stor utstrekning problematiserte forholdet mellom mennesket og sivilisasjonen. Motivene kretset rundt menneskelig lidelse som følge av sosial urettferdighet og maktmisbruk. Hos Ekeland ble samfunnets undergang ofte nært knyttet til en frigjøringskamp der drømmen om et paradis på jord, i form av en ny samfunnsorden, gjorde seg gjeldende. I løpet av 1960-tallet går den ornamentale utførelsen over i en hard og metallisk stil og titler som *Katastrofe, Apokalypsen og Teknologisk landskap* vitner om en kritisk holdning til den kapitalstyrte sivilisasjonens rovdrift på menneske og natur.

---

14   Jan Åke Pettersson, *Odd Nerdrum* (Dreyers
     Forlag, Oslo 1998), s. 102–103.


with food and milk an extension of the notion of the woman as life-giver? The juxtaposition might be interpreted as a cultural deep-metaphor: in all cultures women are to a greater or lesser extent recognized as the primary providers of nourishment. The braziers of food and glowing coal also awaken associations with ceremonial situations, with the sacramental and ritual.

## THE SYMBOLIC POWER OF THE NUDE

What is the relationship between the female nude and the cultural and symbolic structures in Torriset's paintings? The depiction of nakedness reflects assumptions about how the body and cultural significance are interlinked. In Torriset's universe the female figures have been pulled back from the superficial commercialisation of nudity in contemporary society. But they have also withdrawn from the march of civilisation, which is often suggested in the background of the scene they occupy. In *Nattevakten/The Nightwatch* the refugees rest after their nocturnal flight from civilisation; restored to their primal starting point they await the morning, expecting to wake beyond the reach of the city's tumult. They have meditative expressions, they rest within their own bodies – they have been reborn in a natural state. It suggests a critical perspective on civilisation and might remind us of Odd Nerdrum's paintings from the 1980s. In these a flight from civilisation expressed a state of internal exile, a mental refuge that could be interpreted as a parallel world outside our own linear understanding of time.[14] In their criticism of civilisation Torriset's works have associations with the paintings of Arne Ekeland that focused on the problems facing the individual in modern society. His motifs orbit the themes of human suffering caused by social injustice and abuse of power. For Ekeland the downfall of society would result from a war of liberation out of which the dream of an earthly paradise, in the form of a new social order, would be realized. During the 1960s his more ornamental style gave way to a hard and metallic style with titles such as *Katastrofe, Apokalypsen and Teknologisk*

---

14   Jan Åke Pettersson, *Odd Nerdrum* (Dreyers
     Forlag, Oslo 1988), p. 102–103.

Walter Benjamins historiefilosofiske tekster er gjennomstrømmet av en kulturpessimistisk, om ikke tragisk, eskatologi hvor troen på muligheten for å realisere et rettskaffent samfunn ble nedtonet. Det å betrakte sivilisasjonens utvikling i et langt tidsperspektiv gir assosiasjoner til Walter Benjamins sivilisasjonskritiske pessimisme:

*Men en storm blåser fra paradiset, som griper tak i hans vinger og er så sterk at engelen ikke lenger kan senke dem. Denne storm driver ham uimotståelig inn i fremtiden, som han vender ryggen, mens ruinhaugen foran ham vokser opp til himmelen. Det som vi kaller fremskrittet, er denne storm.*[15]

En lignende melankoli forbindes med Torrisets sivilisasjonskritikk og speiles i hans motivkrets: De frontale aktene synes å transcendere en forlatt og øde sivilisasjon. Men med ryggen mot fremtiden og med et spørrende blikk mot betrakteren kommuniserer de en indre meditasjon eller en imøtekommende optimisme. Det er interessant at disse motivene og kanskje spesielt *Ett Sekund* (2007) bærer likhetstrekk med renessansens komposisjoner av Jesu oppstandelse. Det gir en kjønnsaktuell dialektikk til kristendommens monoteisme. For på motsatt side av den hvite, mannlige Kristus finner man en mørkhudet kvinne.

Hvis fremskrittet innebærer et samfunn med en økende menneskelighet, kan man rette et kritisk spørsmål: Når ble man sist i det offentlige rom eksponert for et bilde av en naken kropp som uttrykte en eksistensiell nakenhet? Det er i kunsten kroppen forløses og blir et barometer på et eksistensielt anliggende. I Torrisets malerier deklamerer de frontale kvinnefigurene stilltiende fra sitt indre:

«Jeg tror at jeg er først og fremst et menneske, jeg, likeså vel som du –...»[16]

*landskap* bearing witness to his beliefs about the exploitation of people and nature by a civilisation driven by capital.

Walter Benjamin's writings on history and philosophy are charged with a pessimistic, if not actually tragic, cultural eschatology, where the possibility of realizing a just society is toned down:

*But a storm is blowing from Paradise; it has got caught in his wings with such a violence that the angel can no longer close them. The storm irresistibly propels him into the future to which his back is turned, while the pile of debris before him grows skyward. This storm is what we call progress.*[15]

A similar melancholy is intrinsic to Torriset's criticism of civilisation and is reflected in his choice of motifs. The foreground nudes seem to transcend a wasted and abandoned civilisation. But with their backs to the future and with an inquisitive eye on the observer they communicate an inner meditation or an unspoken optimism. Interestingly the figures in these paintings, in particular *Ett Sekund* (2007), bear a resemblance to images of Christ's resurrection as conceived by Renaissance artists. It is a fascinating dialectic response to monotheistic Christianity: the reverse of a white, male Christ is a dark-skinned woman.

If progress implies a society where humanistic values are on the increase, one should be allowed this critical question: When was I last exposed to a public display of nudity that expressed an existential nakedness? It is in art that the body can be released, can become a barometer for our existential condition. In Torriset's paintings the naked female figures make their wordless declamation:

"I believe that before all else I am a human being, just as you are."[16]

---

15  Sitert i Carl-Henning Wijkmark, *Bild och dialektik: Essayer i urval och översättning av Carl-Henning Wijmark* (Symposion, Stockholm/Skåne 1991), s. 9.
16  Henrik Ibsen, *Et dukkehjem*, (Vigmostad & Bjerke, Oslo 2004), s. 134.

---

15  Quote from Carl-Henning Wijkmark, *Bild och dialektik: Essayer i urval och översättning av Carl-Henning Wijmark* (Symposion, Stockholm/Skåne 1991), p. 9.
16  Henrik Ibsen, *A Doll's House*, Act 3, trans. Andrew J. Boyle.

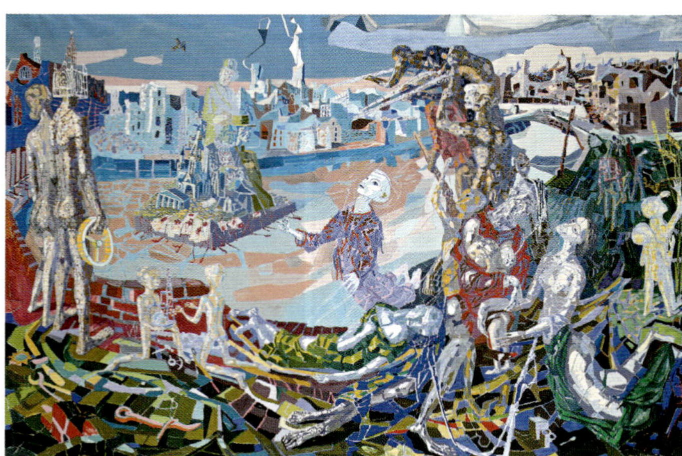

Arne Ekeland, *De siste skudd*, 1940

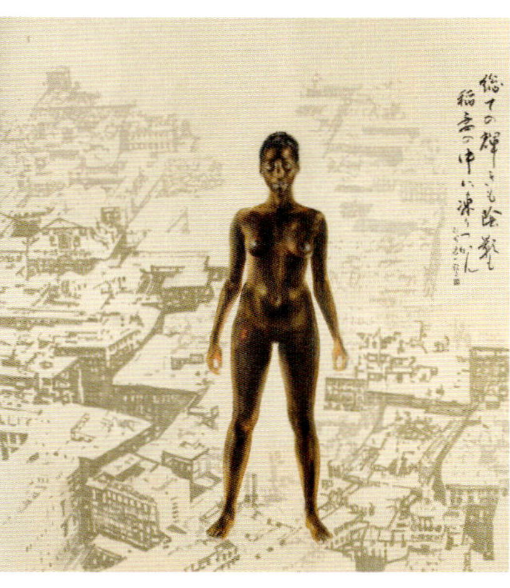

Kjell Torriset, *Ett sekund*, 2007

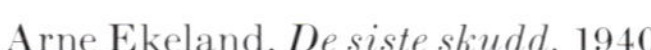

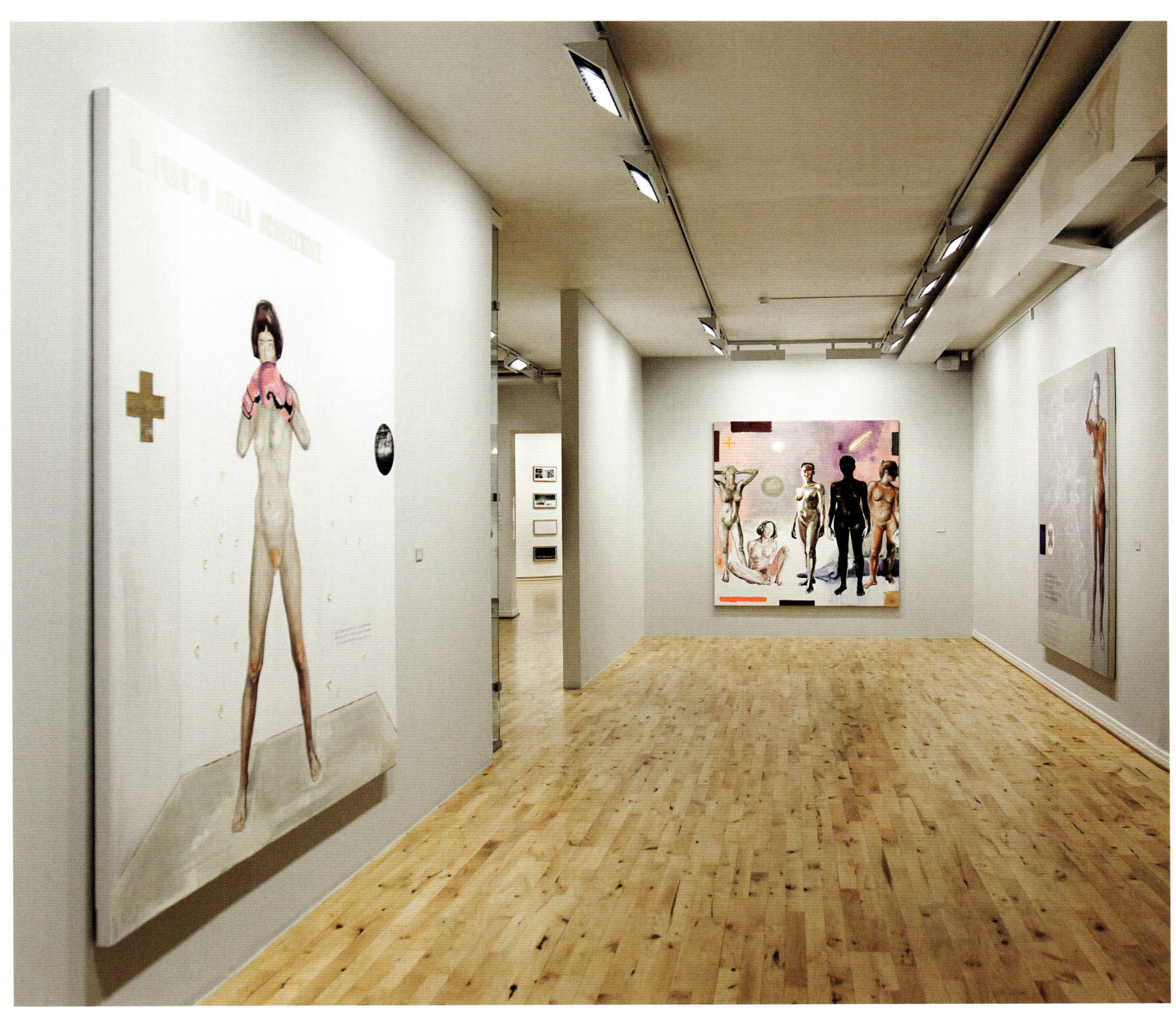



FRA UTSTILLINGEN /
INSTALLATION VIEW
Haugar Vestfold Kunstmuseum

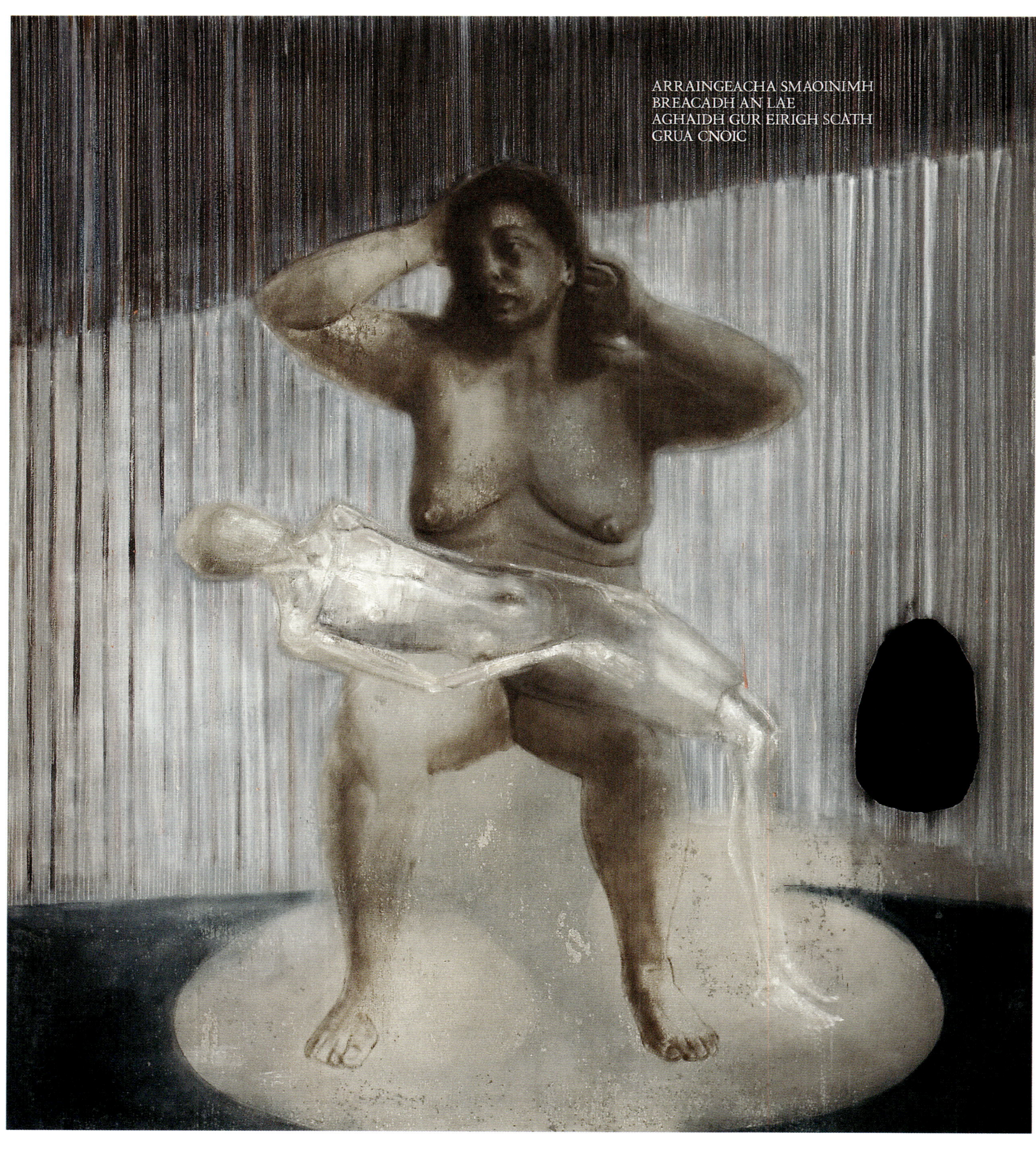


ACCADEMIA DELLA MORTE I  2005
Oil on canvas
220 x 200 cm

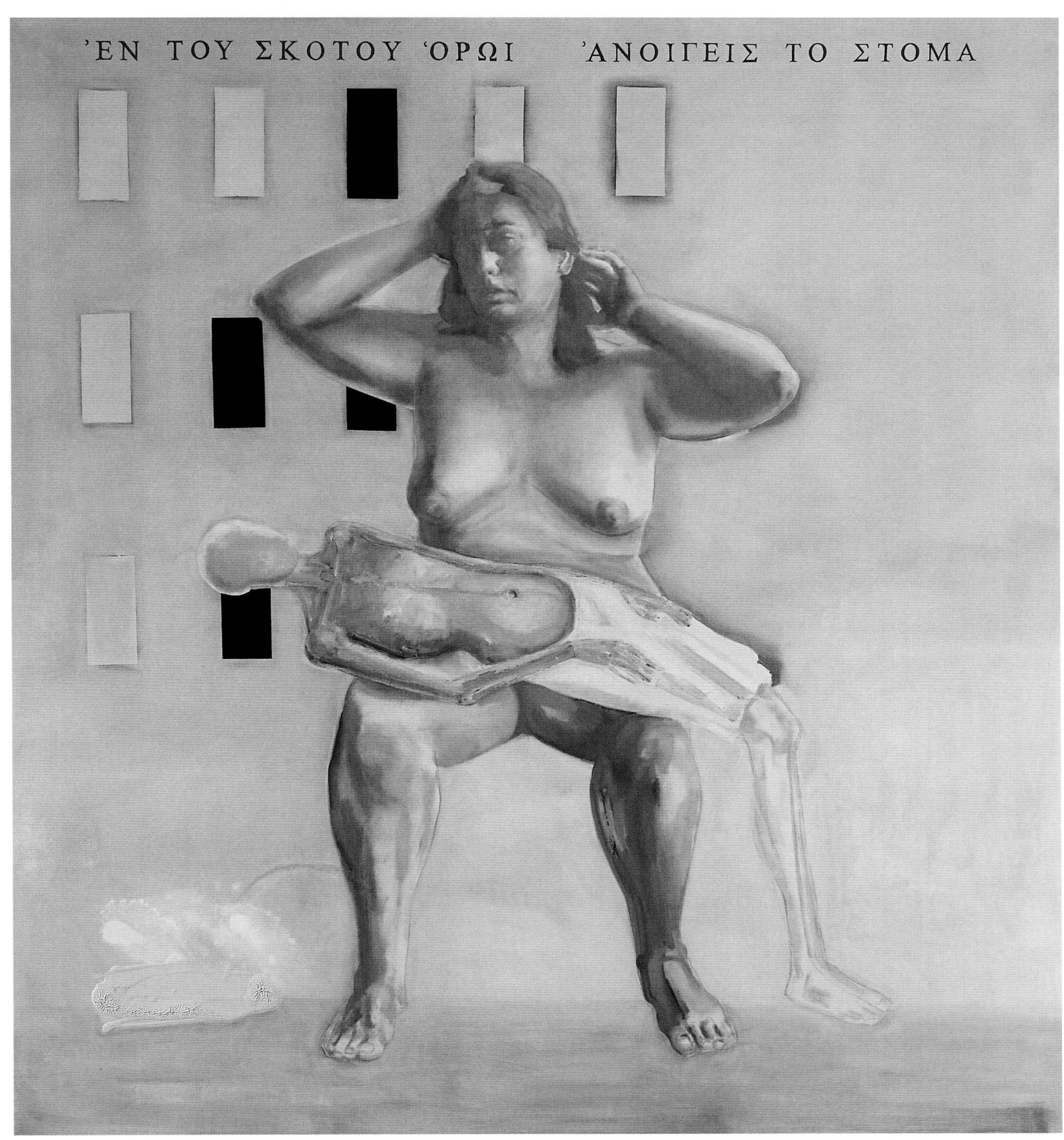


ACCADEMIA DELLA MORTE II  2006
Oil on canvas
220 x 200 cm

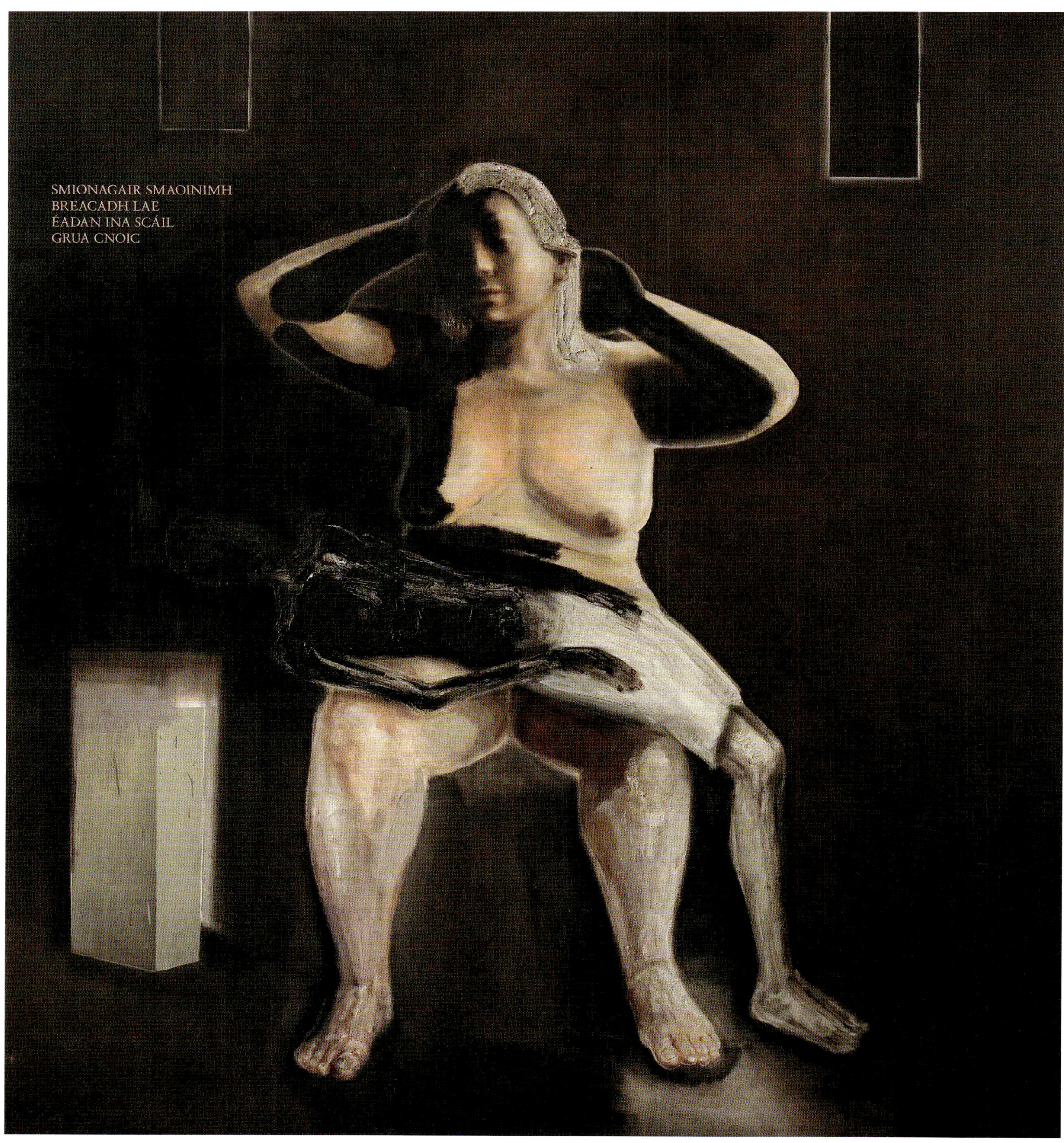


ACCADEMIA DELLA MORTE III  2006
Oil on canvas
220 x 200 cm

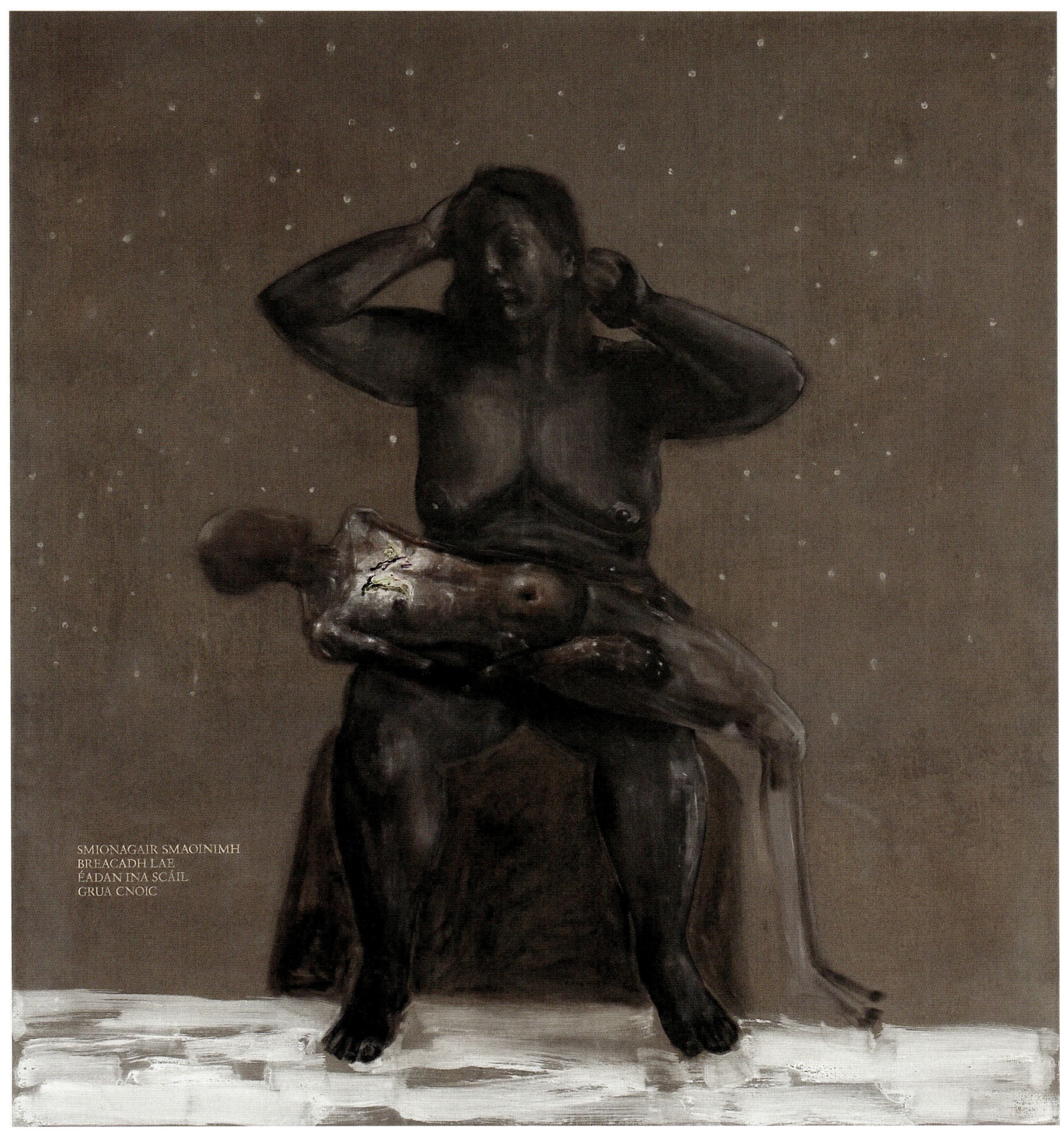


ACCADEMIA DELLA MORTE IV  2006
Oil on canvas
220 x 200 cm

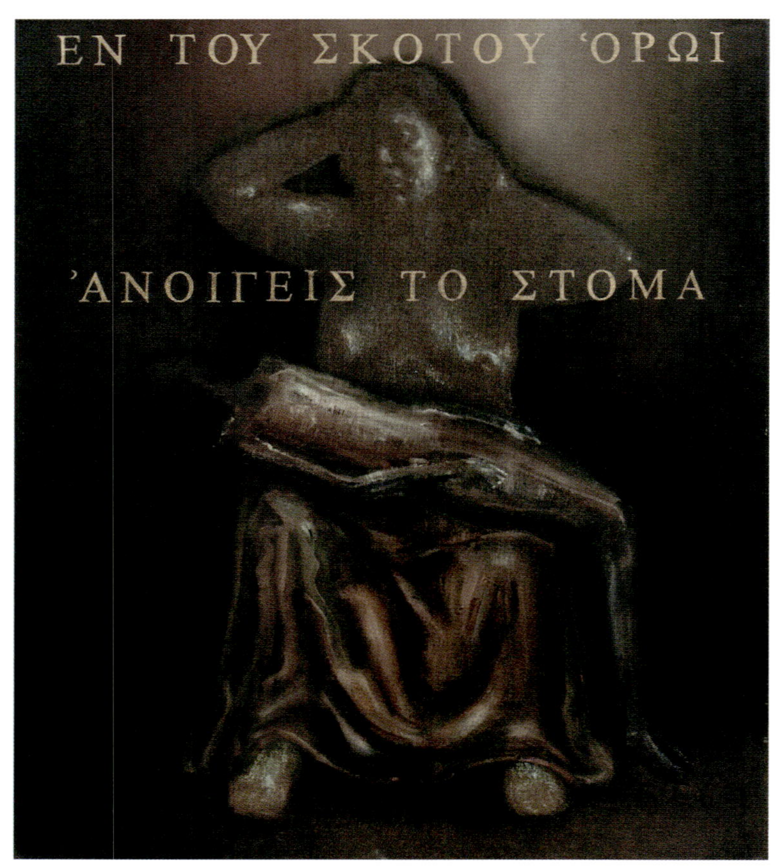


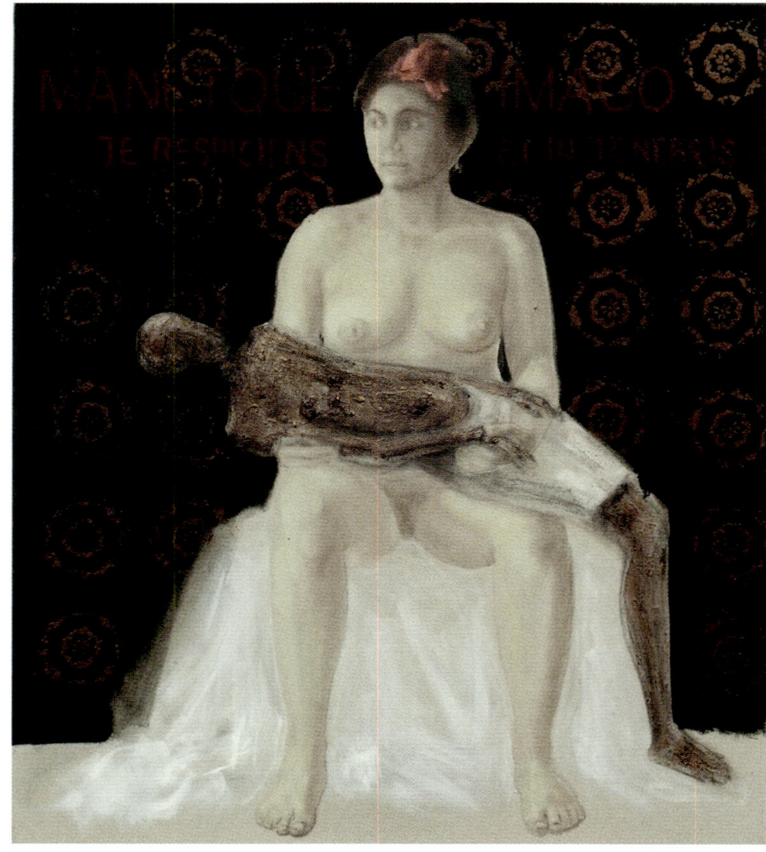

ACCADEMIA DELLA MORTE 2  2005
Oil on canvas
103 x 89 cm

ACCADEMIA DELLA MORTE 3  2007
Oil on canvas
103 x 89 cm

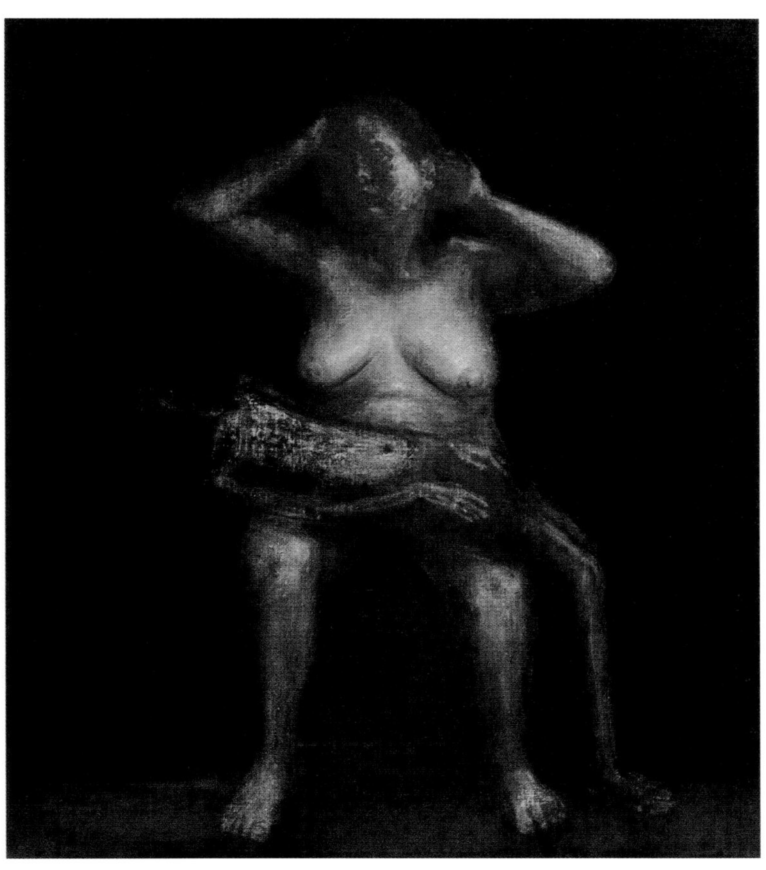

ACCADEMIA DELLA MORTE 1  2005
Oil on canvas
103 x 89 cm

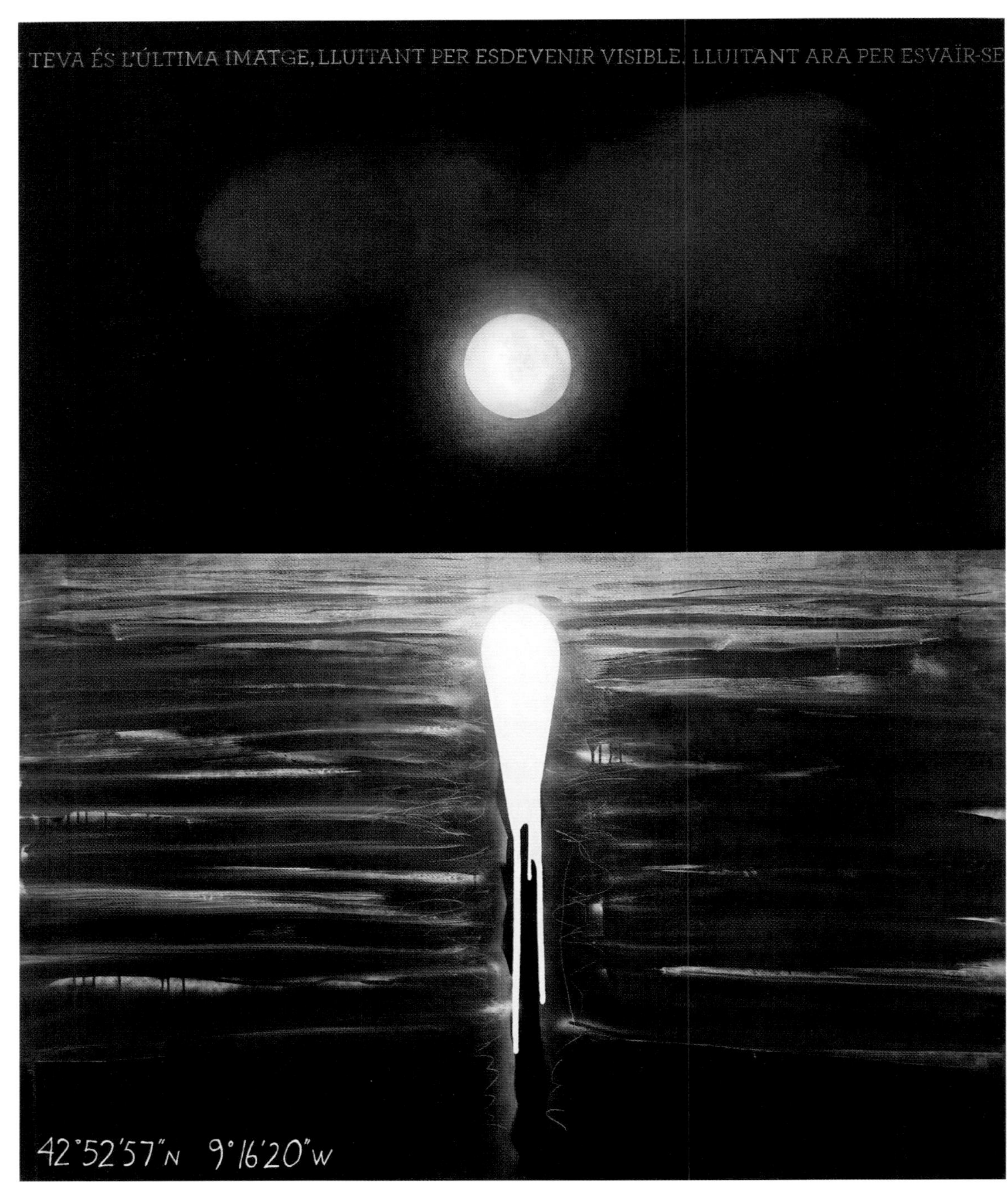


ELEMENTARY ODE  2010
Oil on canvas
182 x 152 cm

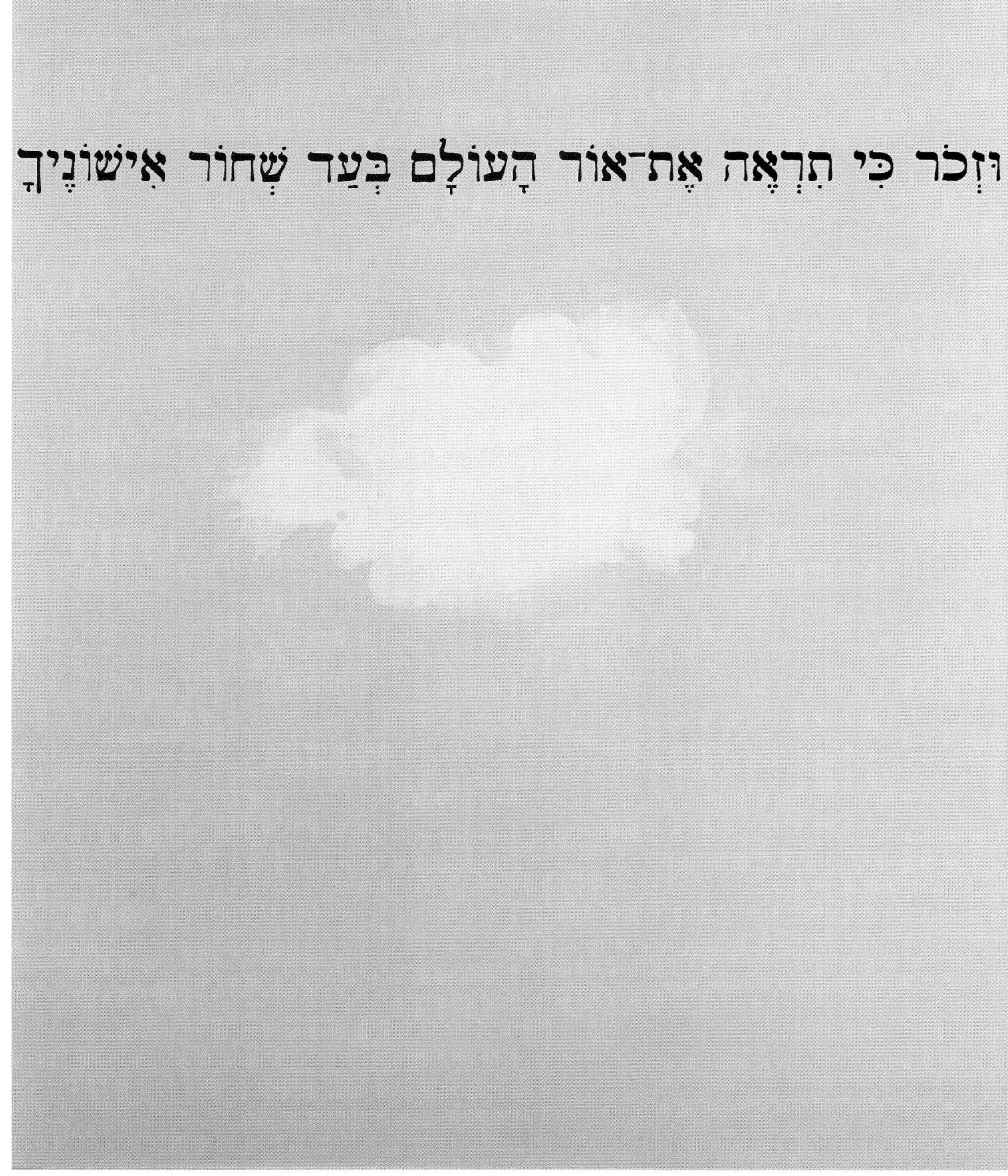


SHAPE OF FAITH  1998–2009
Oil on canvas
182 x 152 cm

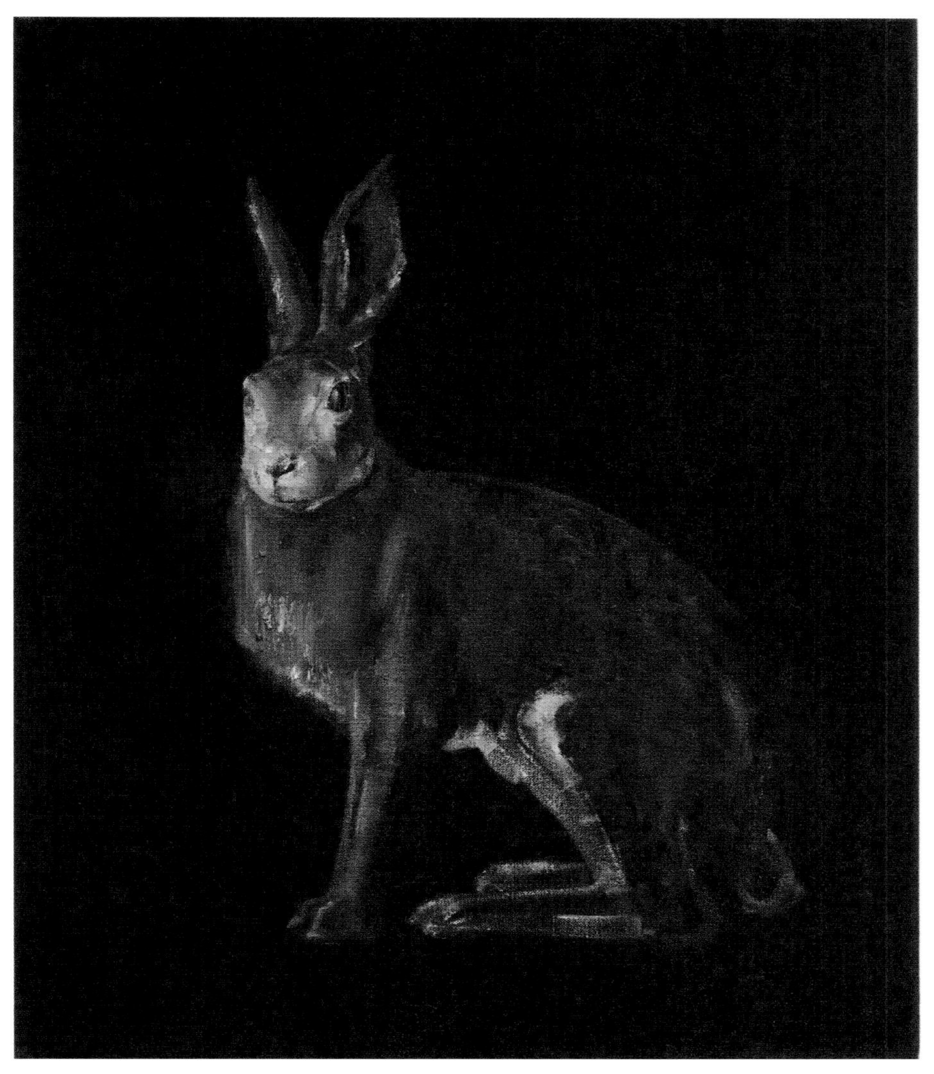

HARE 2010
Oil on canvas
65 x 54 cm

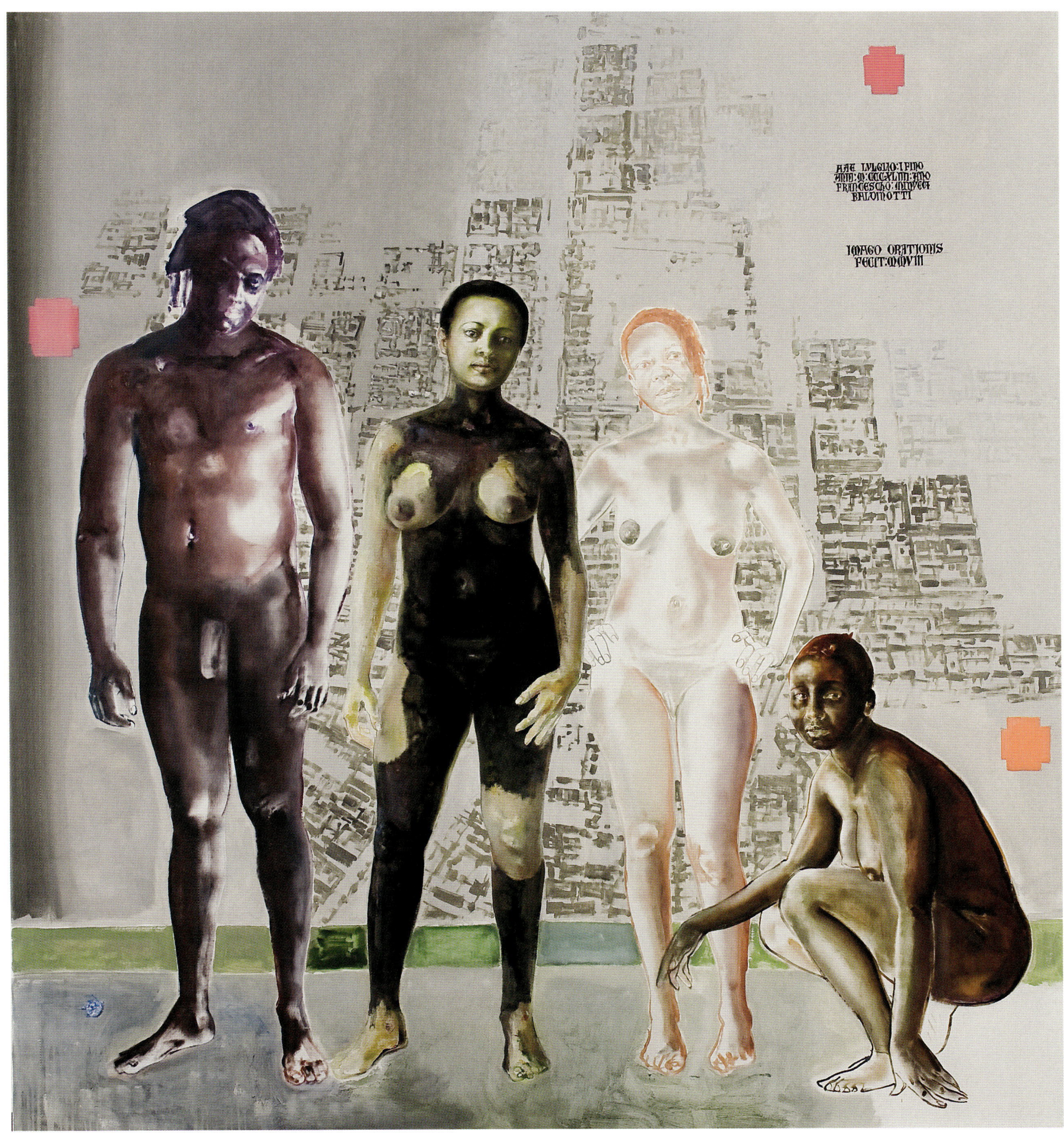


DUST MAP  2008
Oil on canvas
220 x 200 cm

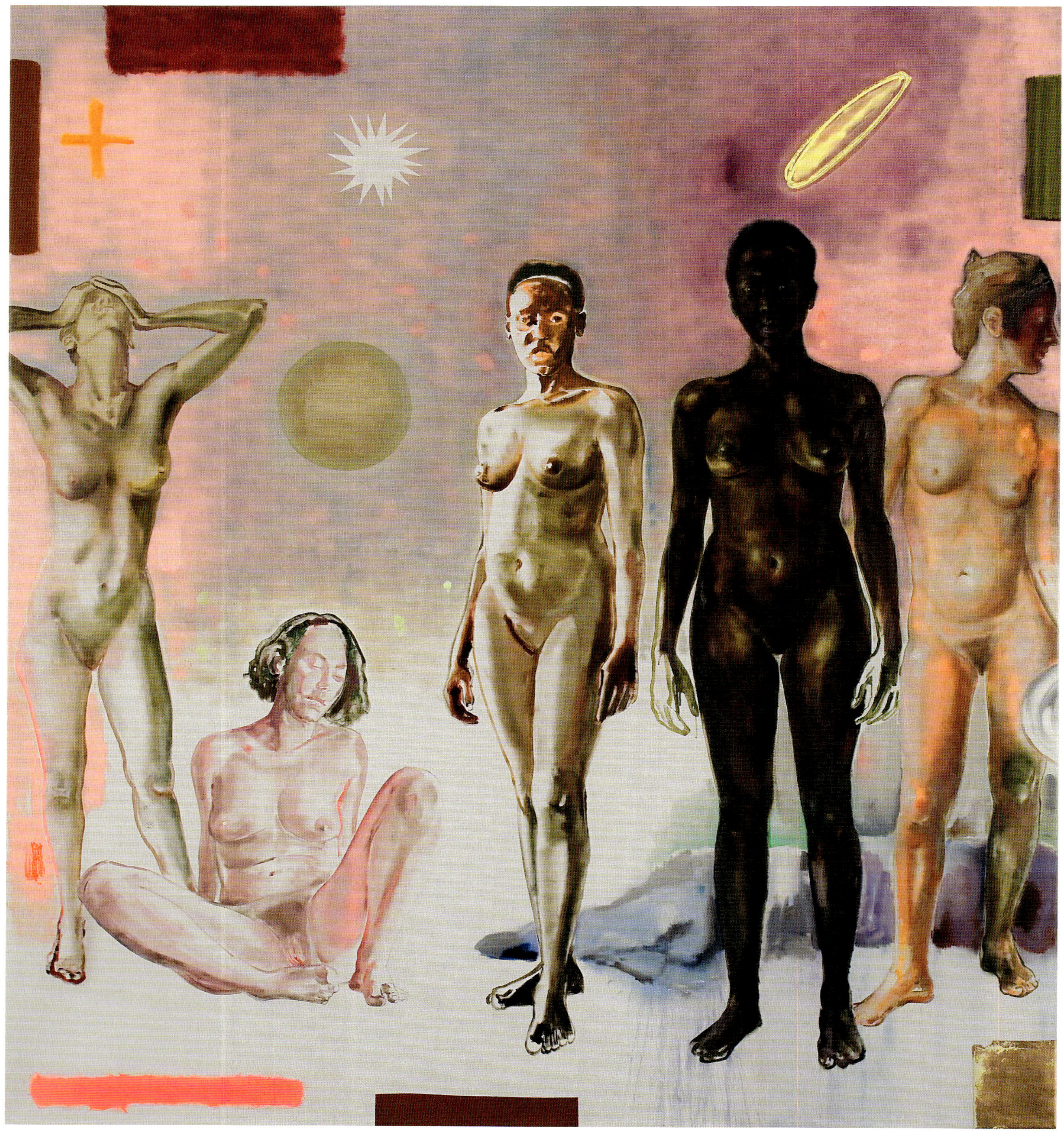

WELL 2008
Oil on canvas
220 x 200 cm

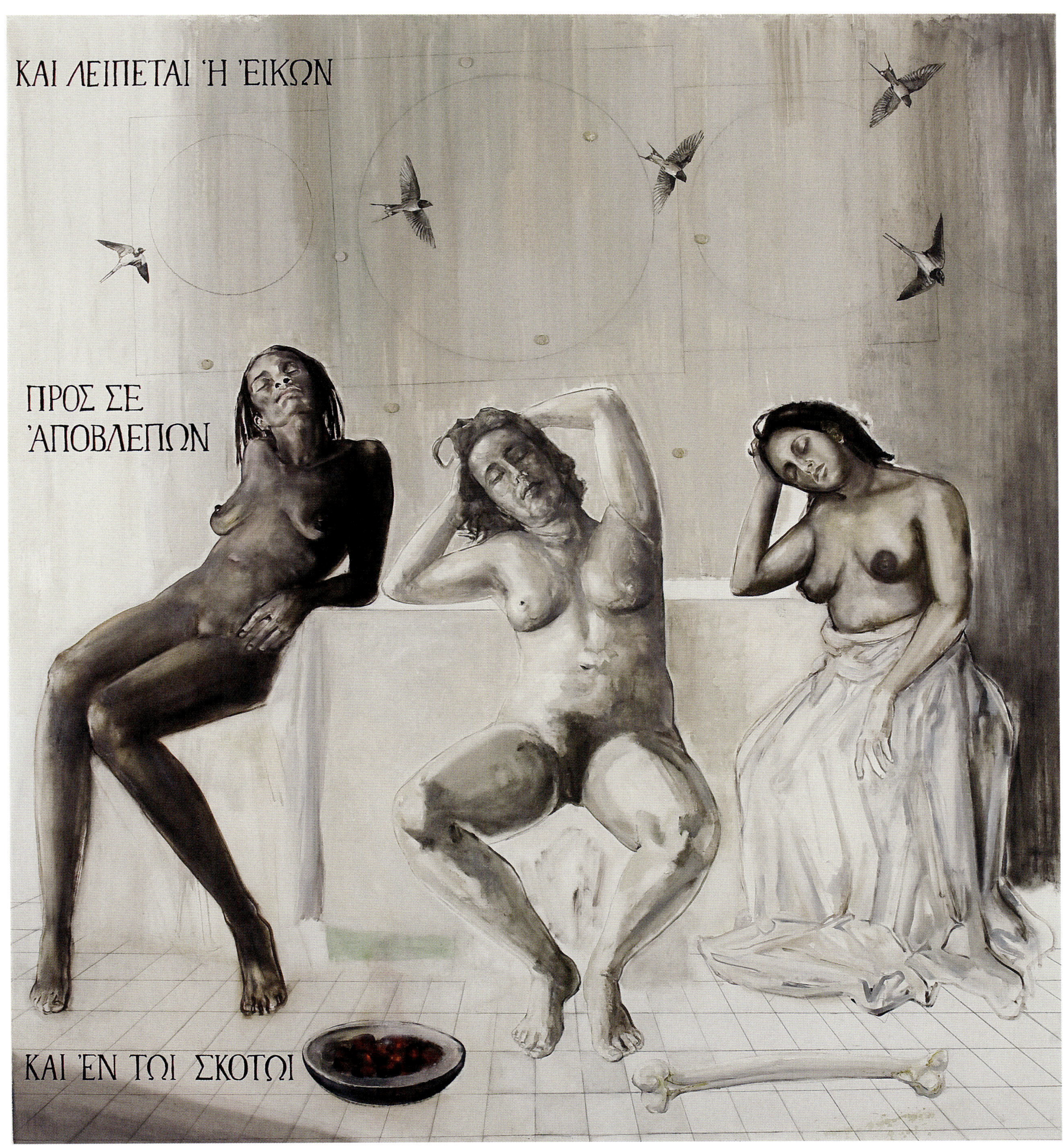


END OF DAY  2008
Oil on canvas
220 x 200 cm

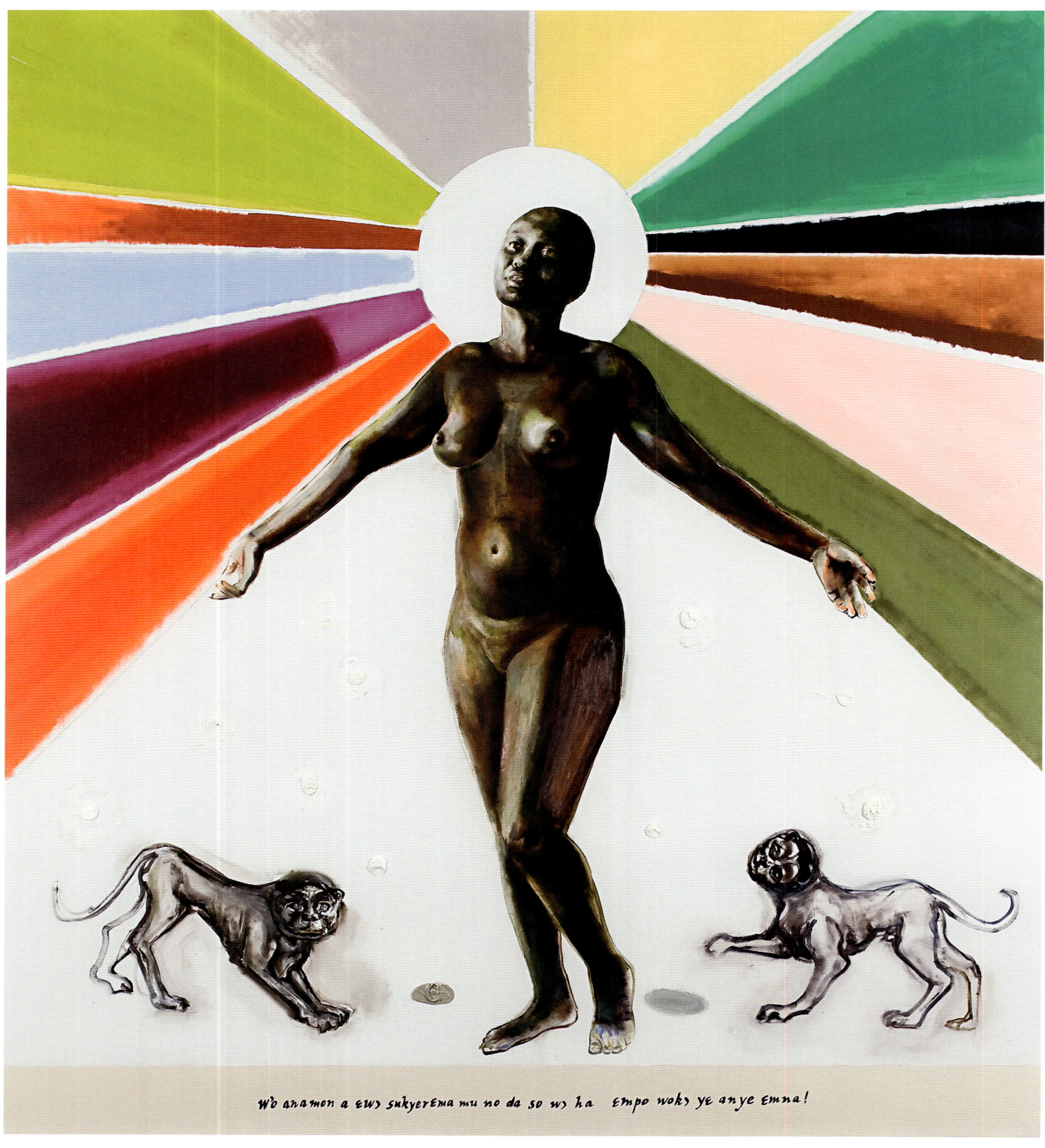


THE MOUNTAIN 2007–2008
Oil on canvas
220 x 200 cm

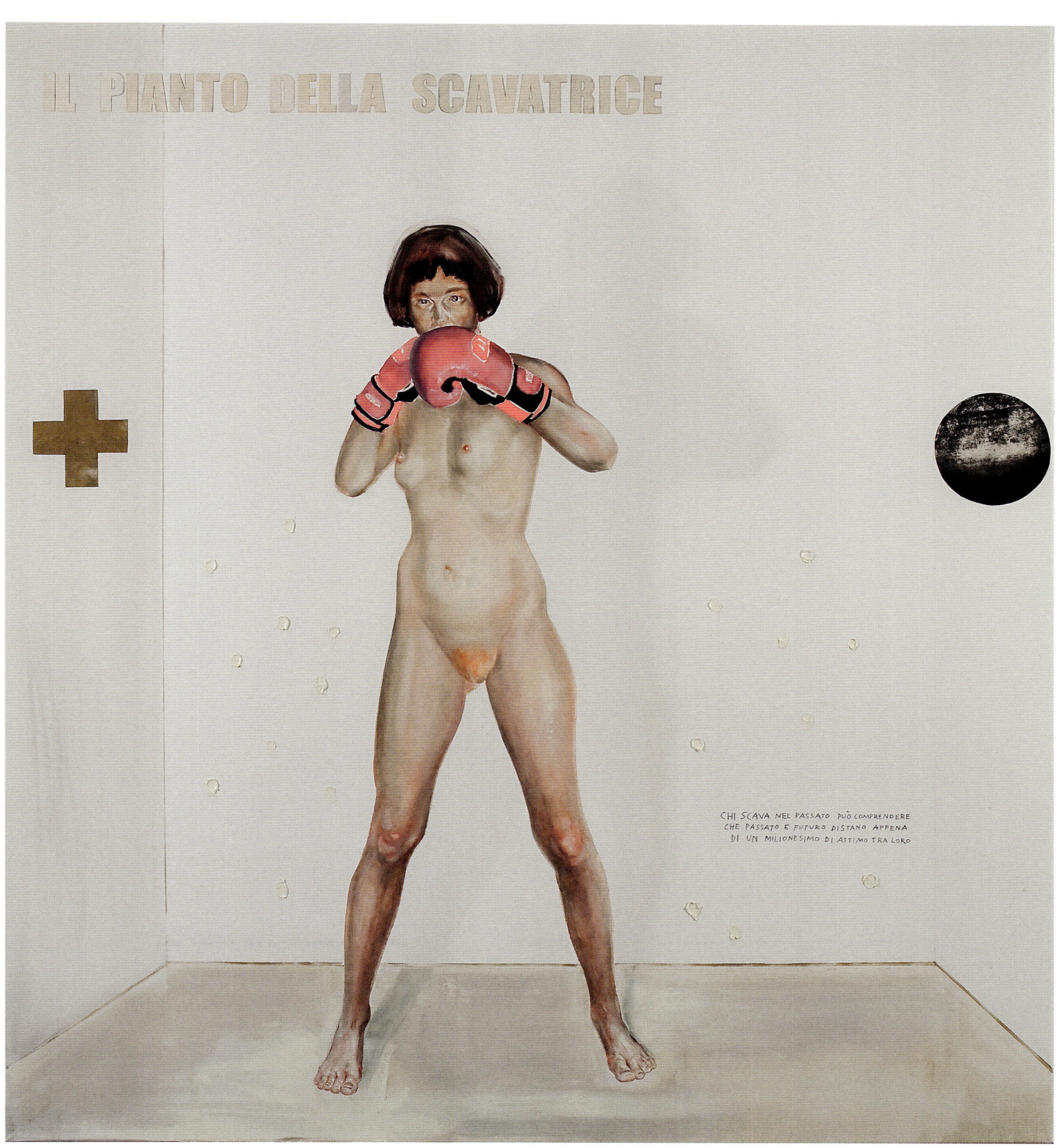


THE BOXER  2009
Oil on canvas
220 x 200 cm

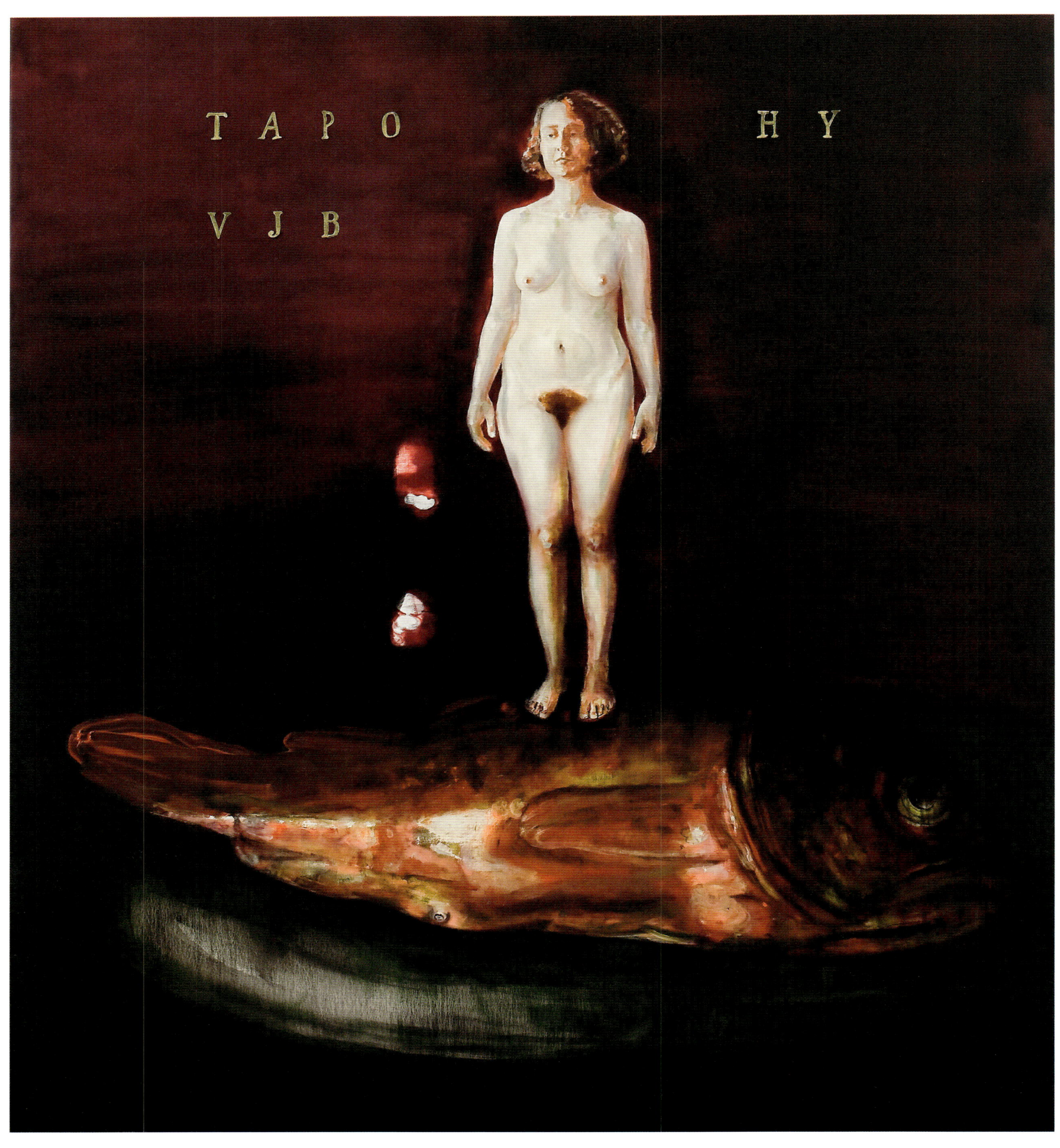

THE SERMON  2008
Oil on canvas
220 x 200 cm

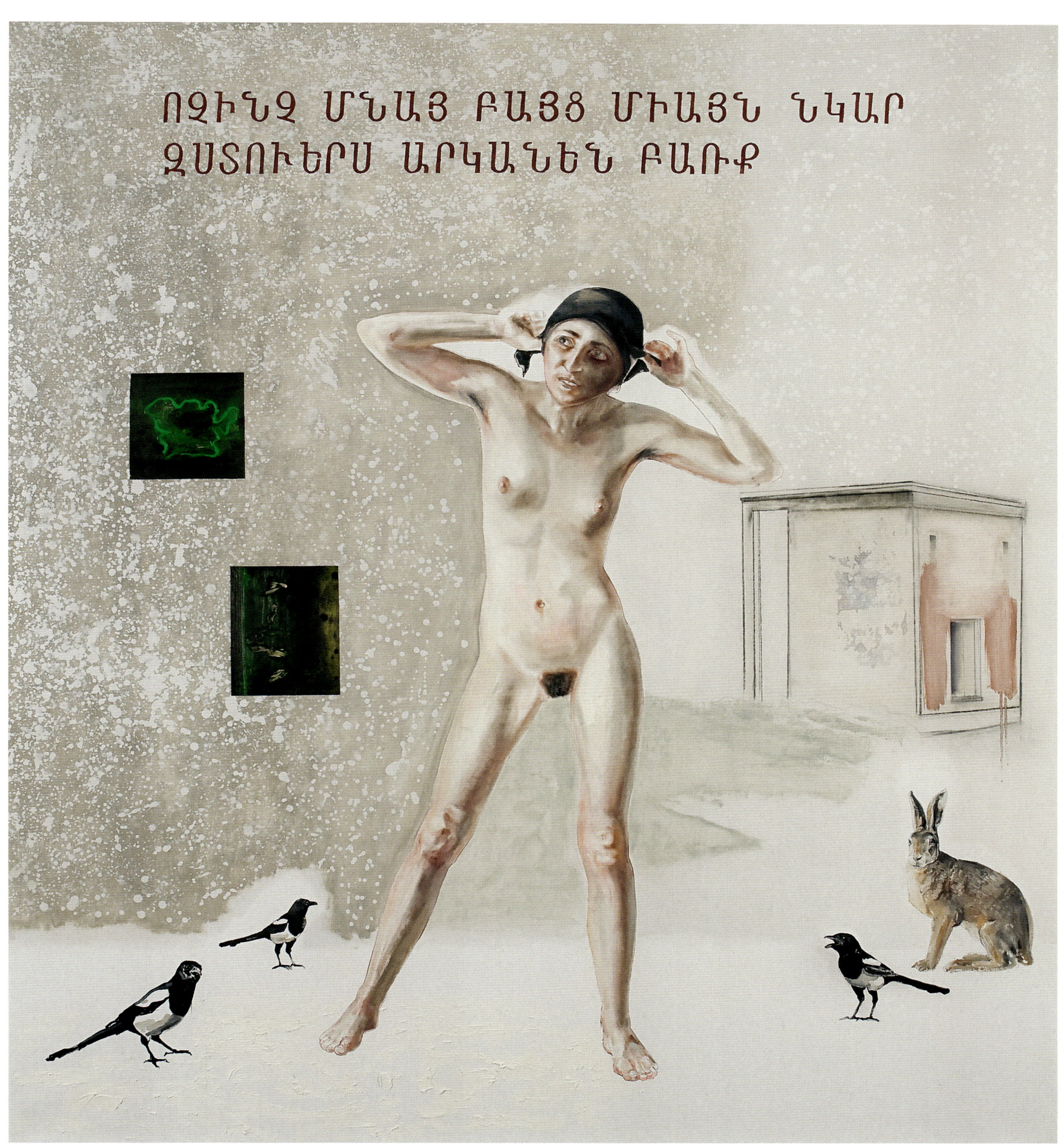


**MEMORY AS OLD AS CEDARS** 2008
Oil on canvas
220 x 200 cm

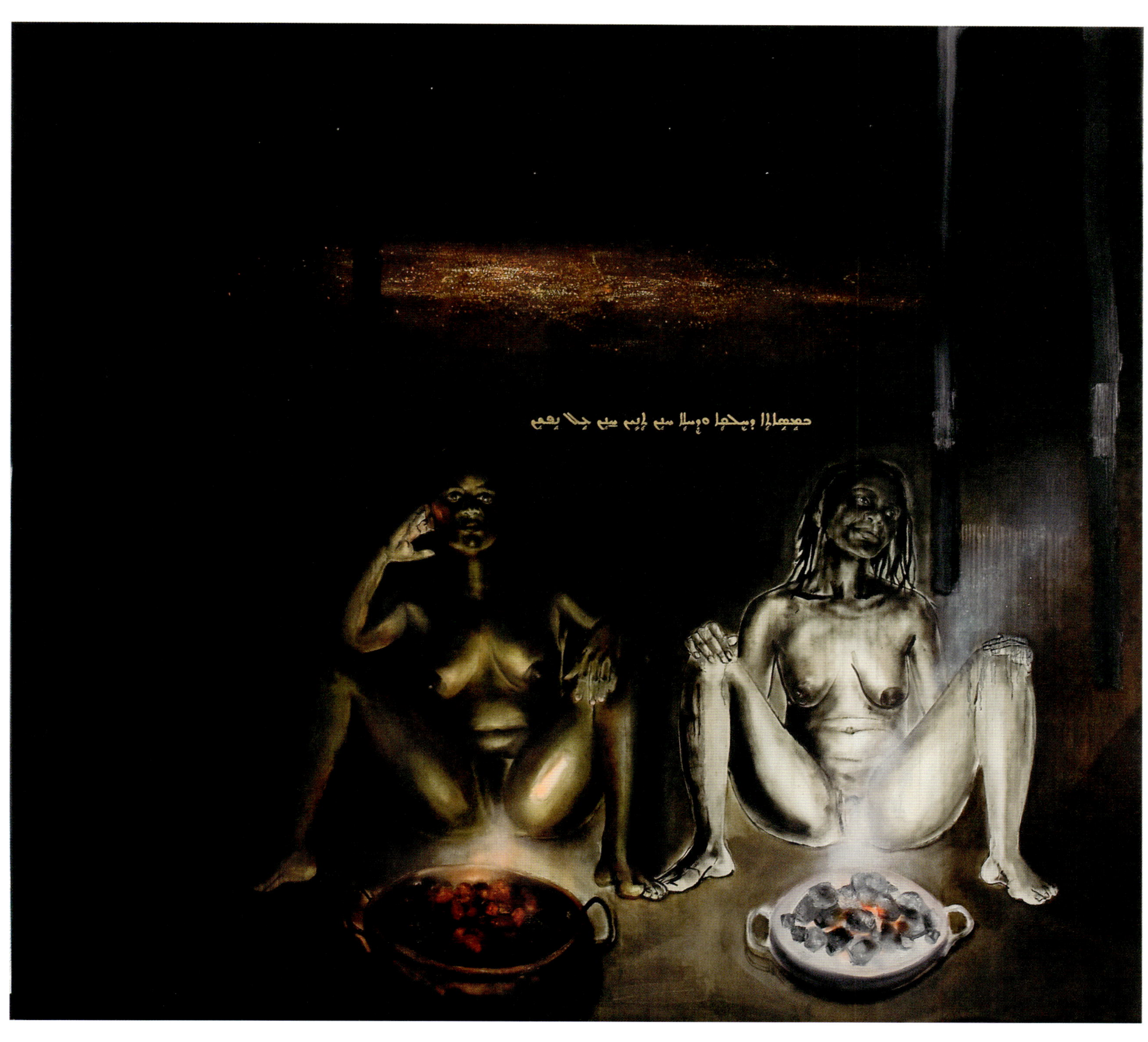

NATTEVAKTEN / THE NIGHTWATCH 2008
Oil on canvas
200 x 220 cm

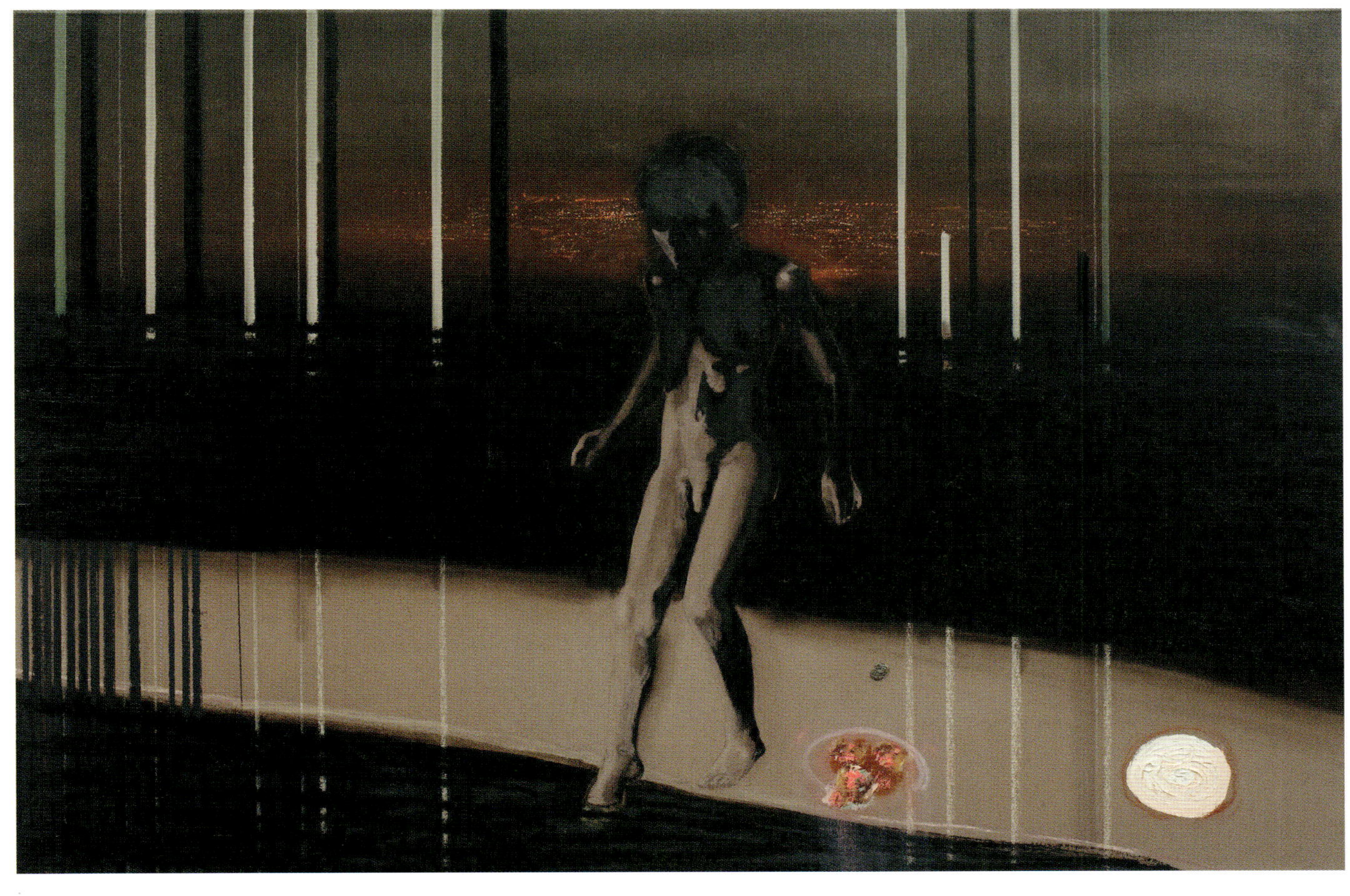

UNTITLED (THE BOY)  2007
Oil on canvas
122 x 182 cm

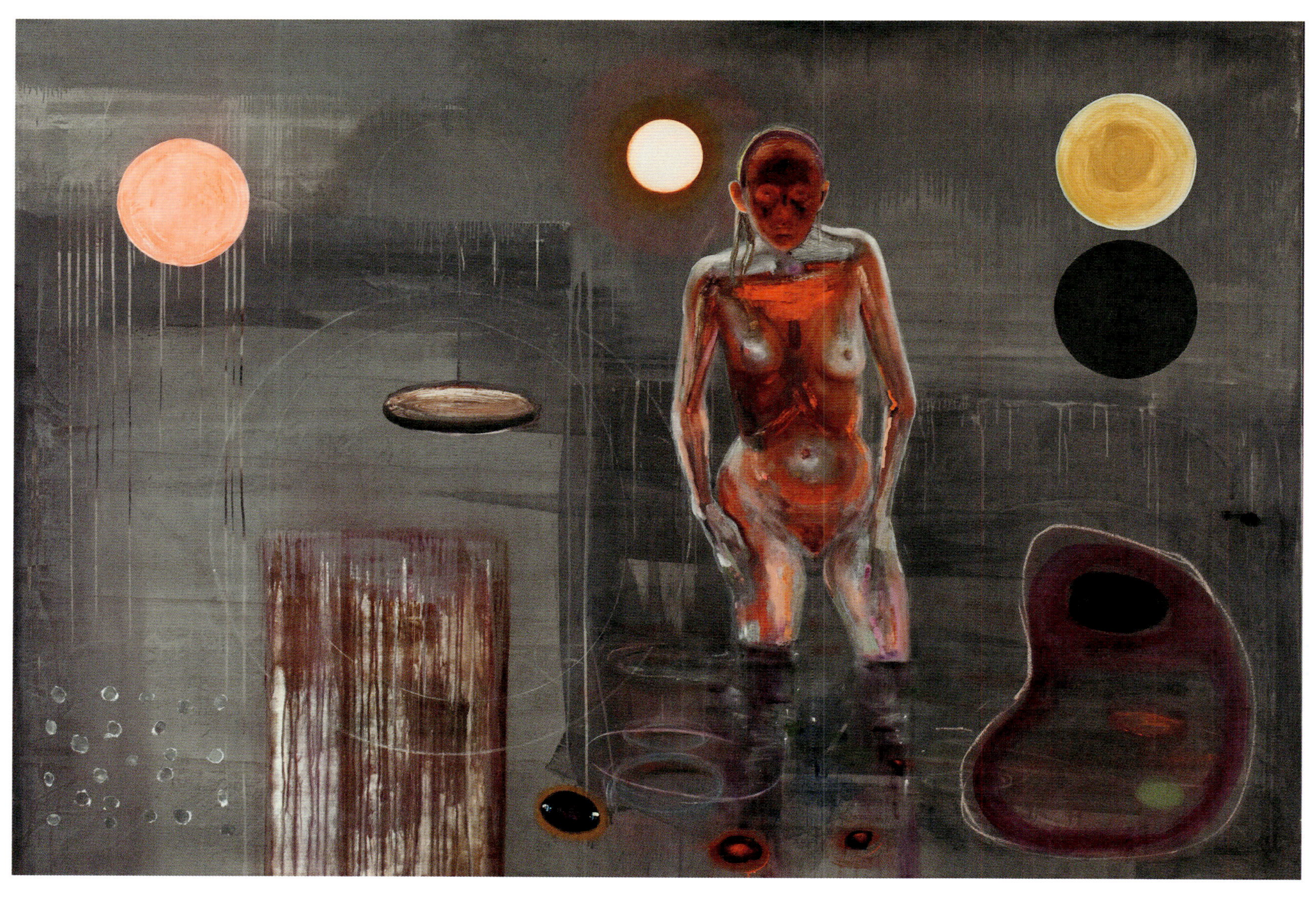

LATE RED BATHER  2006
Oil on canvas
155 x 228 cm

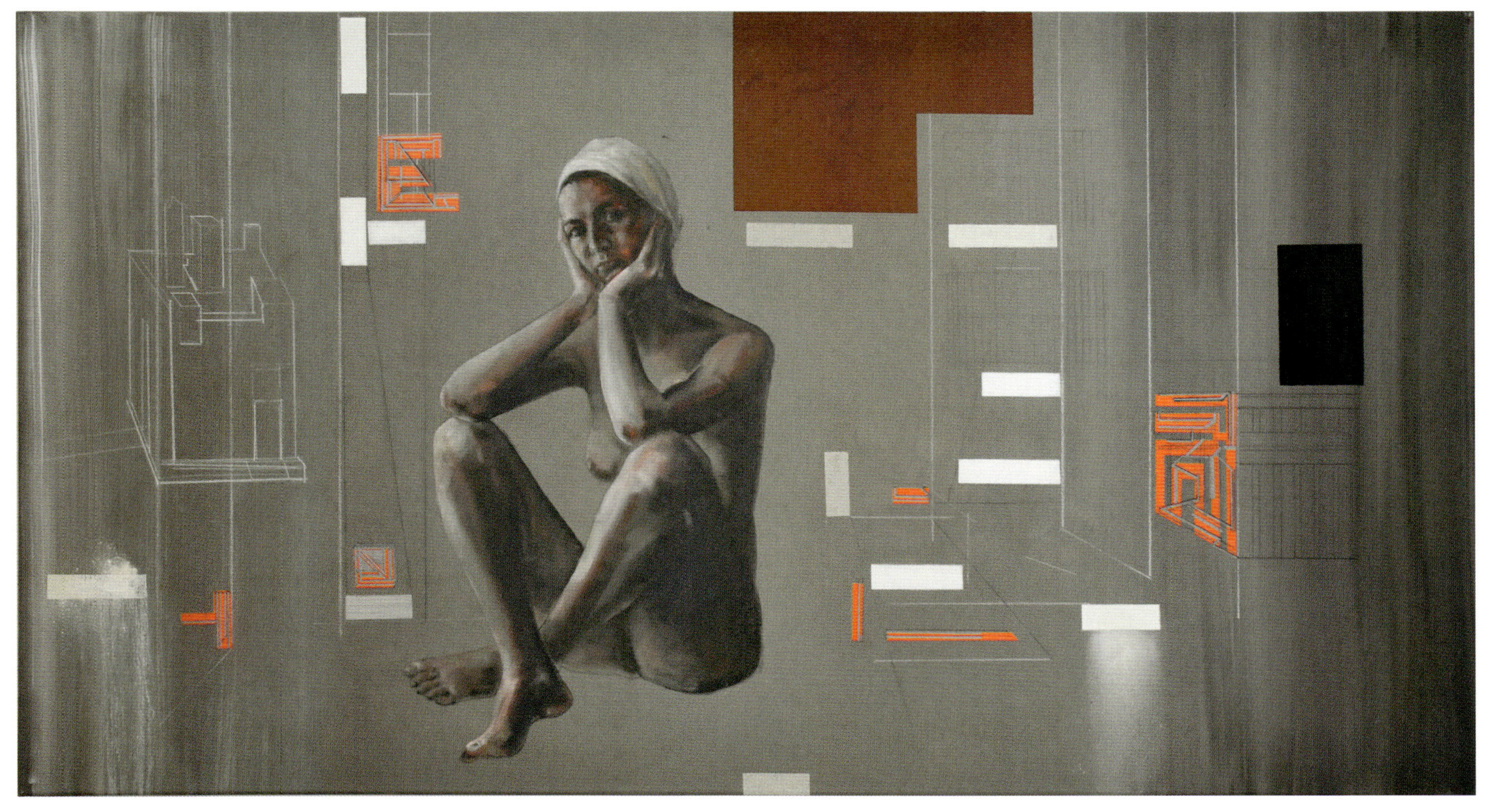

CK 2007
Oil on canvas
122 x 220 cm

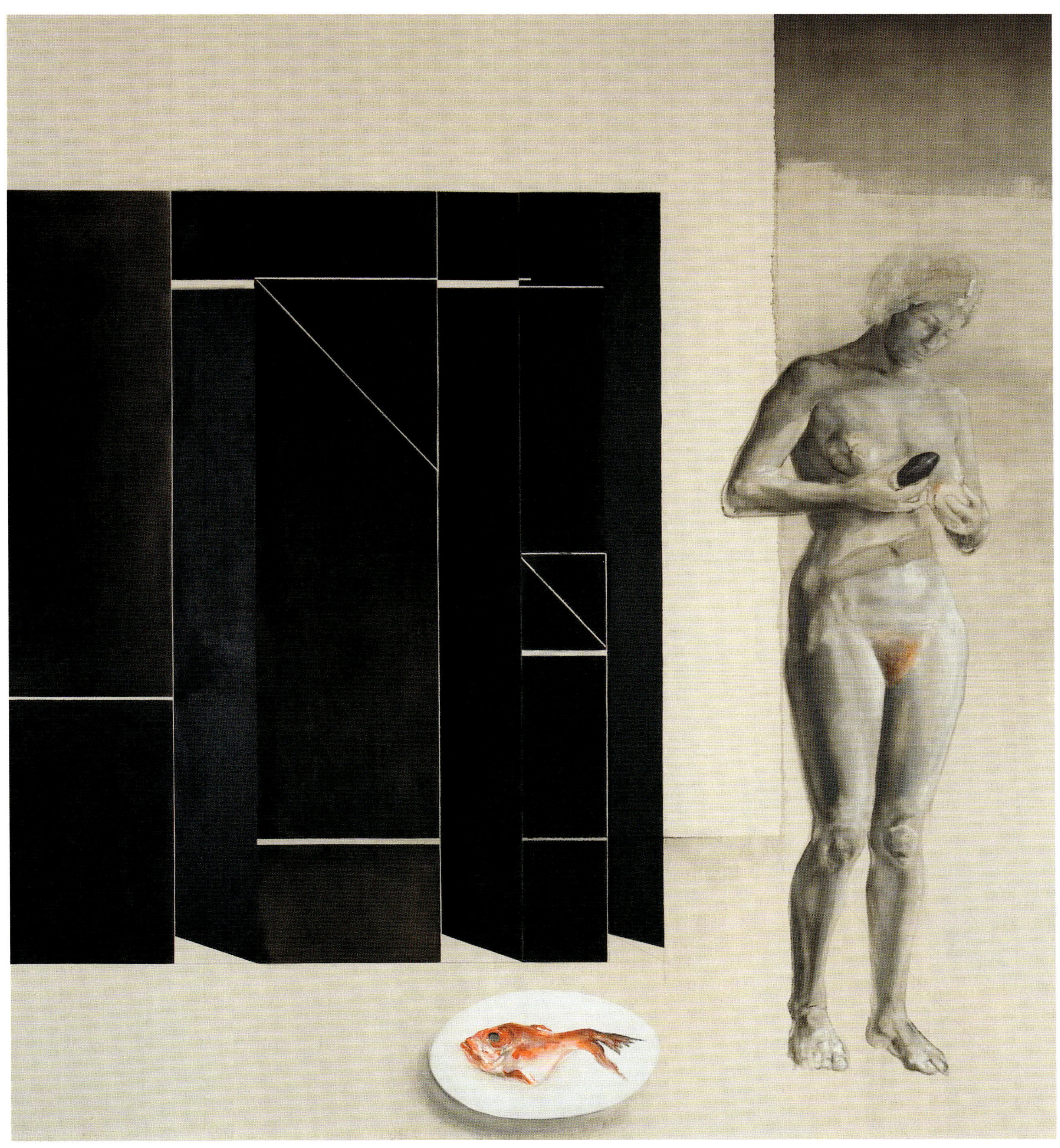

GEOMETRY AND FLUX  2005
Oil on canvas
220 x 200 cm

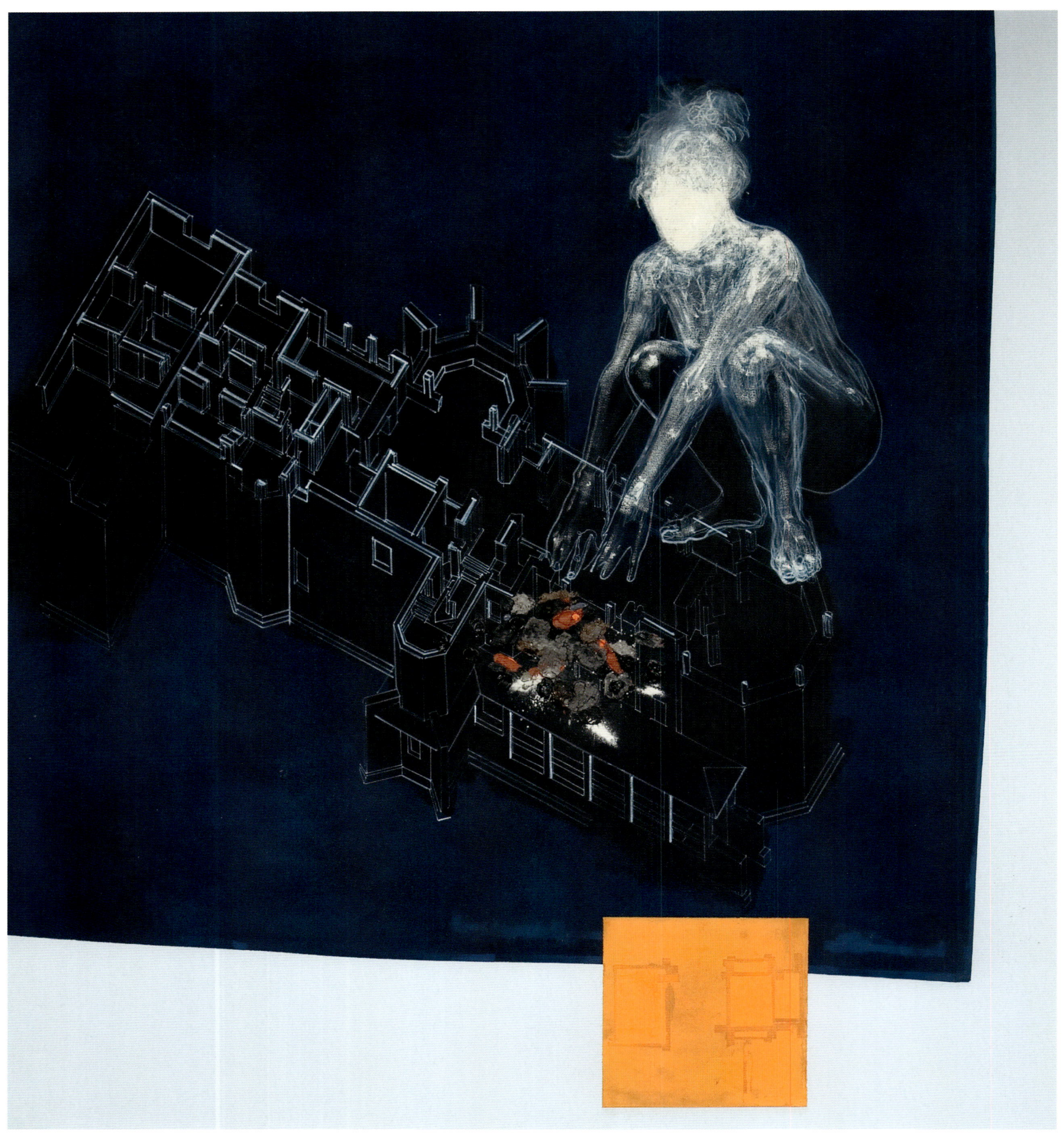

TRACING A SHADOW  2006
Oil on canvas
220 x 200 cm

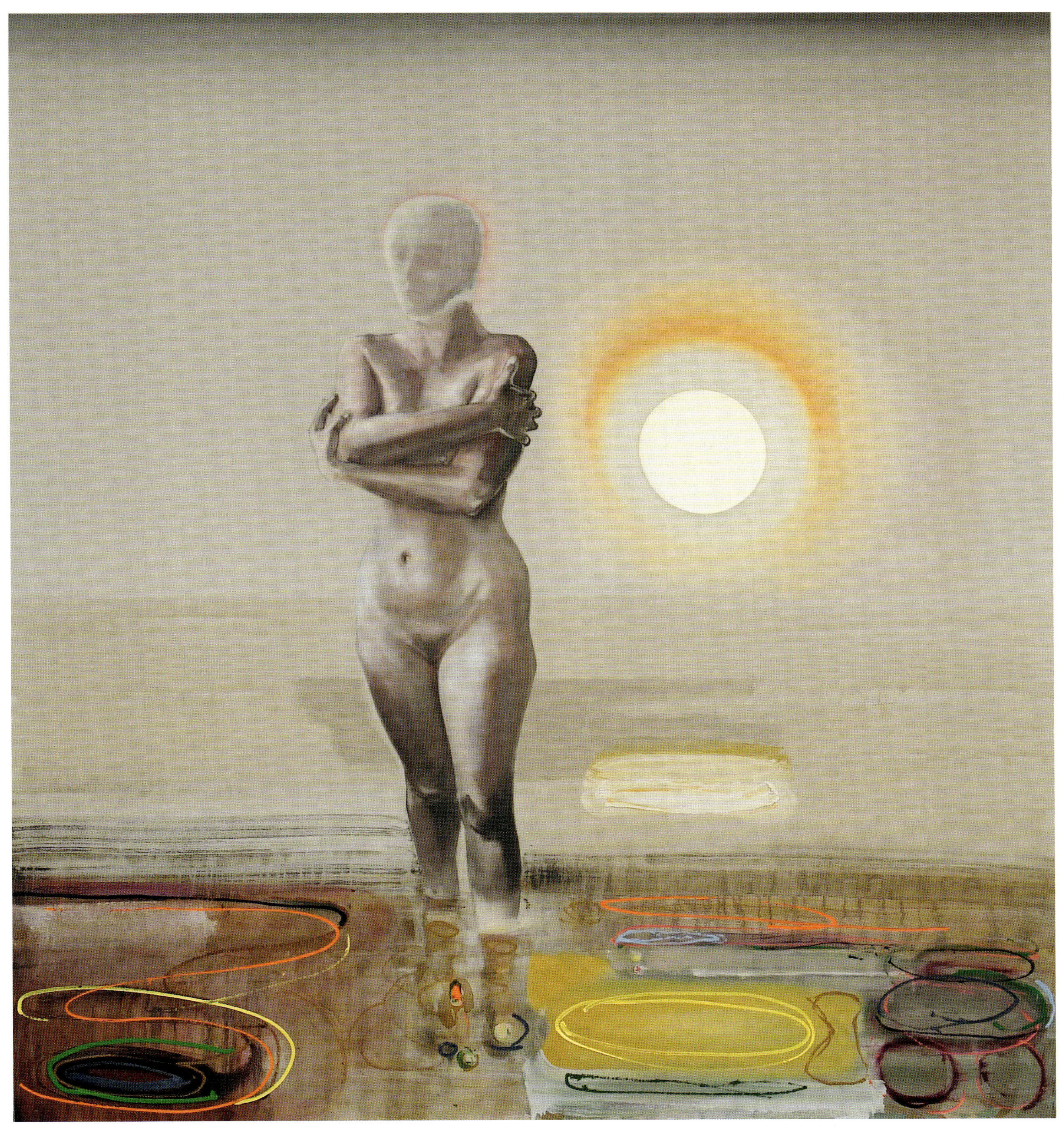

LATE BATHER  2006
Oil on canvas
220 x 200 cm

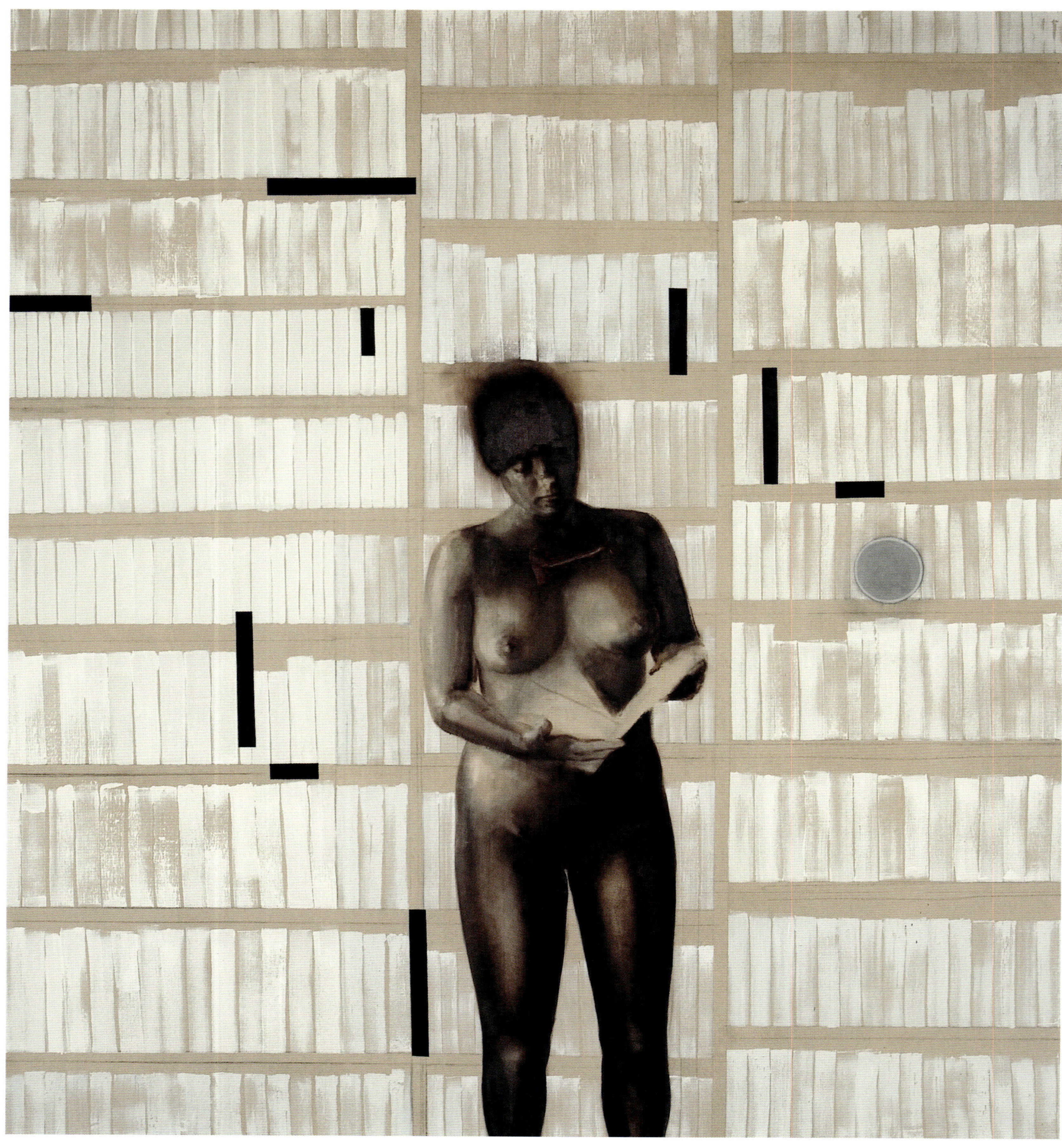

WOMAN READING (THE WHITE LIBRARY)  2005
Oil on canvas
220 x 200 cm

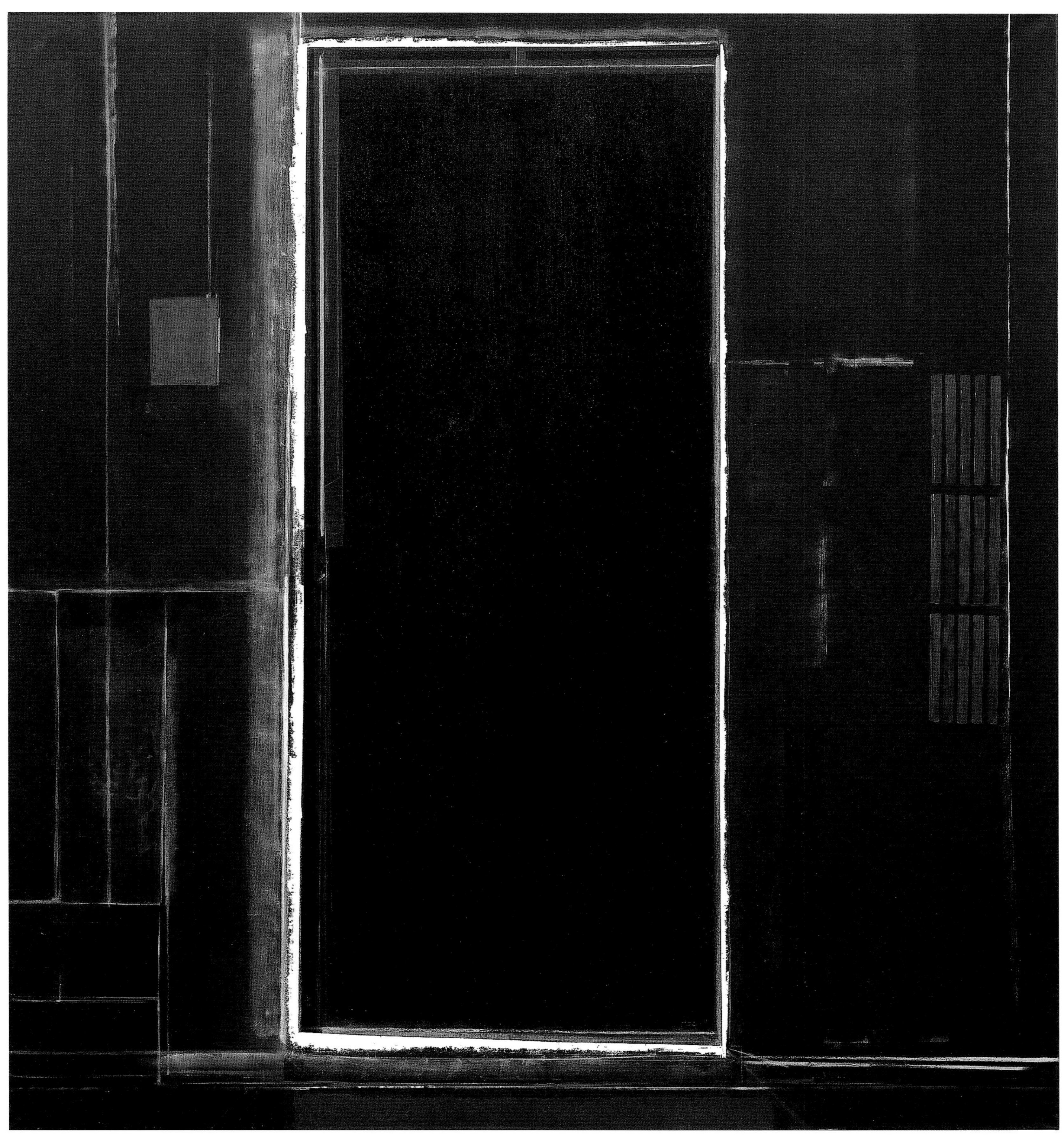

NEXT DOOR 1999
Oil on canvas
220 x 200 cm

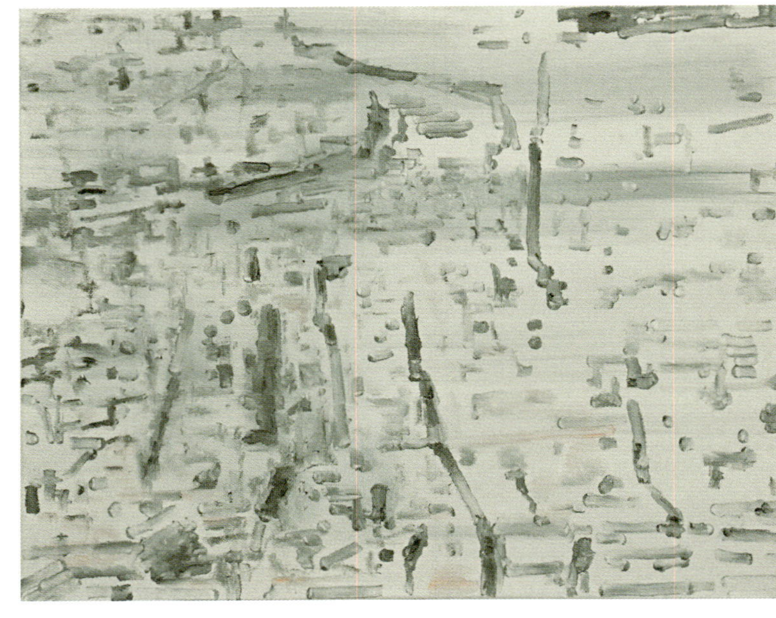

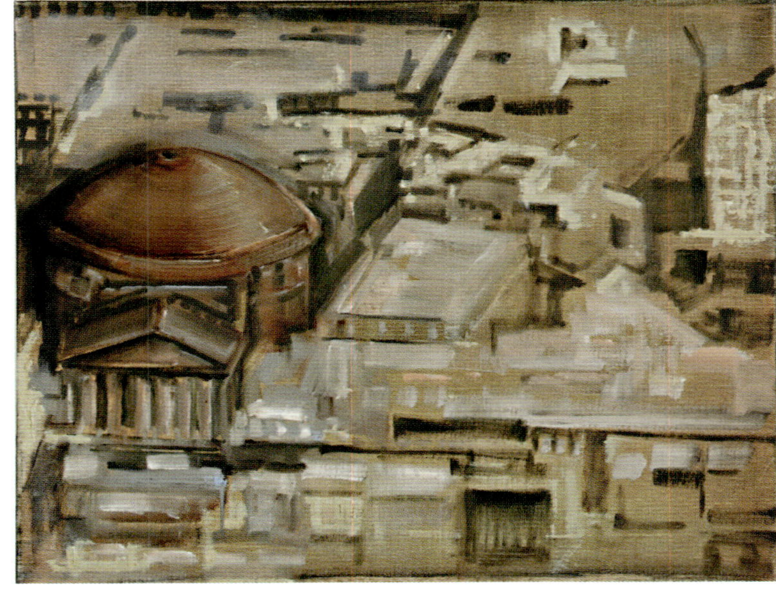

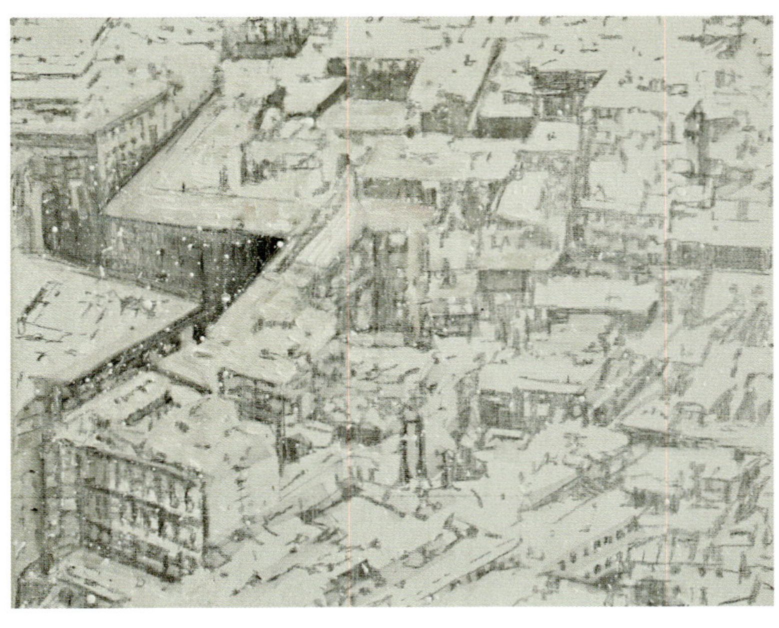

CITY STUDIES 2006
Oil on canvas
Each 40 x 50 cm

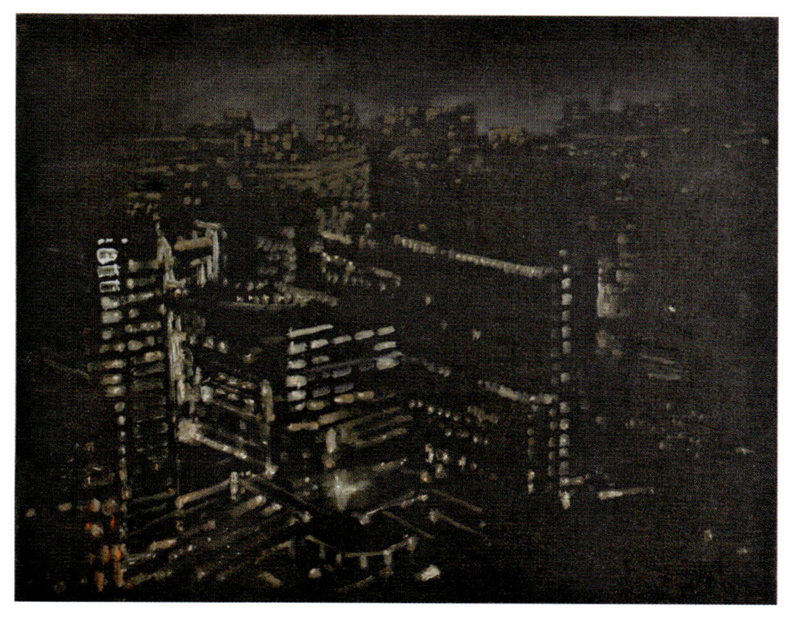
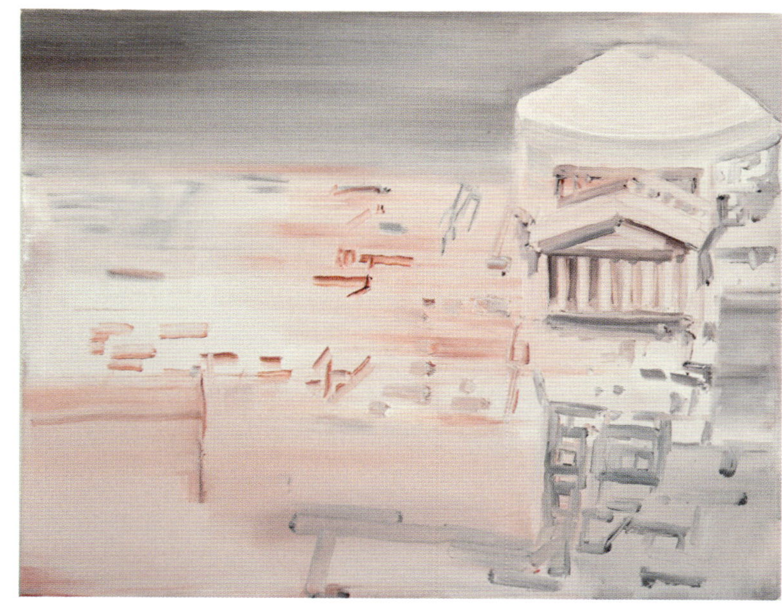
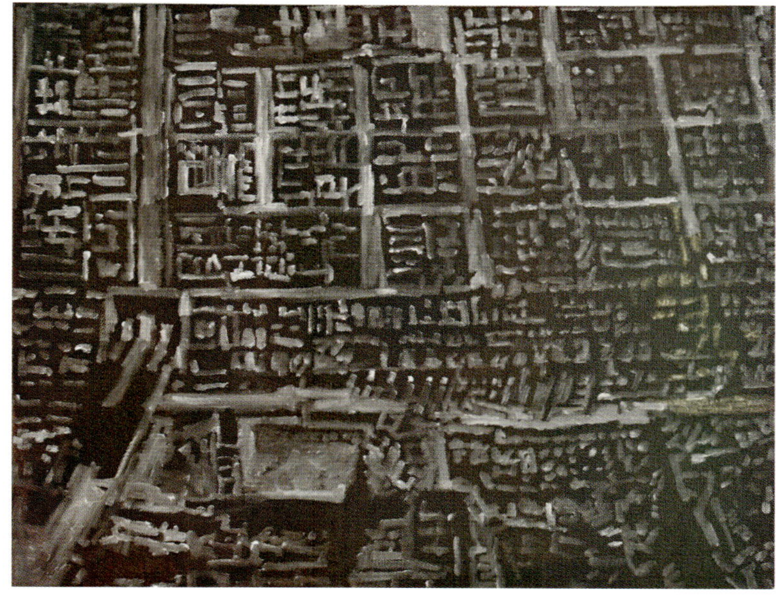
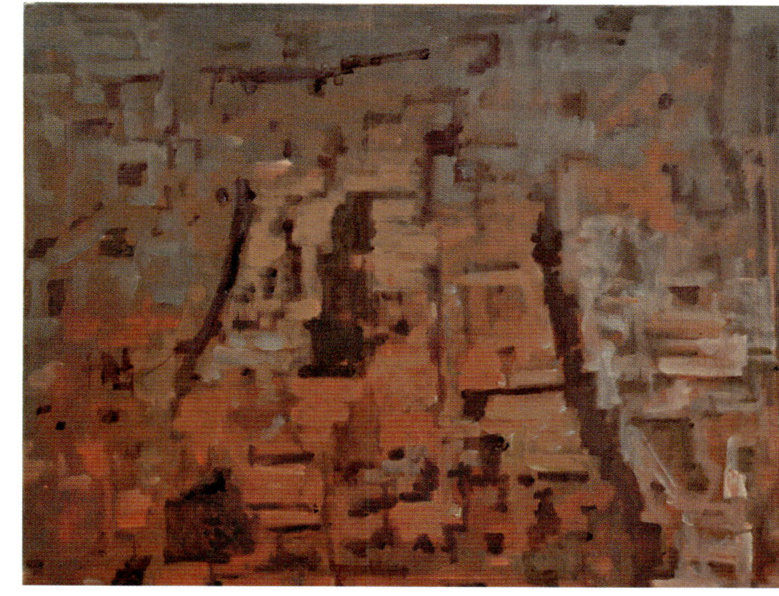
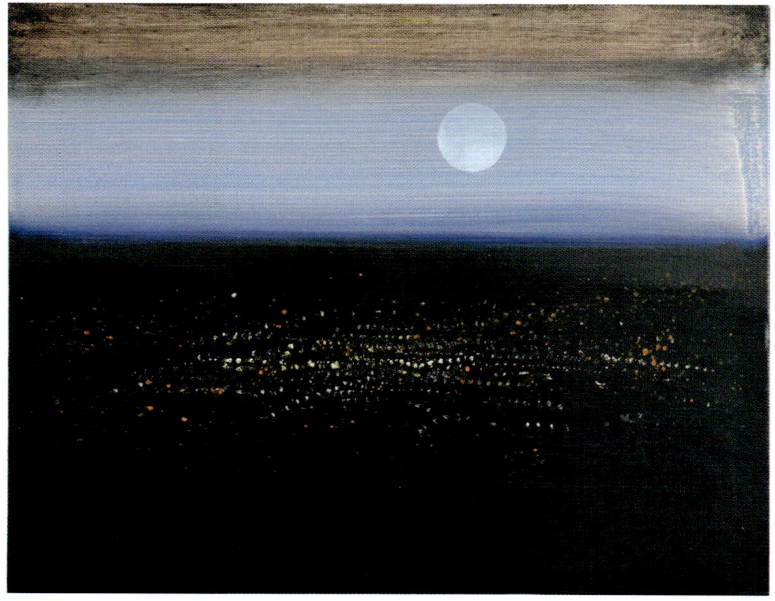
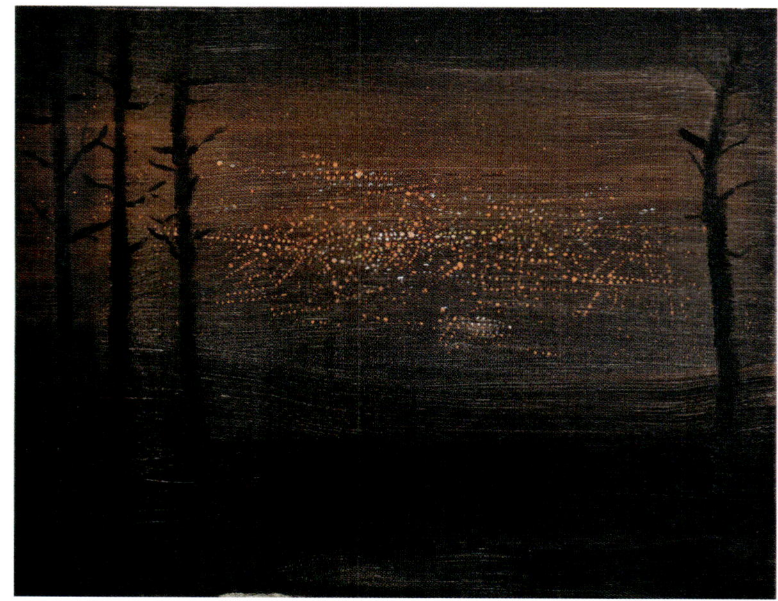

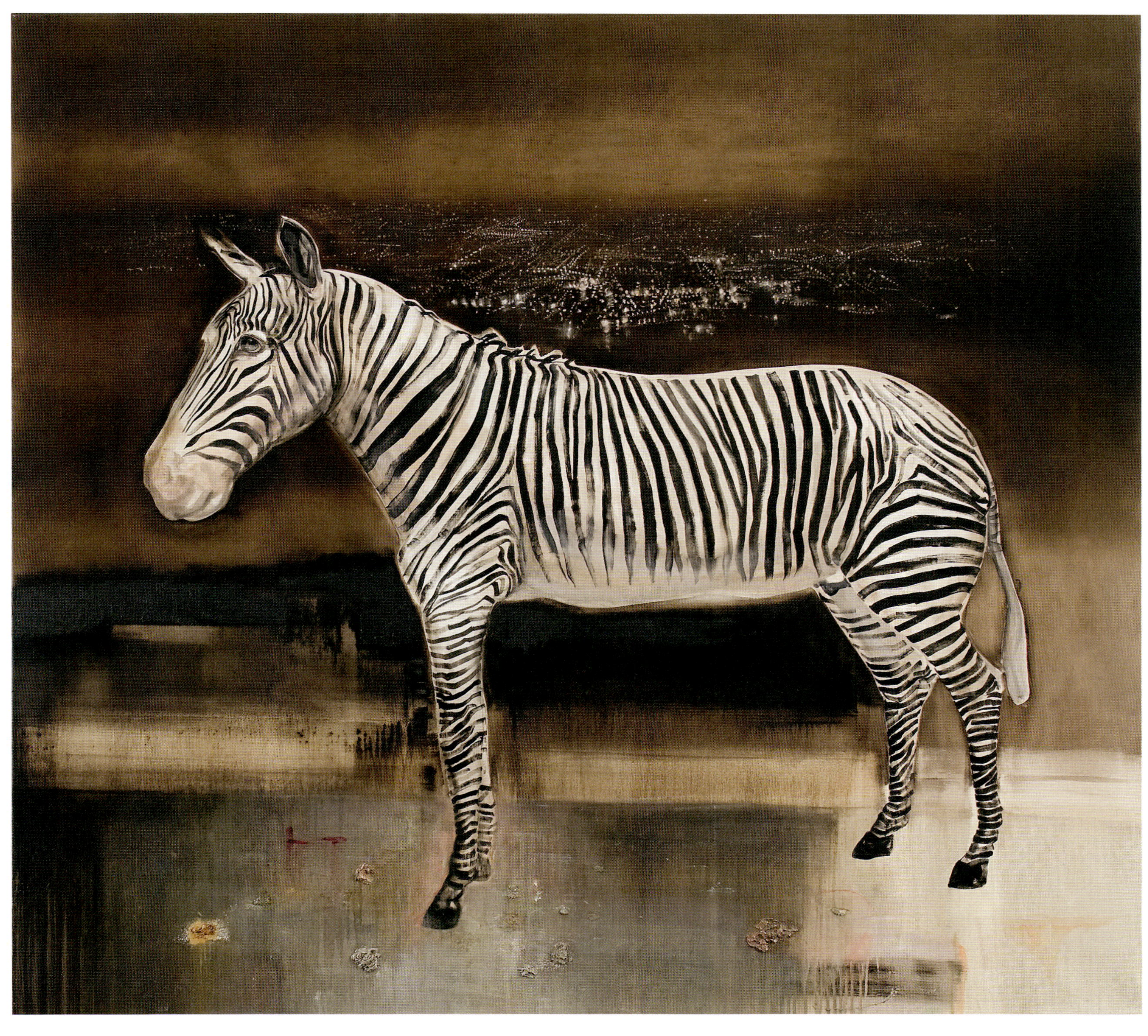

CONSIDERING THE ZEBRA 2008
Oil on canvas
200 x 220 cm

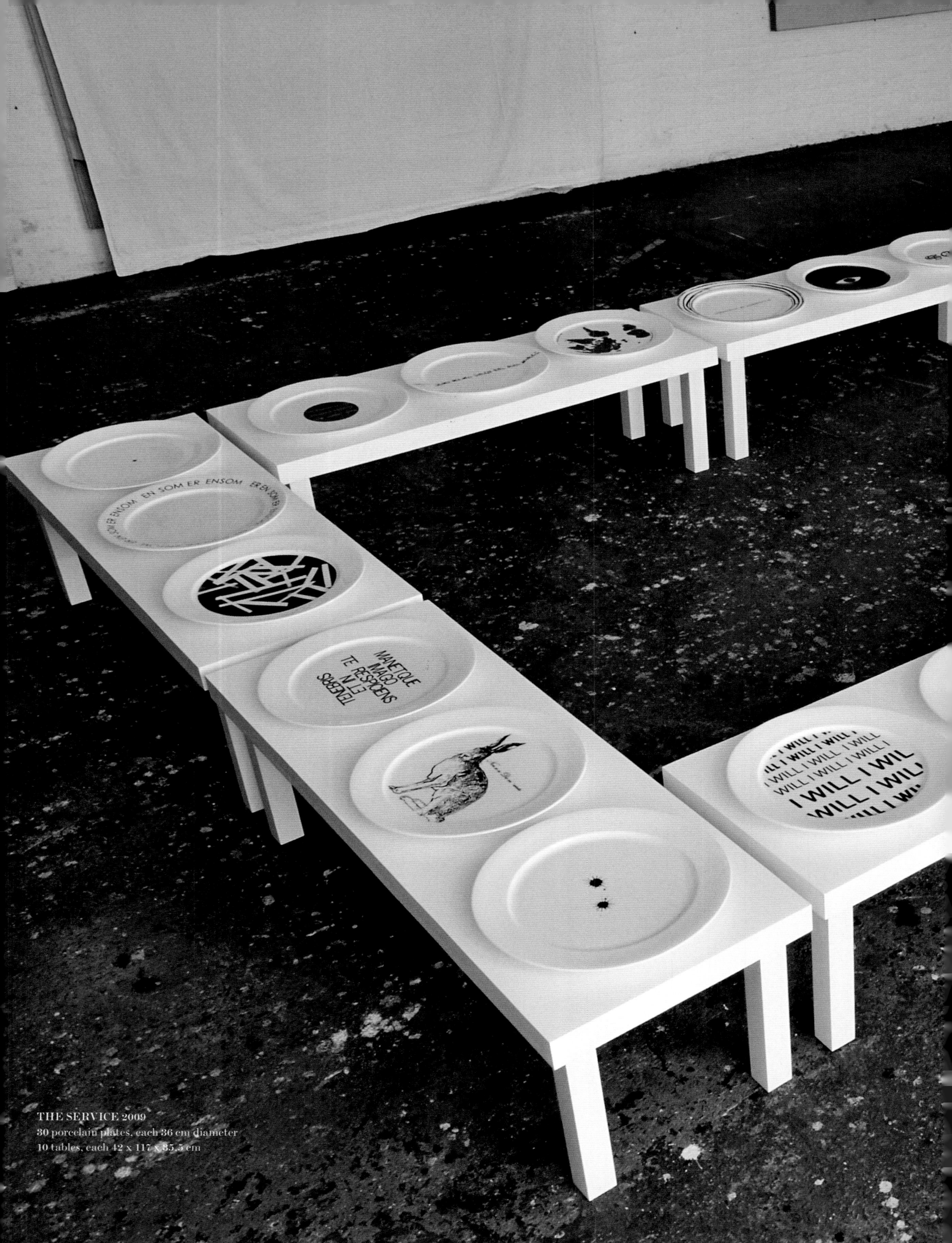

THE SERVICE 2009
30 porcelain plates, each 36 cm diameter
10 tables, each 42 x 117 x 85.5 cm

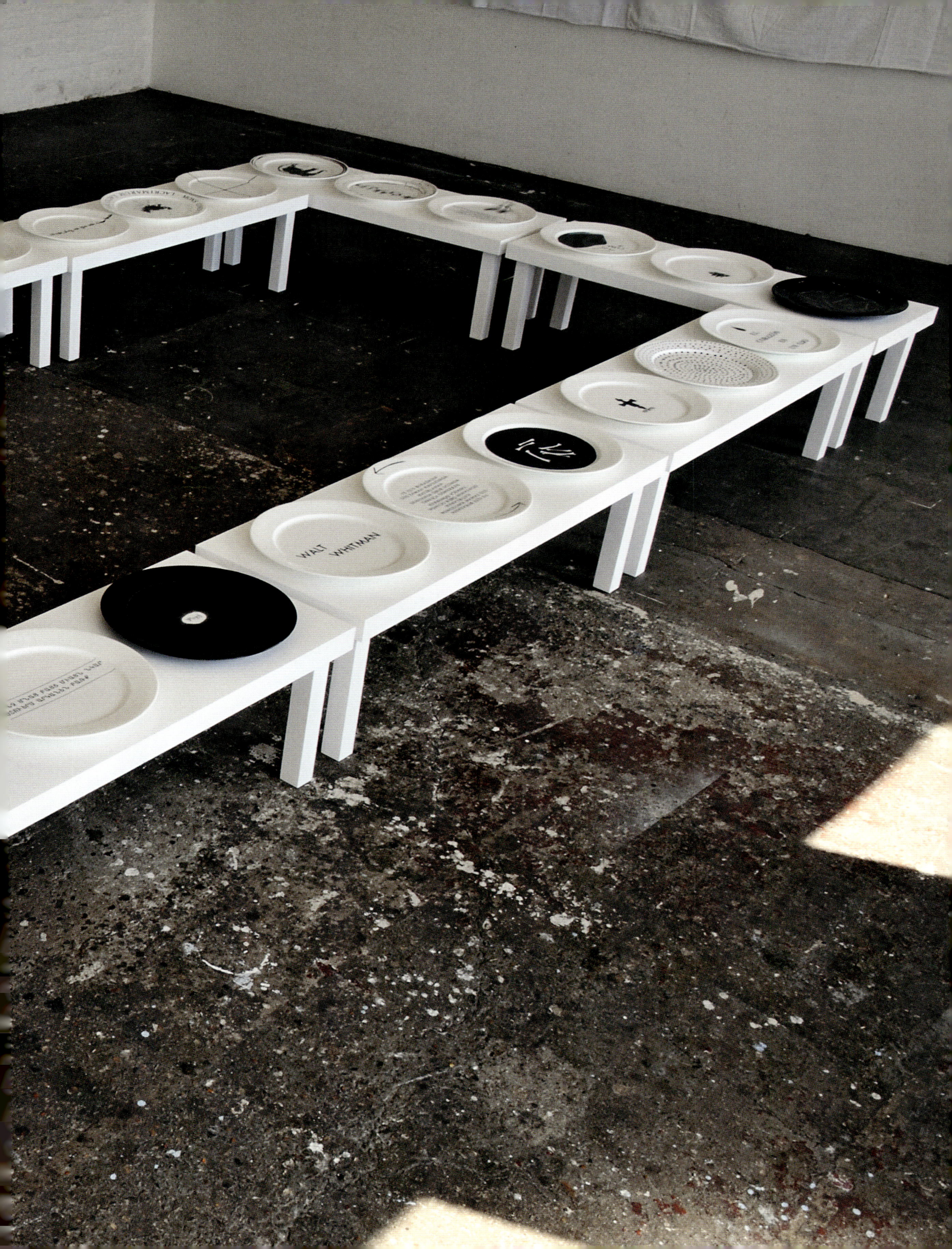

WALT WHITMAN

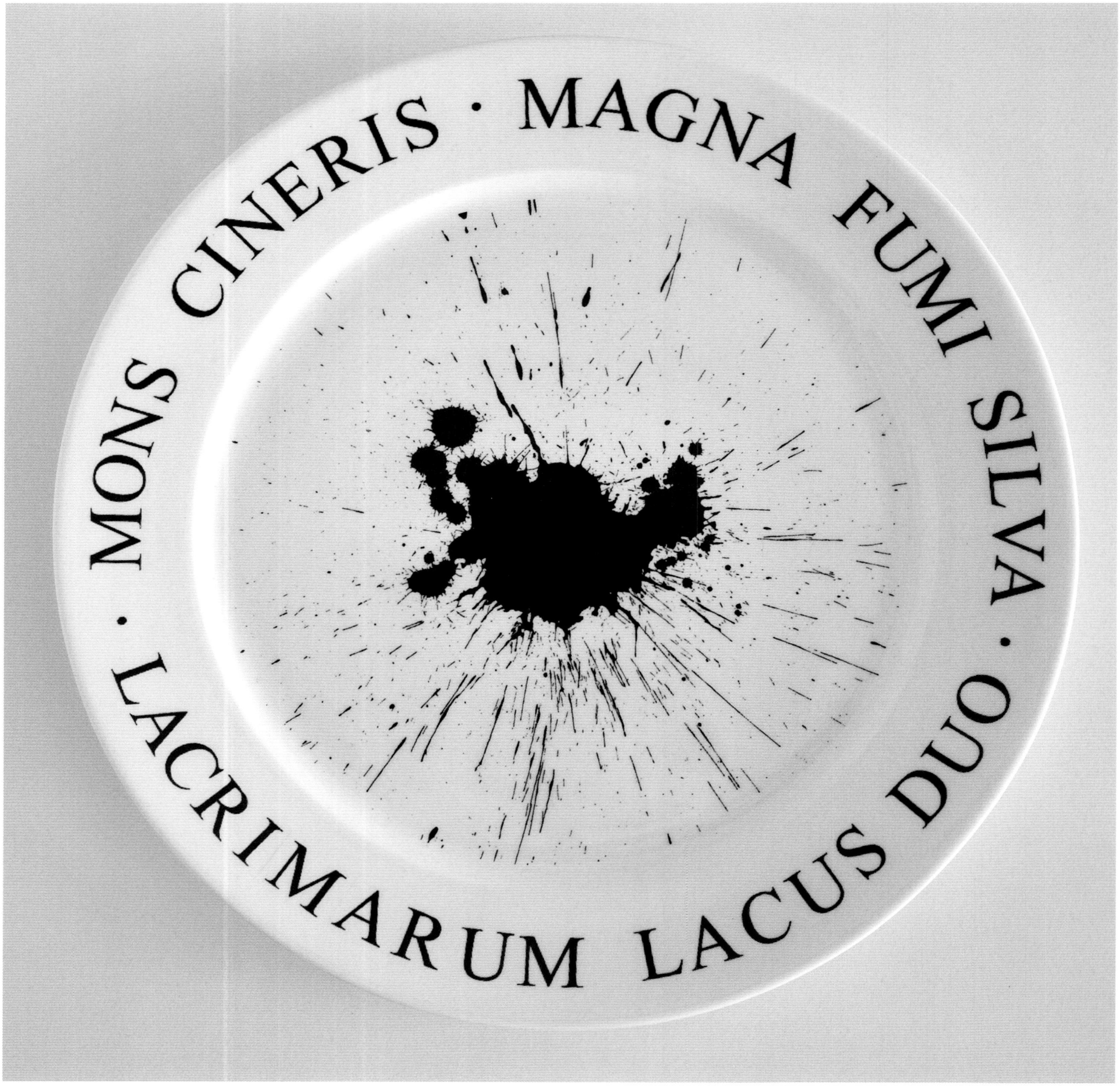

MONS CINERIS · MAGNA FUMI SILVA · LACRIMARUM LACUS DUO ·

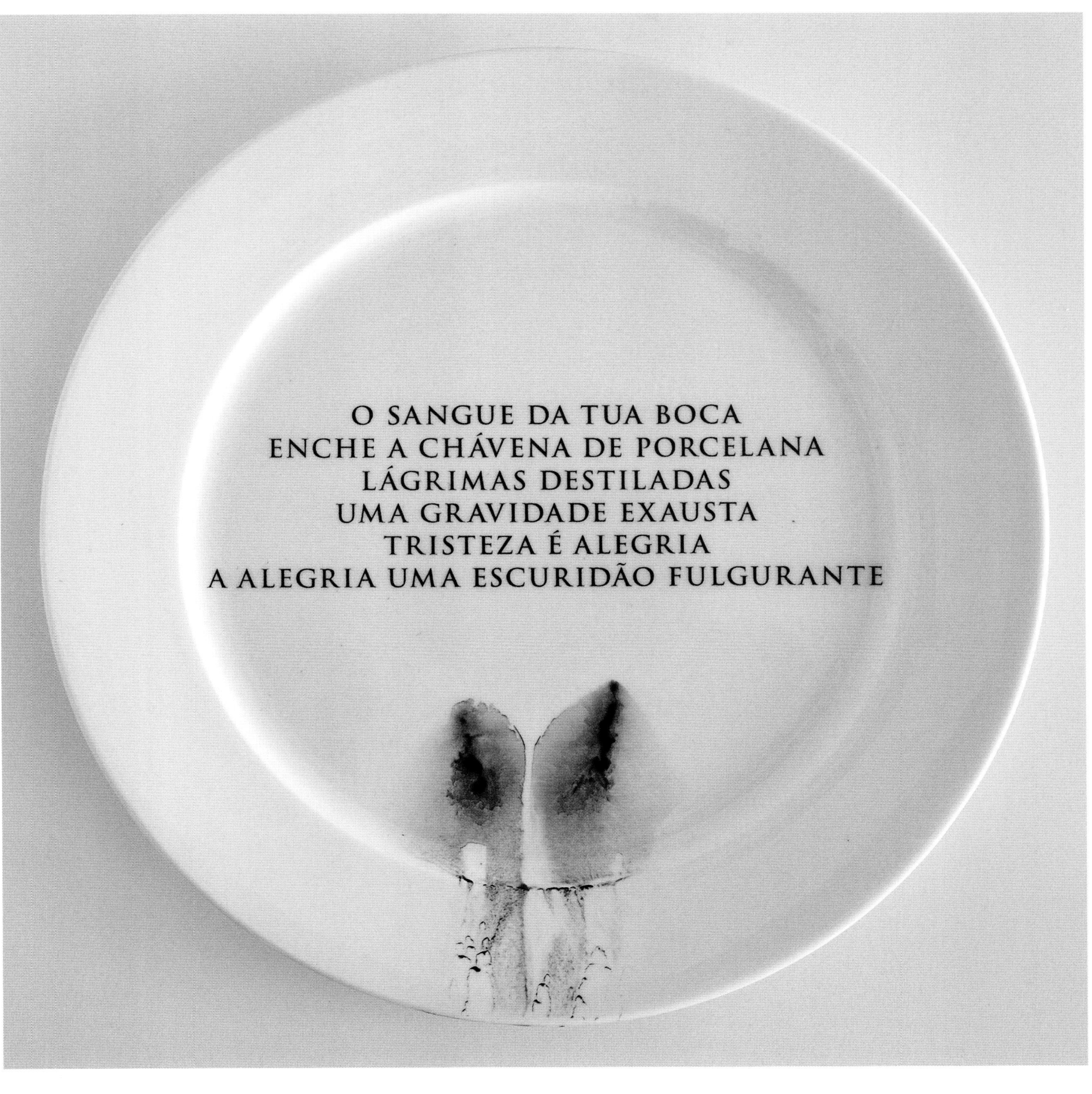

O SANGUE DA TUA BOCA
ENCHE A CHÁVENA DE PORCELANA
LÁGRIMAS DESTILADAS
UMA GRAVIDADE EXAUSTA
TRISTEZA É ALEGRIA
A ALEGRIA UMA ESCURIDÃO FULGURANTE

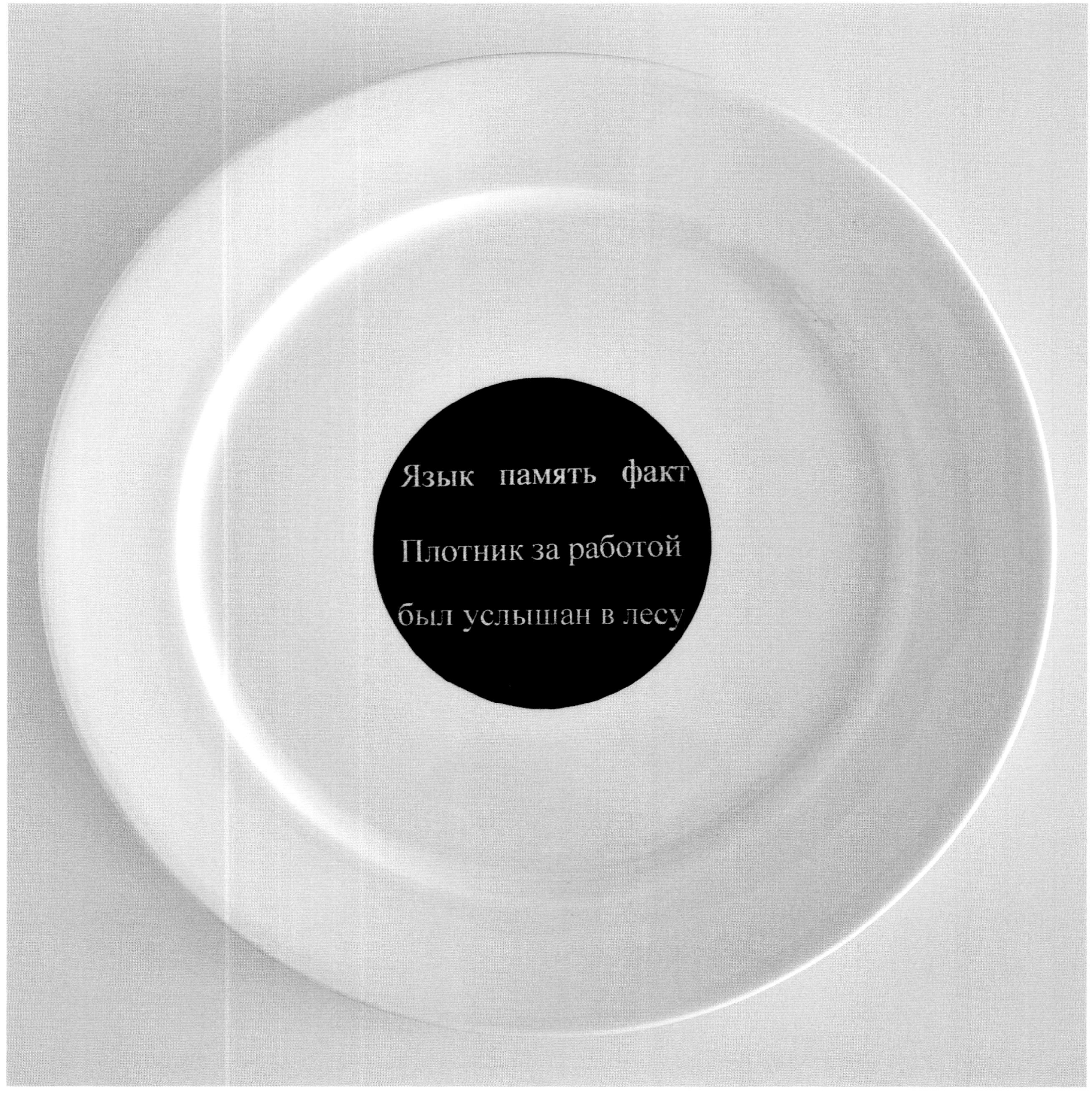
Язык   память   факт

Плотник за работой

был услышан в лесу

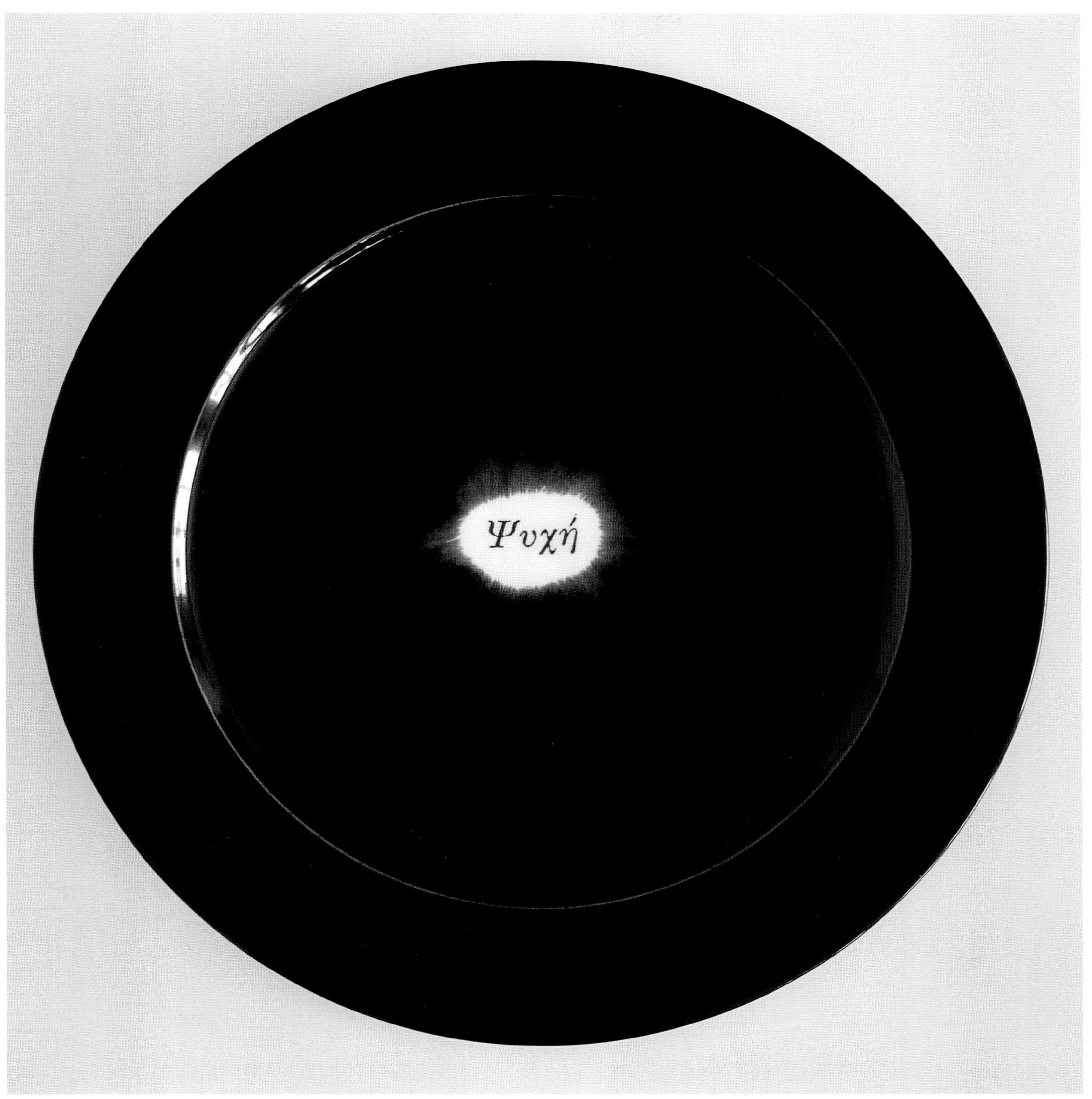

Ψυχή

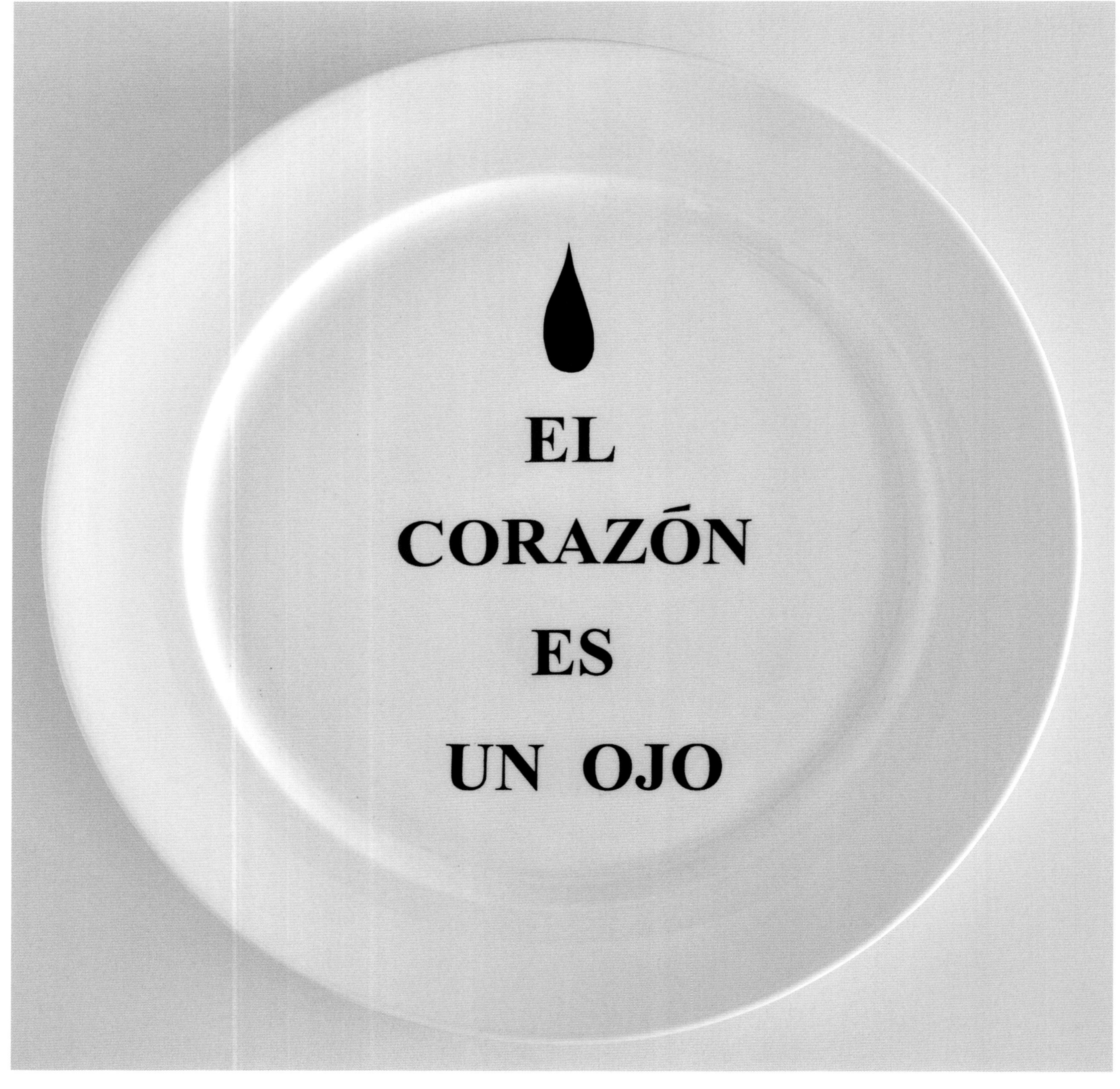
EL
CORAZÓN
ES
UN OJO

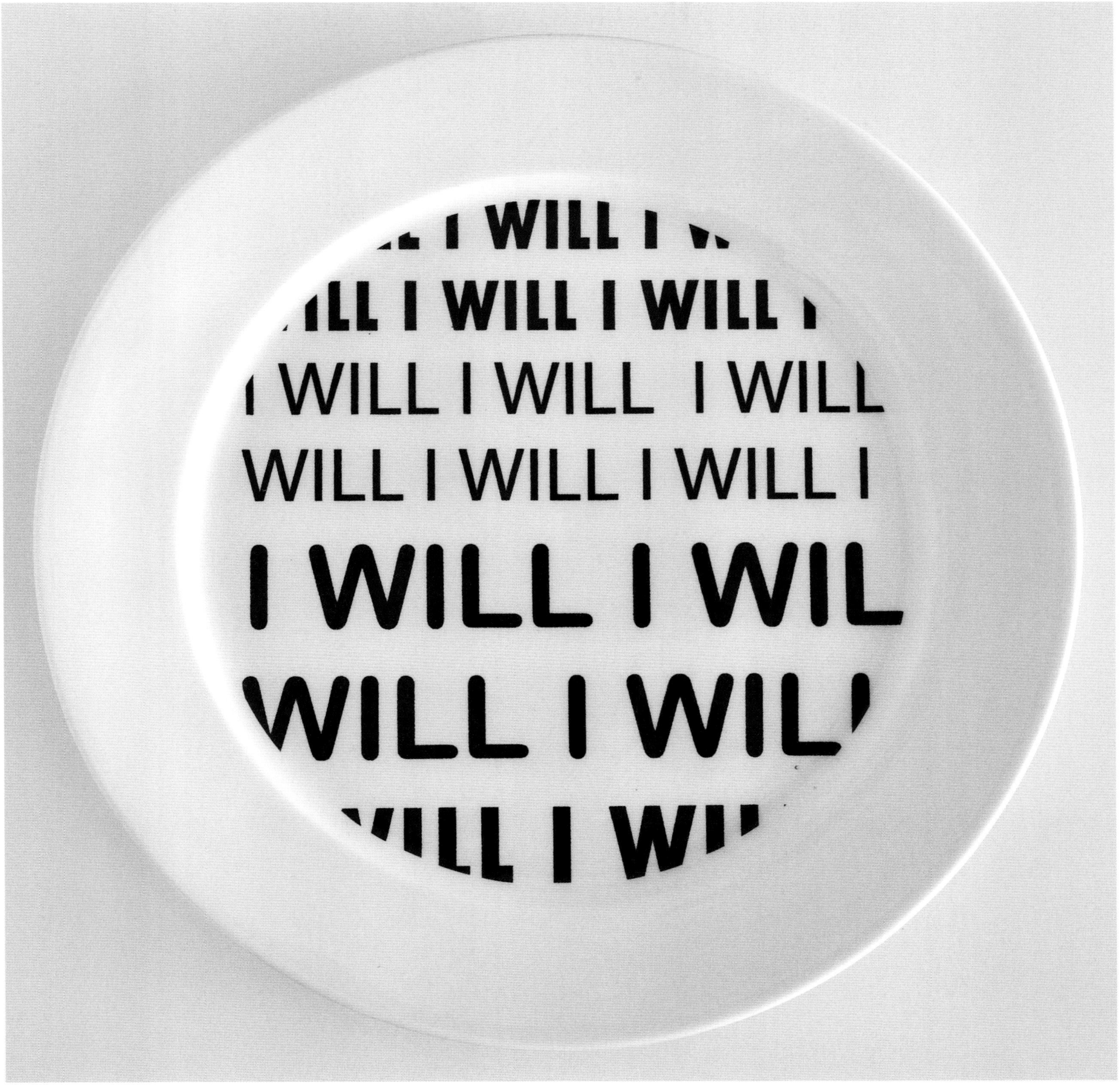
I WILL I
ILL I WILL I WILL
I WILL I WILL I WILL
WILL I WILL I WILL I
I WILL I WIL
WILL I WIL
ILL I W

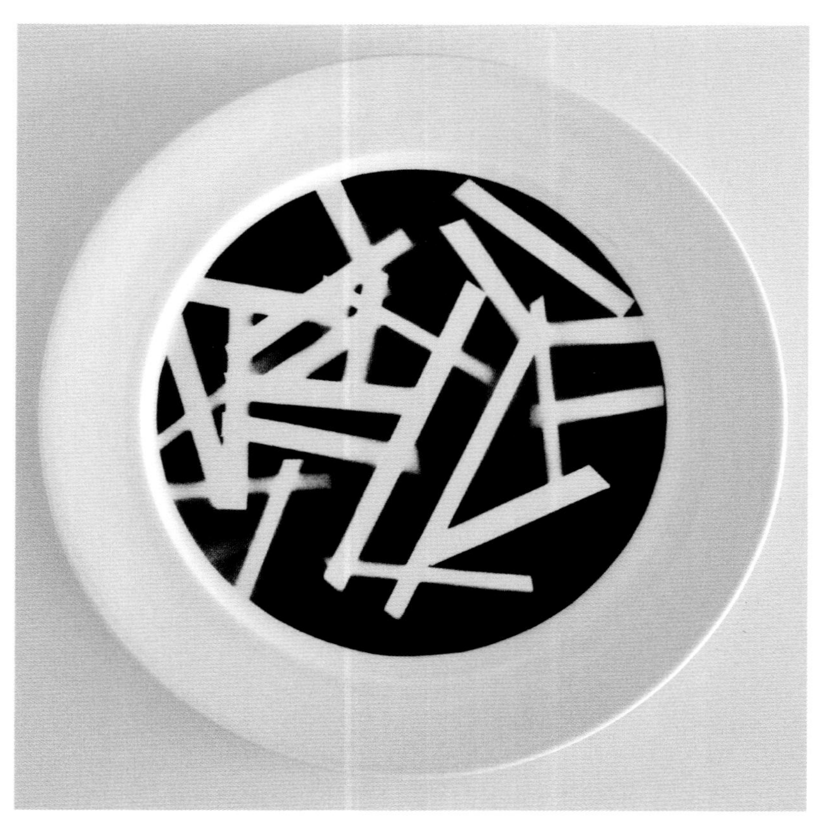
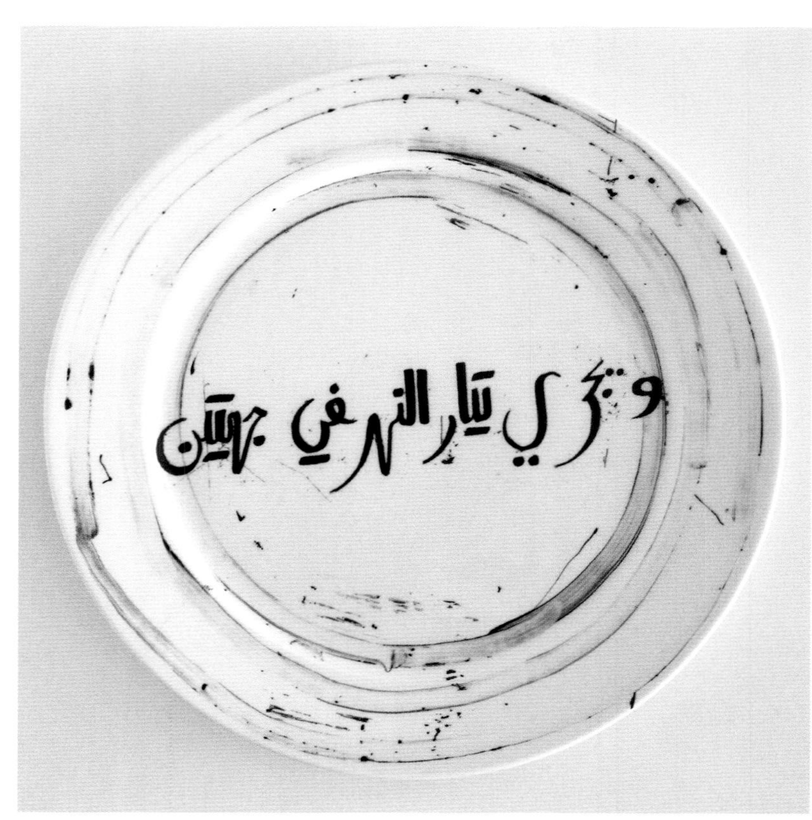
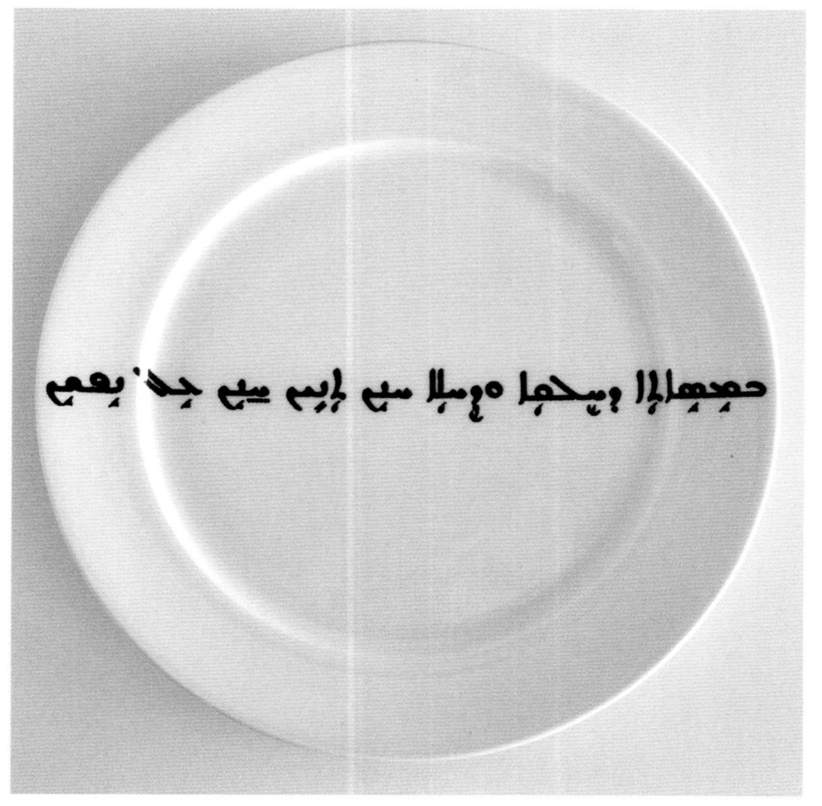
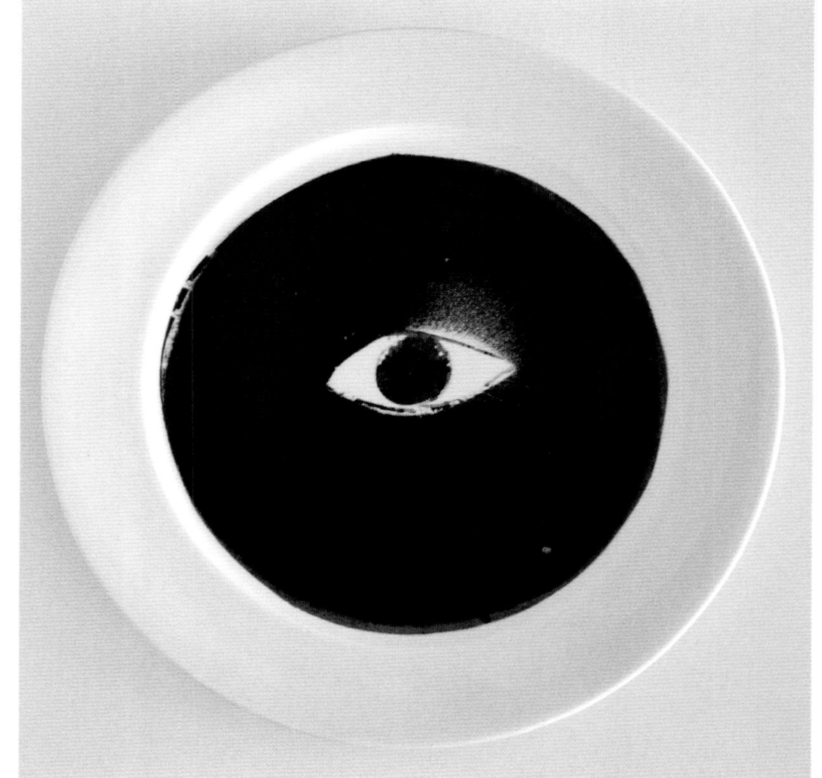

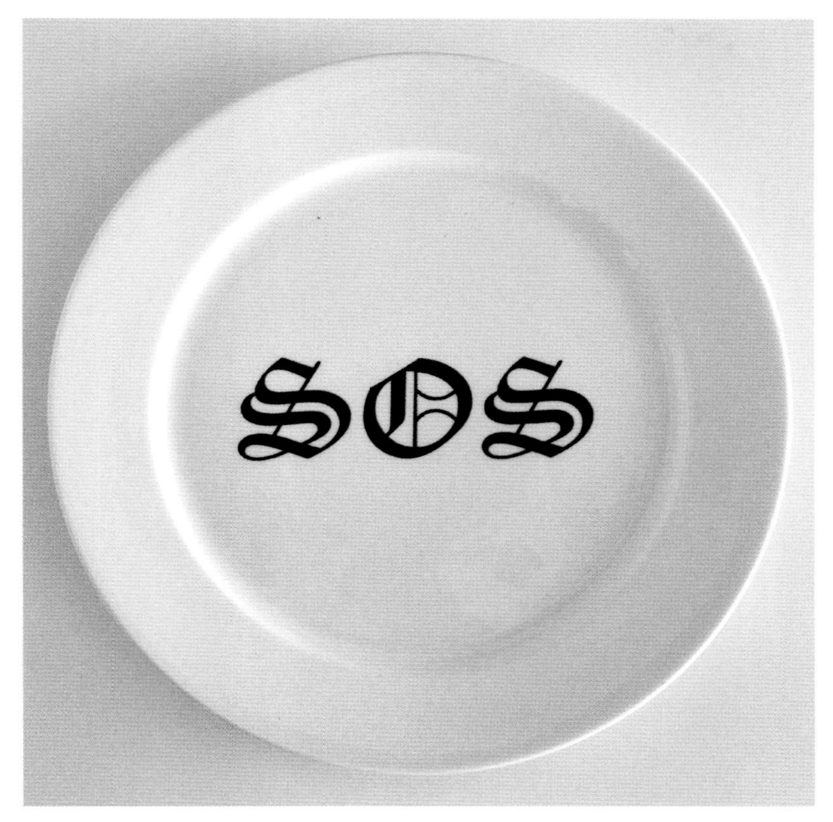

SOS


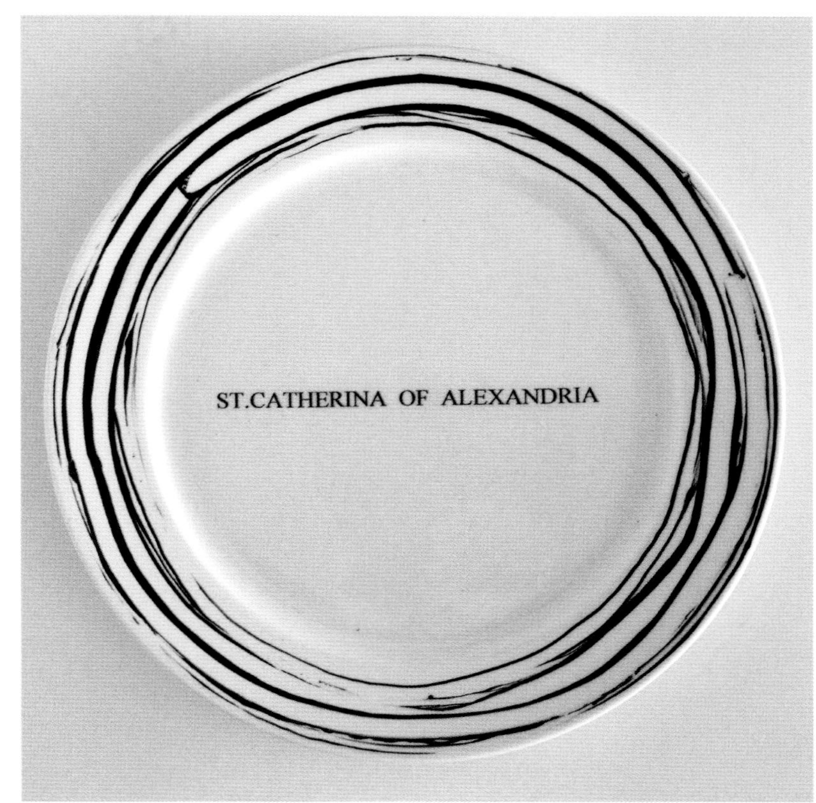

ST.CATHERINA OF ALEXANDRIA


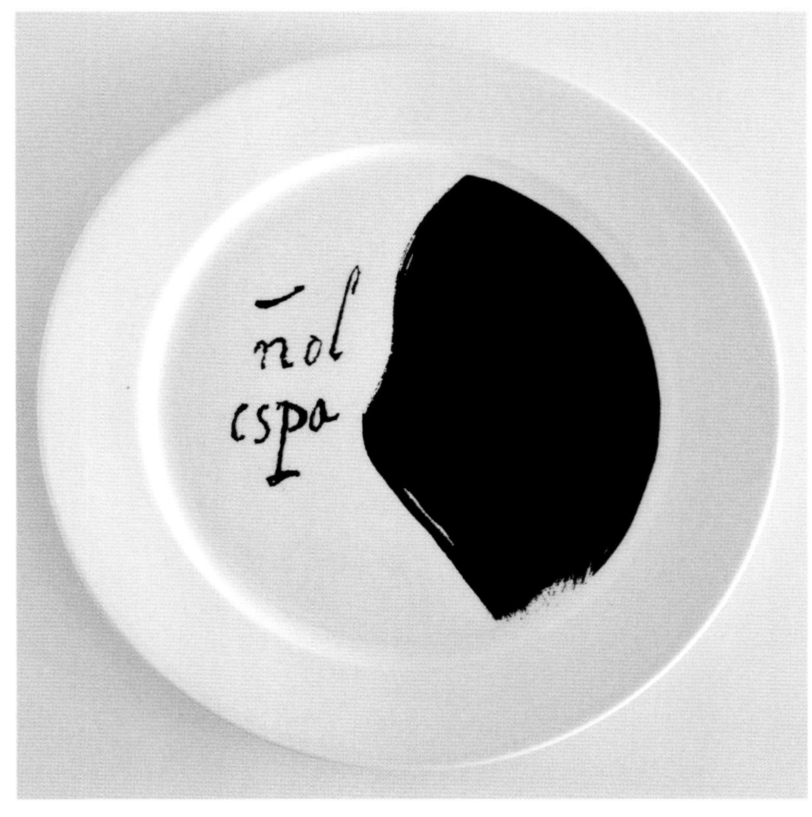

ñol
cspo


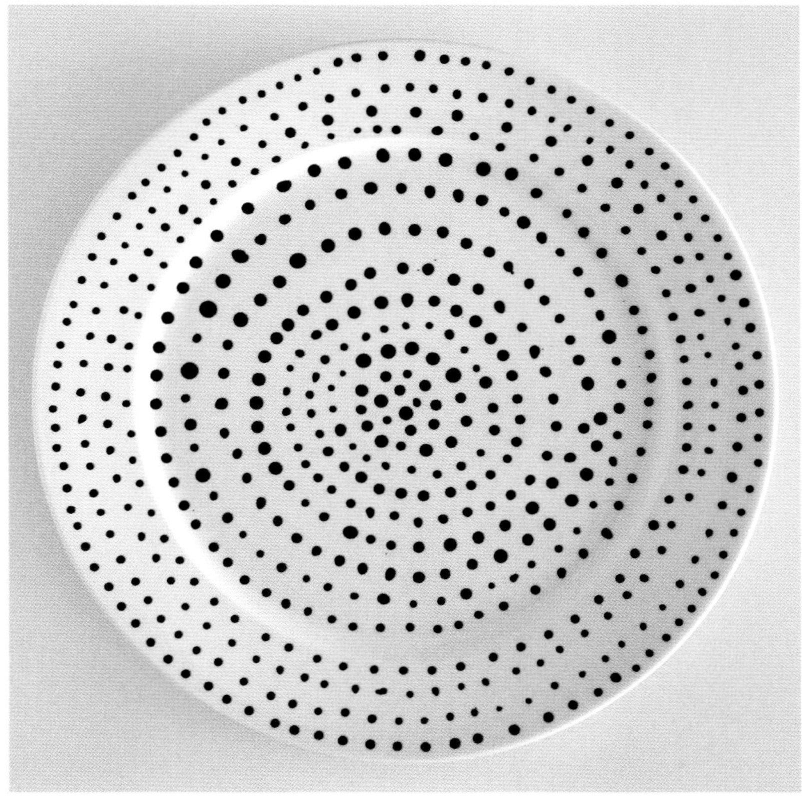

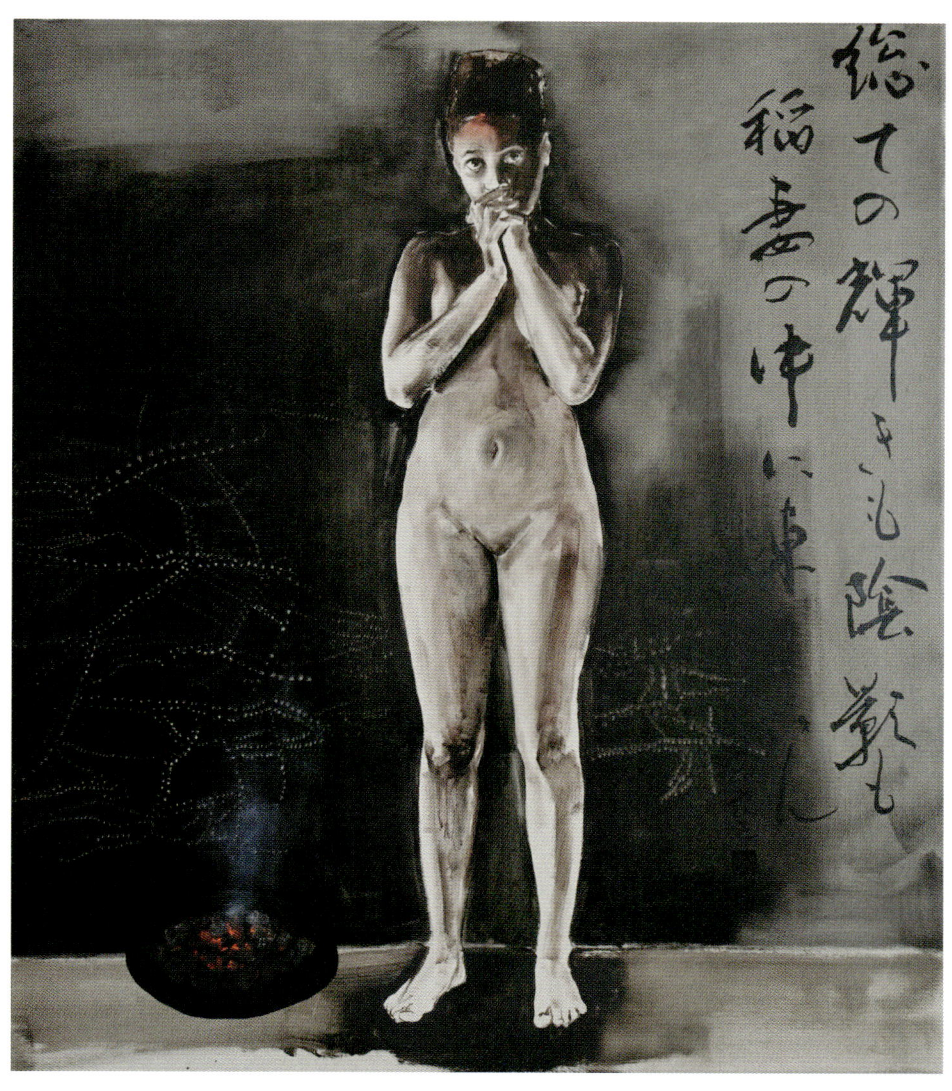

ETT SEKUND  2005–2007
Oil on canvas
103 x 89 cm

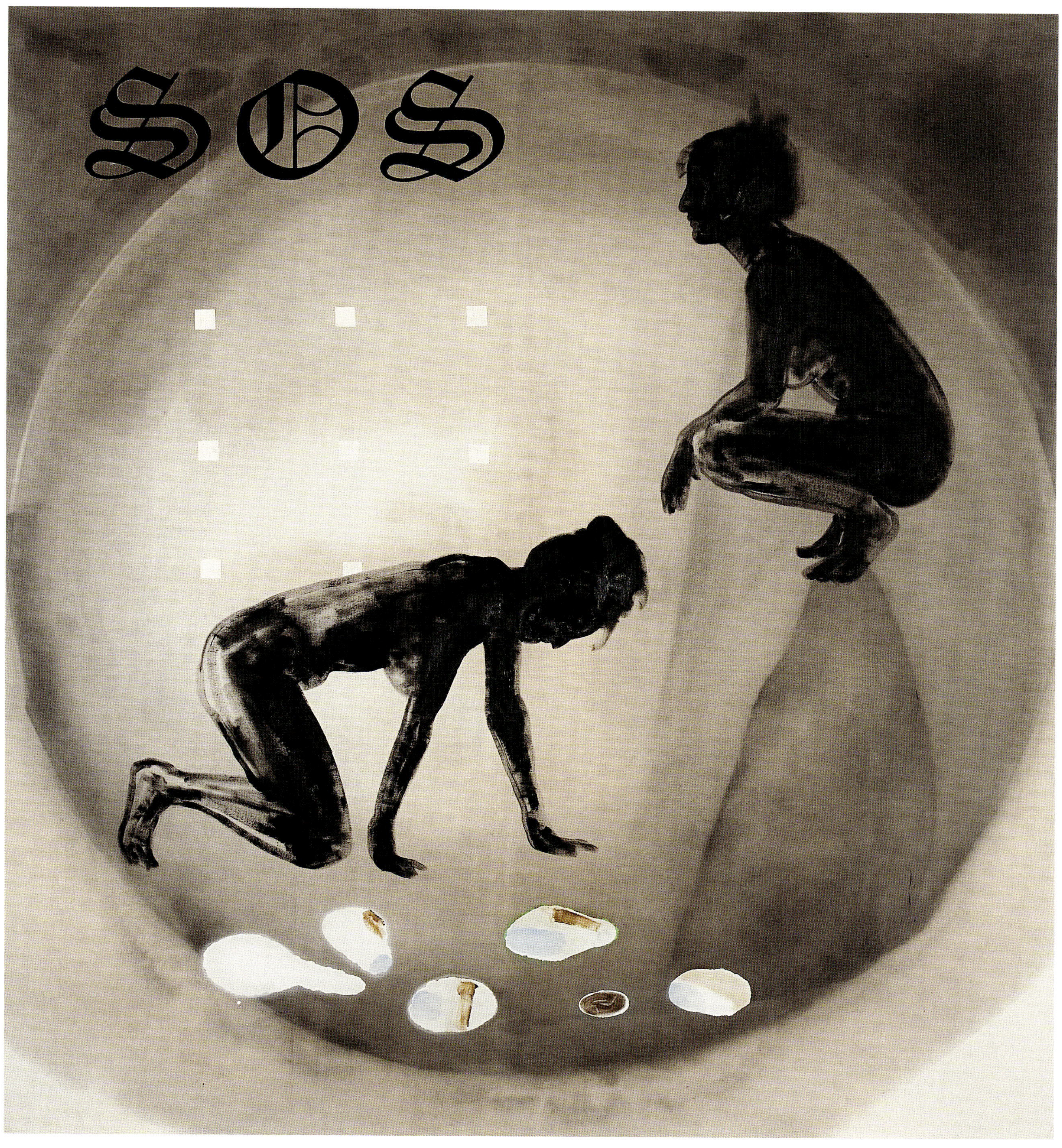


VOICES  2005
Oil on canvas
220 x 200 cm

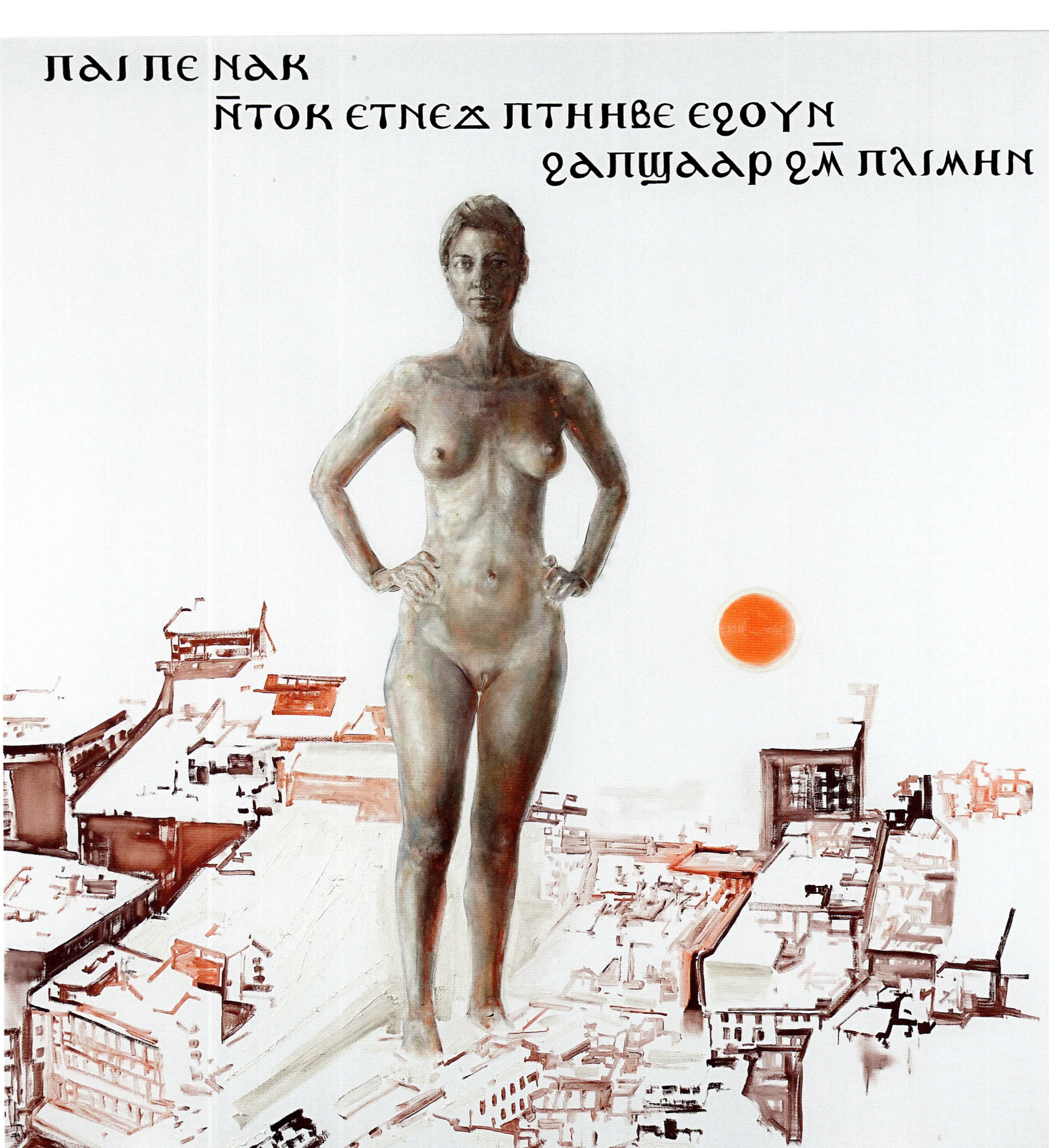


GRAND DARK WHITE  2006
Oil on canvas
220 x 200 cm

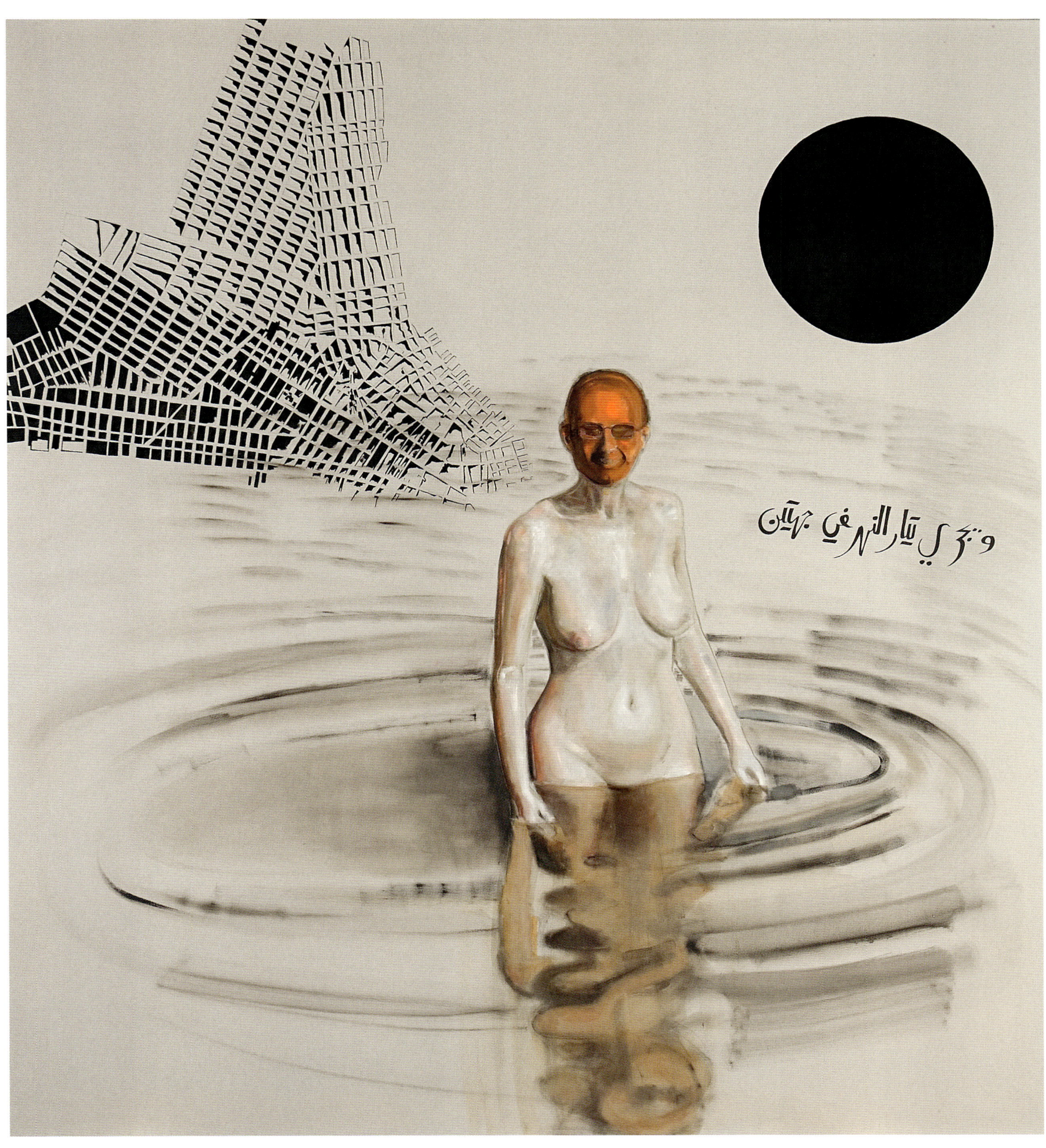


LIFELINES 2006
Oil on canvas
220 x 200 cm

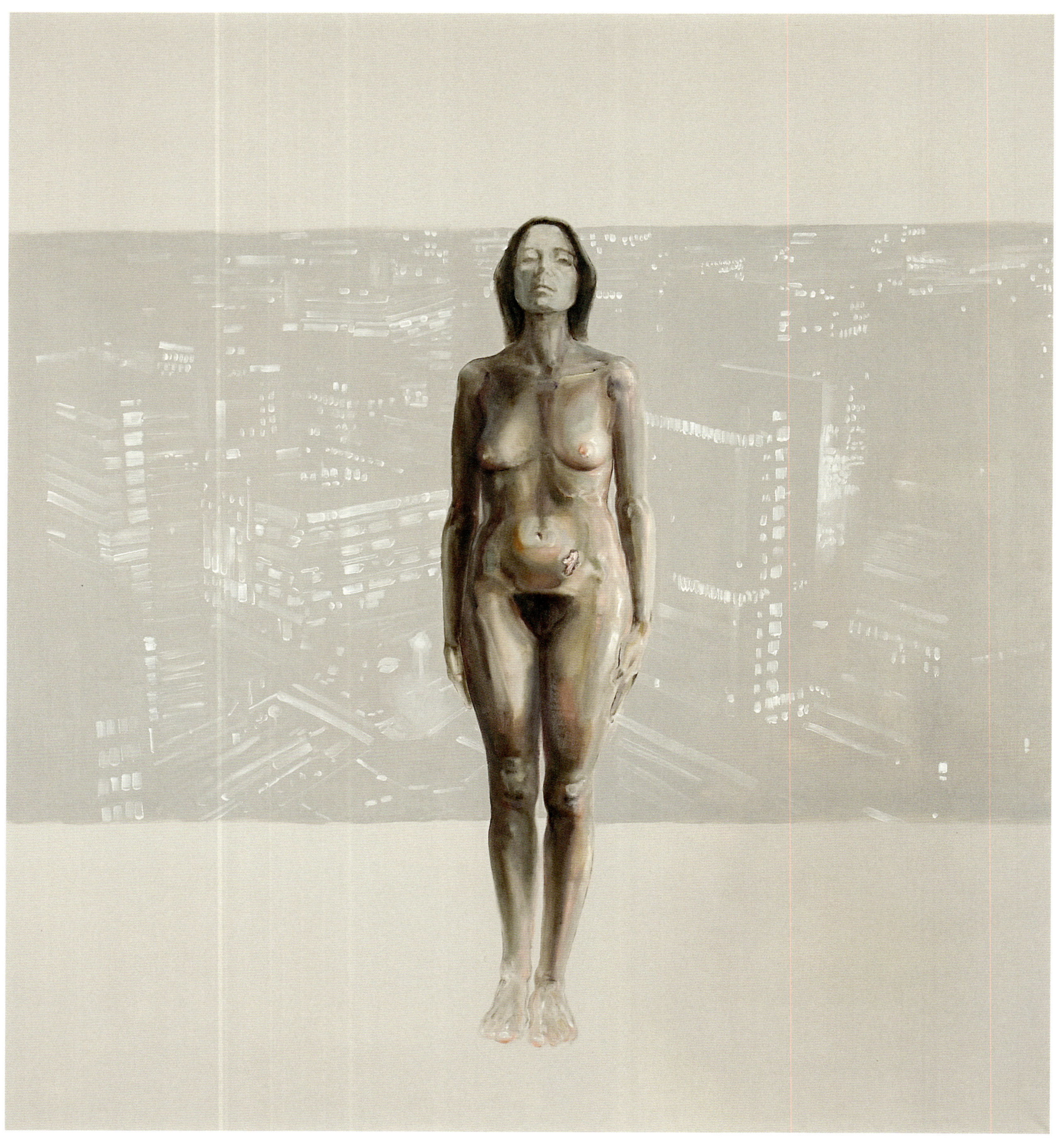

SVIMMEL 2006
Oil on canvas
220 x 200 cm

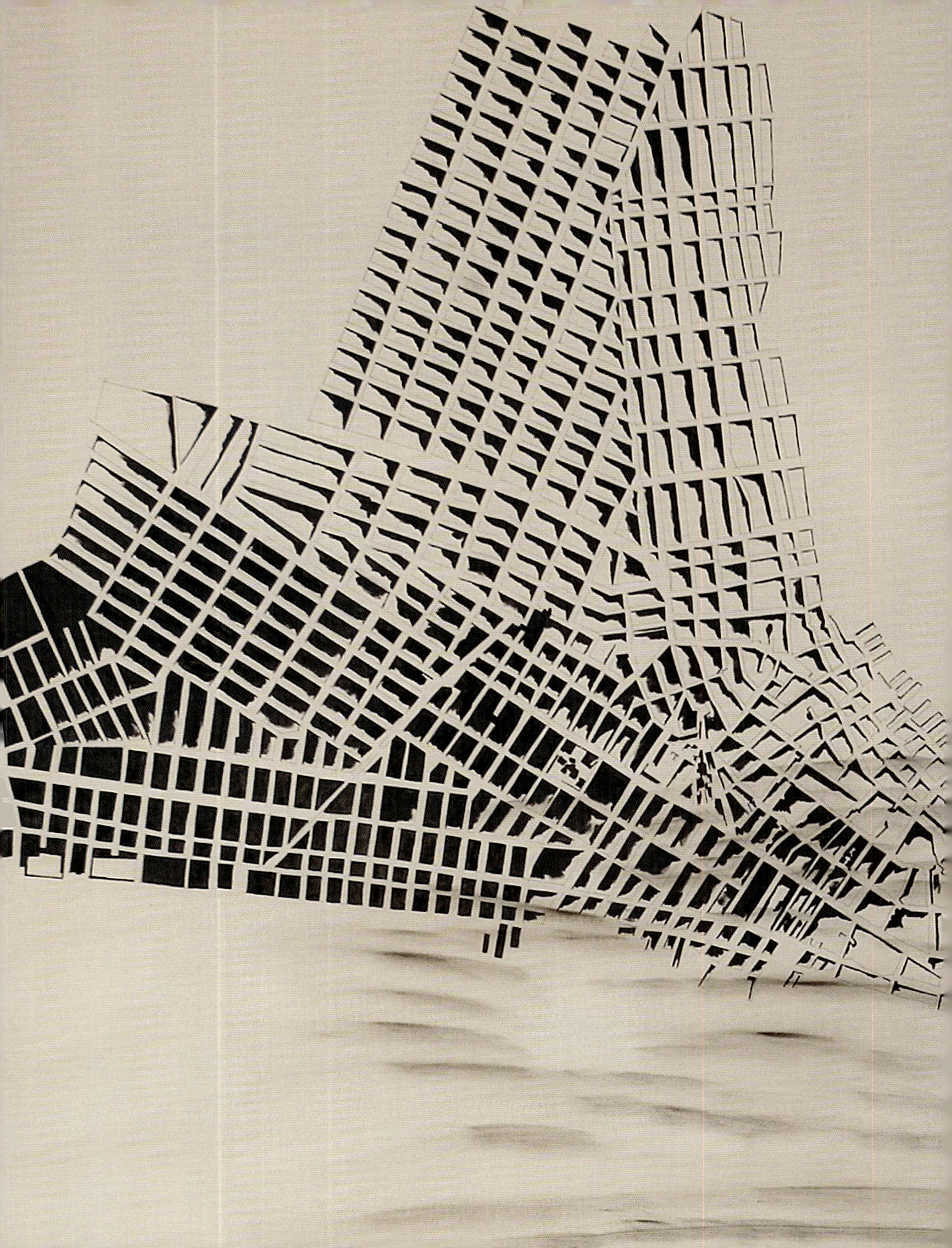

# ETTER BABEL: OM KJELL TORRISET OG DET BOKSTAVELIGE

Tore Rem

Alt kan oversettes; ingenting kan oversettes. I dette spennet, i stadig bevegelse mellom disse ytterpunktene, befinner enhver oversettelse seg – mellom det kjente og det fremmede, mellom mulighetene og det umulige, mellom gevinst og tap.[1] Forfatteren Octavio Paz har påpekt at verden, slik vi møter den, både er «en samling likheter» og en stadig voksende samling tekster, hver litt ulik den som kom forut for den, slik at kulturen i praksis består av «oversettelser av oversettelser av oversettelser».[2] All oversettelse innebærer bruk, gjenbruk, nye former for tilegnelse i nye sammenhenger. Vi lever, uunngåelig, i oversettelsens tidsalder.

Jeg tror ikke, selv om jeg som litteraturforsker kan frykte det, at jeg leser Kjell Torrisets maleri *Lifelines* for naivt om jeg foreslår at det lar myten om Babel figurere på flere (mer og mindre bokstavelige) vis. Slik rommer dette maleriet et bilde av et sammenrast tårn, en ruin, en konstruksjon som er modernistisk i sine tilsynelatende stålstrukturer, og som, *en passant*, dermed plasserer den eldgamle myten i en ny kontekst, som en oversettelse fra da til nå. Mer bokstavelig, aldeles bokstavelig talt, rommer det de for et norsk (og også britisk) publikum, ubegripelige bokstavene til høyre i bildet. Også bokstavene peker mot Babel, mot språk vi ikke deler. Og likevel bidrar også disse til å gi dette kunstverket dets billedskapende kraft.

Kanskje kan nettopp dette maleriet tjene som en inngang til en hel rekke av Torrisets bilder, til et vesentlig trekk ved hans bildeproduksjon, eller som et mulig metabilde. I flere årtier synes han å ha vært opptatt av skrift, men primært da i form av skriftens visuelle egenskaper, dens maleriske potensial. Torrisets fascinasjon for skrift i bilde går i alle fall tilbake til tidlig 1980-tall, som i triptyket *Esperanto*, der det i tekst nikkes til Picasso og Braque. Men like mye som denne fascinasjonen har sitt utspring i kubistenes interesse for tekst i bilde, kommer

---

1 Se Emily Apter, *The Translation Zone: A New Comparative Literature* (Princeton, NJ: Princeton U.P., 2006), s. 8.
2 Sitert i Ashok Bery, *Cultural Translation and Postcolonial Poetry* (Basingstoke: Palgrave, 2007), s. 16.

# AFTER BABEL: ON KJELL TORRISET AND THE LITERAL

Tore Rem

Everything can be translated; nothing can be translated. Every translation exists within this range, constantly moving between the two extremes – between the familiar and the unknown, between the possible and the impossible, between gain and loss.[1] The author Octavio Paz has pointed out that the world, such as we know it, is a "collection of similarities" and a constantly expanding archive of texts, each one slightly different from the one that came before it, in such a way that in practice our culture consists of "translations of translations of translations".[2] All translation involves use, reuse, new appropriations in new contexts. We are fated to live in an age of translation.

I don't believe, though as a literary researcher I might be forgiven for fearing, that I read Kjell Torriset's painting *Lifelines* too naively, when I suggest that in it the myth of Babel figures in several (more or less literal) ways. The painting includes the image of a collapsed tower, a ruin, a modernistic construction with an apparently steel frame which *en passant* places the old legend in a new context, as a translation from then to now. More literally, in fact truly literally speaking, the painting has what for a Norwegian (as for a British) audience is unintelligible lettering on the right side. These letters also point towards Babel, to languages we don't share. And yet these elements also contribute to the work's pictorial power.

Perhaps this painting is an ideal portal to many of Torriset's works, to an essential trait of his creative process, or perhaps it can function as a meta-painting. For several decades he seems to have been preoccupied with text, but primarily because text has visual properties, artistic potential. Torriset's fascination with text stretches at least as far back as the early 1980s, when he created the *Esperanto* triptych, a work that gives textual nods in the direction of Picasso and Braque. However, as much as this interest can be traced to the Cubists' penchant for introducing

---

1 Emily Apter, *The Translation Zone: A New Comparative Literature* (Princeton, NJ: Princeton U.P., 2006), p. 8.
2 Quoted in Ashok Bery, *Cultural Translation and Postcolonial Poetry* (Basingstoke: Palgrave, 2007), p. 16.

den fra Torrisets undersøkelser av før- og tidligrenessansens fremmedartede bildegrammatikk, inkludert gotikkens tekstfragmenter. På ett tidspunkt laget han blant annet en serie bilder med et svært likt motiv, men hvor han introduserte ett ord i bildet, for slik å utforske hvordan maleriets karakter endret seg med dette skriftfragmentet. Kanskje er det likevel mulig, gitt bildene som siden har fulgt, å øyne et vendepunkt i kirkeprosjektet han gjennomførte rundt 2005. Selv i de strenge, protestantiske landsbykirkene i hans nærområde i Sør-England, i ikonoklasmens og tekstkulturens små høyborger, fant Torriset fram til det visuelle. I kirkene fantes det små, dekorative katekismetavler, svarte, ovale teksttavler som var påført oppbyggelige sitater. Torriset responderte med å male svarte tavler med gullskrift, men med visdomsord oversatt til fremmede språk og alfabeter, til japansk, russisk og gresk, blant annet, slik at tavlenes billedlighet nettopp trådte i forgrunnen. Denne synliggjøringen av det visuelle ble ikke mindre da tavlene ble flyttet ut av kirkerommet og over i galleriet. Kanskje, kunne man gjette, handlet det for maleren Torriset om ikonoklasmens ikonisitet, om vanskene ved, for ikke å si noe nær umuligheten av, å unnslippe det visuelle – og dermed om behovet for å aktivere betrakterens billedtydende og billedresponderende evner.

Det disse mange bildene har felles, vil jeg foreslå, er at de på ulike vis tematiserer situasjonen etter Babel, at de visuelt reflekterer over betingelsene for, og muligheten av, forståelse gjennom (skrift)språk, men også over forståelse mer generelt. Kanskje peker de dermed, blant annet, på det visuelles fortrinn, på hva bildet, og maleriet spesielt, kan gjøre. Det kan lyde paradoksalt, i og med at maleriet i dette tilfellet nettopp kan synes å søke støtte i skriften, i en annen kunst- og kommunikasjonsform. Og det er det da også. Men i denne hybriditeten, i denne integreringen av skrift i bilde, skjer det samtidig en fremmedgjøring av skriftspråket, en fremmedgjøring som nettopp trekker oppmerksomheten mot tegnenes billedlige kvaliteter. Slik kan uforståelige skriftspråk, fremmede alfabeter, tvinge oss til å se bokstaver som bilder, og ikke som bilder av ting, slik vi så raskt gjør når vi forholder oss til vårt eget språk, når vi velger å «lese» i mer konvensjonell forstand.[3]

---

3  Se Christopher Haanes, *Bokstavelig* (Oslo: Aschehoug, 2005), s. 13.

text into imagery, it also derives from Torriset's studies of the unfamiliar visual grammar of Pre- and Early Renaissance artists, including the use of textual fragments in Gothic art. At one point he experimented with a series of very similar paintings, introducing a single word into the works to see how the textual fragment altered the character of each painting. Nevertheless it would seem that, given the works which have been created since, a turning point came with his church project in 2005. Even in the austere Protestant village churches in the part of Southern England where he lives, even in these tiny temples of textual culture and iconoclasm, Torriset searched out the visual elements. The churches are decorated with small catechism panels, black, oval panels bearing motivational biblical quotations. Torriset's response was to paint six black panels, adding in golden lettering aphorisms translated into foreign languages and alphabets, including Japanese, Russian, and Greek. In this way the visuality of the panels came to the fore. This was even more evident when the panels were moved from the church to the gallery. For Torriset the painter this project, one might guess, was about the iconicity of iconoclasm, about the difficulties, if not altogether impossibility, of circumventing the visual – and thereby about the need to activate the observer's ability to decode and respond to the images.

What many of these paintings have in common, I would suggest, is a concern with the situation after Babel, that they visually consider the conditions for, and possibility of, understanding through (textual) language, but also for understanding in a wider perspective. They point perhaps to the strengths of the visual, and especially to what painting can accomplish. This seems – and indeed is – paradoxical, since the artist in this instance seems to seek support for his painting in the realm of text, in another form of expression and communication. But in the process of hybridization, of integrating text into an image, there also occurs a process rendering the textual language alien, an unfamiliarity which is designed to draw the observer to the visual character of the symbols. Impenetrable language, unfamiliar alphabets, can force us to see letters as mere images, not as images of something, as we have learnt to do when we relate to our mother tongue, when we "read" lettering in the conventional way.[3]

---

3  Hilde Harbo, "Fant roen i engelsk eksil", *Aftenposten* (Oslo), 28th February, 2007.

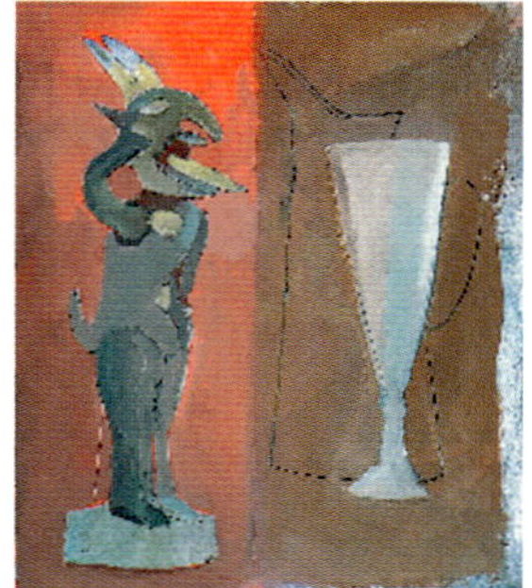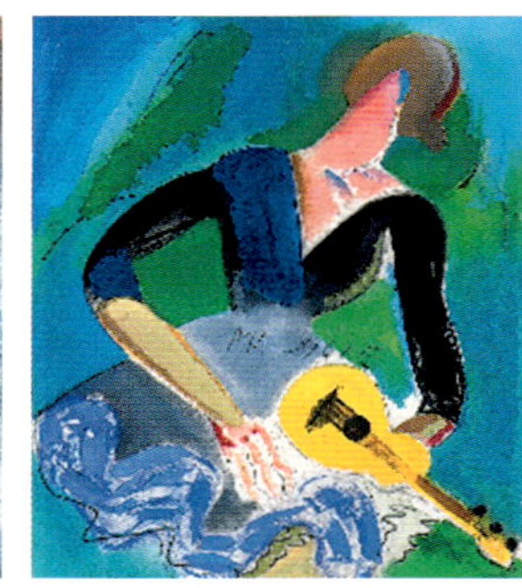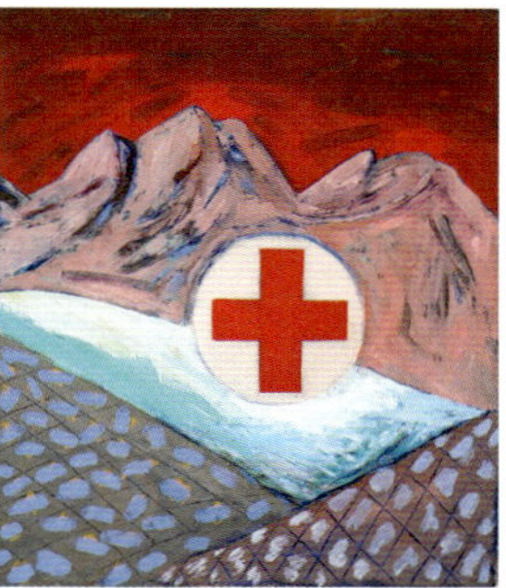

ESPERANTO 1982. Acrylic on canvas, 105 x 81 cm each

Lik bildene i den eldre tradisjonen Torriset blant annet finner sin inspirasjon i, er også hans egne bilder utpreget urene. Kunstneren ser tekstinnslagene som en ressurs for bildeskapingen, en utprøving, slik jeg forstår ham, av hva et bilde kan tåle.[4] Noe av denne ressursen er hva Torriset kaller tekstens «disiplin» og dens presise «billedskapende brodd». Det handler om komposisjon, om noe som balanserer bilders tendens til å være en mer «konturløs drøm fra virkeligheten».

Tekstelementene i Torrisets bilder, enten de er gjengitt på armensk, gælisk, koreansk, hebraisk eller mandarin, har semantiske betydninger. Det vil man finne ut, gitt at man mestrer de rette språk og alfabeter. De er sentenser, sitater, strofer, fyndord, originale eller selvkomponerte, som er blitt oversatt. Det er ikke min mening å utelukke en esoterisk dimensjon ved dette, et ønske om transcendens, en intensjon om å fange det usigelige eller uutsigelige. Det kan utmerket godt tenkes at det kunne skrives artikler om den hemmelige kunnskapen disse bildene bærer på gjennom disse tekstfragmentene, om et dyp som så å si skjuler seg i bildets overflate. Selv er jeg imidlertid ikke først og fremst interessert i idéen om en essens eller egentlighet i disse bildene – eller bortenfor dem. Det Torrisets bilder oppmuntrer meg til, er en refleksjon omkring deres tematisering av oversettelsens problem. I humaniora og samfunnsvitenskapene står vi innenfor det som er blitt kalt «the translational turn», ut fra forståelsen av den kontinuerlige medieringen som til enhver tid foregår rundt oss. Slik blir oversettelse også en metafor for det viktigste som skjer i verden, på møtene mellom mennesker, ulike uttrykk, ulike kulturer, på selve globaliseringens tidsalder. I Torrisets malerier skjer oversettelsene på en rekke nivåer, ved at skrifttegn oversettes til maleriets rammer, ved at det allerede er blitt oversatt fra engelsk og norsk til de språk og alfabeter tekstene gjengis i, ved at det forhandles mellom ulike språk og tider.

Torriset's paintings, like those of the older tradition in which he finds some of his inspiration, are markedly impure. He regards the textual component as a resource in the process of realizing the painting and, if I understand him correctly, a test of what a painting can tolerate.[4] Torriset has himself defined part of what this resource is, referring to the "discipline" which is introduced by the text and the precision edge with which it creates images. It is a part of his process of composition, counterbalancing the tendency of the painting to be more of a "shapeless dream from reality".

The textual elements in Torriset's paintings, whether in Armenian, Gaelic, Korean, Hebrew, or Mandarin, do carry semantic meaning – as anyone proficient in these languages and alphabets would discover. They are aphorisms, quotations, epigrams, both self-composed and from other sources, and all in translation. It is not my intention to exclude here an esoteric dimension, a desire for transcendence, a striving to capture the ineffable or unfathomable. Articles could no doubt be written about the arcane knowledge imparted to these paintings by the text fragments, about the depths, one might say, hidden in the surface of the painting. My primary concern however is not with the notion of an essence or actuality to these works – or with something beyond them. Instead Torriset's paintings stimulate in me the desire to reflect on the problem of translation, evident here as a theme. In the arts and social sciences we are undergoing a process that has been defined as "the translational turn", based on an understanding of the continuous mediation activities everywhere around us. In this regard translation can stand as a metaphor for the most important events happening in the world in the age of globalization, wherever people, cultures, and expressions meet. In Torriset's paintings translations are working on several levels: the texts are translated into the artistic composition, they are already translated from Norwegian and English to other languages and alphabets, they negotiate between different languages and times.

---

4    Se Hilde Harbo, «Fant roen i engelsk eksil», *Aftenposten*, 28. februar 2007.

4    Ibid.

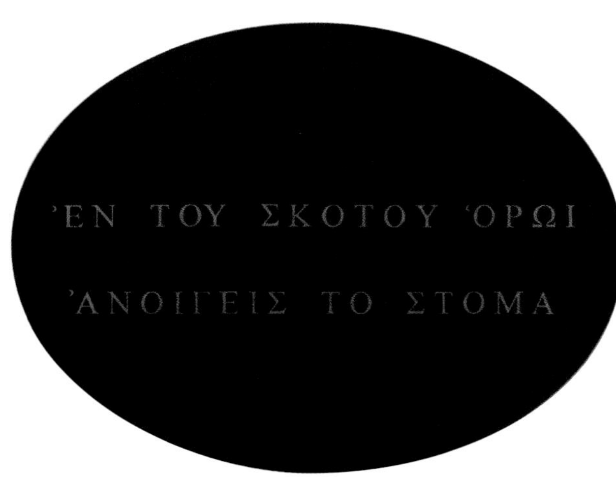


FAIRFIELD DIALOGUES 2005, Oil on MDF, 64 x 85 cm

# OMVENDT EKFRASE

*Ekfrase* er, enkelt forstått, betegnelsen på det å beskrive et kunstverk gjennom ord. Det er en verbal representasjon av en visuell eller ikke-verbal representasjon.[5] Beskrivelsen av Akilles' skjold i Bok 18 av Homers *Iliaden* er blitt kalt for «alle ekfrasers mor».[6] Tradisjonen for «bildedikt» er sterk også i norsk lyrikk, men Torriset befinner seg på den andre siden av forholdet skrift-bilde, som i en omvendt ekfrase; han skaper diktbilder, kunne man si, eller, mer presist, skriftbilder, bilder av en verbal representasjon. I dette århundrelange samspillet mellom skrift og bilde, denne utvekslingen av det særegne ved kunstformene, samt, tidvis, denne striden dem imellom, *paragone*, plasserer nødvendigvis også Torrisets bilder seg. Både gjennom ekfrasen og dens motsetning synliggjøres en form for intertekstualitet, og dessuten en refleksjon omkring selve representasjonens problem. Hva er forholdet mellom det representerte og andre former for virkelighet? Hva viser det visuelle uttrykket til, inkludert dets bokstaver? Dette er spørsmål som byr seg fram i møte med Torrisets skriftbilder.

Når bildene på disse visene fremmedgjør oss for tekstenes mer umiddelbare betydninger, slik vi gjerne, i alle fall noen av oss, ellers tar dem inn som transparente budskap, minner de også de mest litterære og bokstavlesende av oss om hvordan skriftspråket skaper mening. Det gir oss anledning til å stoppe opp på et sted utenfor det kjente, det tvinger oss til å tenke på det ugjennomtrengelige, på det materielle.

Overføringen som finner sted i en oversettelse kan aldri bli total, samtidig som den på andre vis alltid vil overskride originalen. Noe av dette overskridende kan ligge i det visuelle. Torrisets bilder sørger for at kodeknuserne blant oss, de av oss som så gjerne leser titlene på veggen under eller ved siden av bildene i utstillingslokalet, gjøres hjelpeløse, stilles overfor en type visuelle utfordringer vi så ofte velger å unngå eller unnvike. Det er i seg selv ingen liten bragd, en øvelse i hva de russiske formalister kalte *ostraniene* (og her er det selvsagt

---

5   Se James A.W. Heffernan i Ole Karlsen, *Ord og bilete: Ekfrasen i moderne norsk lyrikk* (Oslo: Samlaget, 2003), s. 16.
6   Se Karlsen, s. 18.

# REVERSE EKPHRASIS

*Ekphrasis*, simply put, is a term used for the act of describing in words a work of art. It is a verbal representation of a visual or non-verbal representation.[5] The description of Achilles' shield in Book 18 of Homer's *Iliad* has been called "the mother of all ekphrasis".[6] The tradition of "pictorial poetry" is also strong in Norwegian poetry, but Torriset has placed himself on the opposite side of the text/image relationship, as if in reverse ekphrasis; he creates poetic pictures, one could say, or to be more precise, textual pictures, pictures of a verbal representation. In this centuries-old interplay of text and image, this exchange of the peculiarities inherent in each art form, and at times this *struggle* between them, *paragone*, Torriset's paintings must also take their place. Both through ekphrasis and its counterpart a form of intertextuality becomes evident, as well as a contemplation on the problems of representation. What is the relationship between that which is represented and other forms of reality? What does the visual expression, including the letters, refer to? These are questions that quickly come to the fore when considering Torriset's textual pictures.

Most of us readily absorb text as transparent pieces of information. When the pictures distance us from the immediate meaning of the texts, the more literary and literate among us will be reminded of just how written language creates meaning. It gives us the opportunity to take stock somewhere beyond the familiar, compels us to consider the impenetrable, the material.

The transference that occurs with a translation can never be total, while it in other ways will expand on the original. Part of this expansion might lie in the visual. With Torriset's pictures the codebreakers among us, those who like to seek out the title on the wall beside the exhibited work, are rendered helpless, confronted with just the type of visual challenge we would rather avoid. This is quite an achievement in itself, an exercise in the art of what Russian formalists call *ostraniene* (and here it is of course tempting to leave the term untranslated, but let's try

---

5   James A.W. Heffernan in Ole Karlsen, *Ord og bilete: Ekfrasen i moderne norsk lyrikk* (Oslo: Samlaget, 2003), p. 16.
6   Ibid., p. 18.

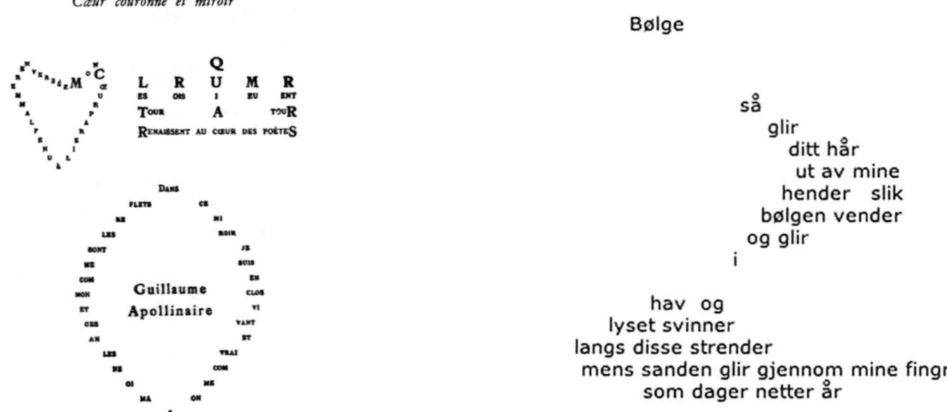


Guillaume Apollinaire, *Cœur, couronne et miroir*, 1918     Jan Erik Vold, *Bølge*, 1969

fristende ikke å oversette, men la gå: «underliggjøring», skjønt dette ordet er underligere enn som så. Det er selv et nyord og dermed underliggjort: På engelsk har oversettere forsøkt seg med «enstrangement»). «You can't have art without resistance in the materials», skrev William Morris, en mann som viet atskillig av sin tid til å skape «the book beautiful». Ikke bare billedkunsten, men også den litterære kunsten beror på en slik «motstand i materialet». Eksplisitt å gjøre mediet til en del av det litterære uttrykket kan også være en strategi, en strategi ingen vel har tatt lenger enn den historiske avantgardens tverrestetiske eksperimenter med bokmediet. Men også dette går det altså an å nærme seg fra den andre siden, nettopp i vårt historiske øyeblikk, når den teoretiske bevisstheten også omkring betydningen av teksters materialitet og visualitet er blitt større.

## SKRIFTENS MATERIALITET

Torriset trekker tekstene inn i maleriet, og dette har altså sine kunsthistoriske presedenser. Men det finnes som kjent også historiske eksempler på at bevegelsen har vært motsatt, at forfattere har skapt bilder av sine tekster, på mer konkret og materielt vis enn i ekfrasens beskrivende vendinger. Mest kjent er kanskje Guillaume Apollinaires ikoniske dikt, som «Coeur, Couronne et Miroir» fra samlingen *Caligrammes* (1918).[7] Men her kunne man også nevne Lewis Carrolls visuelle lek med ordspillet «tail/tale», i diktet «The Mouse's Tail» fra *Alice in Wonderland* (1865) eller Laurence Sternes marmorerte, svarte og blanke sider i *Tristram Shandy* (1759–67). Et hjemlig eksempel er Jan Erik Volds dikt «Bølge» (1969), som på boksiden nettopp finner bølgens form.

Det er mulig å nærme seg Torrisets bilder fra den andre siden, altså skriften. Og disse temmelig vilkårlige eksemplene på skriftens materialitet peker først og fremst i retning av et nytt og mer inkluderende tekstbegrep, et begrep som kommer fra nyere bokhistorie, og som etter hvert synes å ha fått et visst innpass i tekstfagene mer generelt. Det handler om et

---

7   Se Kristin Asdal et al., *Tekst og historie: Å lese tekster historisk* (Oslo: Universitetsforlaget, 2008), s. 138.

all the same: English translators have hit on "enstrangement", itself a new and strange word.) "You can't have art without resistance in the materials," wrote William Morris, a man who devoted much of his energies to creating "the book beautiful". Not only painting but also literary arts depend on just such a resistance in the materials. Explicitly making the medium a part of literary expression may also be a strategy. It was one taken furthest by the historical avant-garde in its cross-aesthetic experiments with the book. But we can also, in our own historical moment, approach this consideration from another angle, for today there is a greatly enhanced theoretical awareness of the meaning of the materiality and visuality of texts.

## TEXTUAL MATERIALITY

Torriset draws texts into his painting and, as noted, this has its precedents in the history of art. But there are also historical examples of the action being reversed, of authors creating images of their texts in more concrete and material ways than in the descriptive phrases of ekphrasis. Perhaps best known are Guillaume Apollinaire's iconic poems, such as "Coeur, Couronne et Miroir" from the collection *Caligrammes* (1918).[7] But Lewis Carroll's visual play on the words tale/ tail in the poem "The Mouse's Tail" from *Alice in Wonderland* (1865) or Laurence Sterne's marbled, black, and blank pages in *Tristram Shandy* (1759–67) also deserve mention. A Norwegian example is Jan Erik Vold's poem "Bølge" ("Wave", 1969), reproduced on the page in the shape of a wave.

It is possible to approach Torriset's works from the other side, from the textual perspective. And these fairly random examples of textual materiality point primarily towards a new and more inclusive definition of text, a definition arising from the modern history of the book that seems to have gained a wider application in textual disciplines. This is a generous notion of text that also encompasses what might be called the text's "bibliographical codes", based on the understanding

---

7   Kristin Asdal et al., *Tekst og historie: Å lese tekster historisk* (Oslo: Universitetsforlaget, 2008), p. 138.

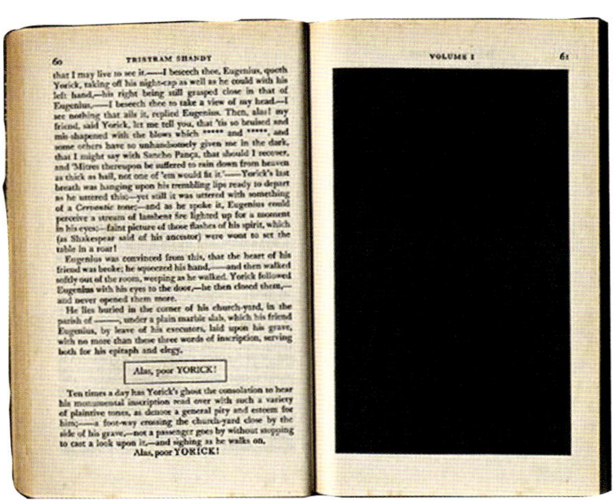

Laurence Sterne, *Tristram Shandy*, 1759–67

Neste side / Next page: Kjell Torriset, *Side fra / Page from Handelsbygningen*, 1977

[illegible] ... av to ... på fremsendte
[illegible]

2. [illegible]   Den [illegible] med eller. Format 73 x 60 cm.
[illegible] ...nger eller
[illegible] ramme og glass.

[illegible] ... må merkes
[illegible]

[illegible]

3. [illegible]   [illegible]
[illegible]

[illegible] ...c.
[illegible] ... grafiske ... [illegible] tegne- og maler-
[illegible] benytte det grafiske
[illegible]

tekstbegrep som insisterer på å inkludere det vi kan kalle tekstens «bibliografiske koder», ut fra en innsikt om at enhver tekst foreligger i materiell form. Den har en fysisk og visuell dimensjon, dimensjoner tekstforskere av ulike slag gjerne har ignorert, når de da ikke har vært av det ualminnelig selvbevisste slaget, som hos Carroll eller Apollinaire. Denne dimensjonen kan aksentueres, behandles mer eller mindre estetisk bevisst, men den vil i alle tilfeller utgjøre en del av vårt forhold til tekster.

I praksis har selv litteraturforskere, trent opp til å ivareta en viss sensibilitet overfor det estetiske, i årtier fortolket sine tekster som om de var isolerte, frittsvevende objekter, tilsynelatende uten større bevissthet om de potensielle betydninger av tekstens materielle kvaliteter. Men nettopp de siste tiårene, mens stadig flere har profetert papirbokas snarlige død, har det utviklet seg en teoretisk diskurs omkring dette mediets spesifikke egenskaper, og et syn for at alle tekster nødvendigvis må foreligge i fysiske former, former som gir mening, på ulike vis. Det er som om det først var da man ikke lenger kunne ta boka for gitt, at man virkelig begynte å reflektere omkring dens vesen, dens særskilte medialitet. Dette har også innebåret en skjerpet oppmerksomhet om de såkalte «paratekster», tekstens liminale slektninger, titler, forord, etterord, epigrafer og baksidetekster, for å nevne de mest nærliggende. Også disse er blitt trukket inn i tekstfortolkningen som konstituerende og meningsproduserende. Tekstens grenser kan altså vanskelig opprettholdes, slik bildet vanskelig kan avgrenses til sine fysiske rammer.

I en tid da tekstforskere av alle slag i større grad er blitt seg tekstens taktile og billedlige kvaliteter bevisst, går Torriset motsatt vei, fra det eksplisitt visuelle, billedkunsten, mot teksten. Nettopp her kan det synes å ligge et fruktbart teoretisk møtested. Begge tilnærminger innebærer nødvendigvis en betoning av at tekster ikke overleveres på transparent eller nøytralt vis, at det ikke er mulig å operere med metaforer som «container» og «innhold», eller «elv» og «elvebredd», fordi «innholdet» nettopp aldri forekommer uten en «container», «elven» aldri uten en «elvebredd». Teksters meningsskapen kan ikke atskilles fra deres medialitet, fra de fysiske og dermed også visuelle kontekster de forekommer i. Slik kan det tenkes at Torrisets malerier bare tar denne teoretiske innsikten videre, at de gjennom sin overaksentuering og hyperbevissthet om tekstens visualitet makter å gi et bidrag også til denne debatten, i sin refleksjon over selve meningsskapingen som ligger i skriftens uttrykk, ut fra malerens forpliktelse på det visuelle. Slik finner det i hans bilder sted nye møter mellom tekst og bilde. Skriftens billedlighet og billedets skrift betoner de sammensatte meninger, den flermedialitet, som vi lever med hver dag.

Torrisets malerier, som så sterkt betoner tradisjon, sender samtidig ut signaler om brudd. «Å se er å ha sett», kunne han ha sagt, med Fernando Pessoa. Vi ser aldri for første gang, blankt, uten fordommer og forutgående forestillinger. Men likevel fører disse bildene oss i en slik retning, kanskje nettopp gjennom sine nye sammenstillinger, sin urenhet. De oppmuntrer oss til å møte objektet på mest mulig åpent vis, for slik å kunne oppdage nye dimensjoner, i forsøk på nullstilling, på å skape åpninger mot virkelighet. I en avautomatiserende bevegelse, en motstand mot det mekaniserte. Heller ikke skriften flyter fritt rundt, til tross for vår hang til å lese

that every text exists in material form. It has a physical and a visual dimension, dimensions that the ranks of textual researchers have often ignored, except when associated with unusually self-aware authors in this particular respect, like Carroll or Apollinaire. This dimension can be emphasized, can be handled with greater or lesser aesthetic purpose, but in every instance it will constitute part of our relationship to texts.

In practice literary scholars, with many years of training behind them in the art of maintaining a sensibility to all things aesthetic, have regarded their texts as if they were isolated, free-floating objects, with no apparent awareness of the potential significance of the text's material qualities. In the last decades however, while ever more prophets predict the death of the paper book, a theoretical discourse has developed regarding the specific properties of the medium, as well as a view that all texts must of necessity exist in physical form, forms that in various ways carry meaning. It is as if it was only when the book could no longer be taken for granted, that serious reflection on its essence, its specific qualities as a medium, was sparked into life. This has also brought with it an enhanced attention to so-called "paratexts", the liminal close relatives of the text such as titles, prefaces, dedications, and jacket blurb, to name the most obvious. Also these have been drawn into the interpretation of the text as constituent and meaningful elements. In other words, just as it is difficult to constrain a picture within its physical borders, it is difficult to define where a text begins and ends.

At a time when all branches of textual researchers are becoming more aware of the tactile and pictorial qualities of text, Torriset goes in the opposite direction, moving from the explicitly visual, the art work, towards text. There would seem to be a useful theoretical convergence here. Both approaches are necessarily dependent on texts not being set forth transparently or neutrally; in other words it is impossible to operate with metaphors such as "container" and "contents", or "river" and "riverside", because "contents" never exist without a "container" nor a "river" without a "riverside". The act of texts creating meaning cannot be separated from their mediality, from the physical and therefore also the visual contexts in which they exist. One way of thinking about Torriset's paintings is that they expand on this theoretical insight, that through their overemphasis on and hyperawareness of the visuality of text, they manage to make a contribution also to this debate. They accomplish this in the way they reflect on the creation of meaning embodied in the textual expression, resulting from the painter's commitment to the visual. There occur therefore in his works new convergences of text and image. The pictorial attributes of the text and the textual attributes of the picture emphasize the same complexity of meanings, the same multi-mediality, in which we spend our everyday lives.

While Torriset's paintings strongly emphasize tradition, they also signal breaks with it. He might have agreed with Fernando Pessoa when he said: *To see is to have seen*. We never see for the first time, devoid of prejudices and acquired attitudes. But it is nevertheless in this direction the paintings might lead us, with their novel juxtapositions, their impurity. In order to be able to discover new dimensions we are encouraged by the artist to confront the object with as open a mind as possible, to wipe the slate clean, to create windows on reality. It is a gesture of

den uten syn for dens medieringer, dens materielle former, dens visuelle uttrykk. Og når den dukker opp i et maleri, befinner den seg i en ny og særegent billedlig sammenheng.

I dette torrisetske perspektivet kan selv en stensil bli et kunstverk, et ark der tekstblokkene skaper sine mønstre, men der bare fragmenter av skriften kan tydes, der det visuelle har overtatt nesten all betydningsskaping. Det kan minne om den latinske *Lorem ipsum*-teksten en bokdesigner kan sette inn som «innmat» før den ferdige teksten, for å vise fram typografiens kvaliteter, hva den sier på siden, før vi begynner vår søken etter innhold, vår lesning. Før vi glemmer at tegn er bilder. Slik taler tegnene igjen, men for den ikke-latinkyndige altså gjennom sin visuelle fremmedhet. Også i serien tegninger Torriset har kalt *Brev til en som aldri svarer*, finnes det «løsninger» på skriftfragmentene, men i og med at oversatte «originaler» ikke presenteres i bildet, blir tekstene likevel først og fremst påstander om annethet. De blir bekreftelser på det manglende svaret, enten denne som aldri svarer påkaller referensialiteten, et annet menneske, det guddommelige eller en ukjent framtid.

## TEKSTFRAGMENTER OG OVERSETTELSE

Torrisets høyst eklektiske tekstsamlinger og tekstproduksjoner peker i ulike retninger, og noen av tekstenes originaler, for et øyeblikk å tillegge disse betydning, tematiserer nettopp forholdet skrift og bilde, representasjon og virkelighet.

Have you ever picked and held a rose from R, O, S, E?
You say the NAME. Now try to find the reality it names.[8]

Det er vanskelig å tenke annet enn at den esoteriske søkenen etter egentlighet, etter noe bak eller under overflaten, kommer til uttrykk i dette utsagnet fra Maulana Jalaluddin Rumi. Men samtidig, på et annet plan, minnes leseren om referensialitetens problem, om den stadige utsettelsen av mening, av virkelighet, som finner sted i våre representasjoner av den samme – og

---

8    Dette og de to følgende sitatene kommer fra kunstnerens tekstarkiv.

defiance against the automatic in us, the mechanical. Although we may tend to think that we can read text without taking into account its mediation, its material forms, its visual expressions, text does not float freely in space. And when it appears in a painting it acquires a new and poignantly visual context.

Seen from this Torrisetian perspective even a stencil can be an art work, a sheet of text blocks ordered in patterns, but where only fragments of text are decipherable, and almost all meaning is carried by the visual appearance. It reminds us of the nonsensical Latin *Lorem ipsum* placeholder text used by printers to demonstrate a text's typographical qualities, before we look to the text for meaning. Before we forget that signs are images, and that they are talking to us through their visuality. Also in the series of drawings Torriset called *Letters to Someone Who Never Answers* there are puzzling text fragments that can be "solved", but a translated "original" is not presented as part of the painting, so the fragments are more readily understood as assertions about otherness. They are substantiation of the answer that never comes, whether it should come from a sense of referentiality, another person, the divine, or an unknown future.

## TEXT FRAGMENTS AND TRANSLATION

Torriset is a collector of texts, and his highly eclectic collections point in many directions. Some of the originals of the texts, if we for a moment attribute significance to them, have as their theme the relationship between text and image, representation and reality.

*Have you ever picked and held a rose from R, O, S, E?*
*You say the NAME. Now try to find the reality it names.*[8]

It is difficult to imagine that Maulana Jalaluddin Rumi in these lines can be thinking of anything other than the esoteric longing for the actual, for something behind or below the surface. At the same time, however, the reader is reminded

---

8    This and the two following quotations are borrowed
     from the artist's own collection of texts.

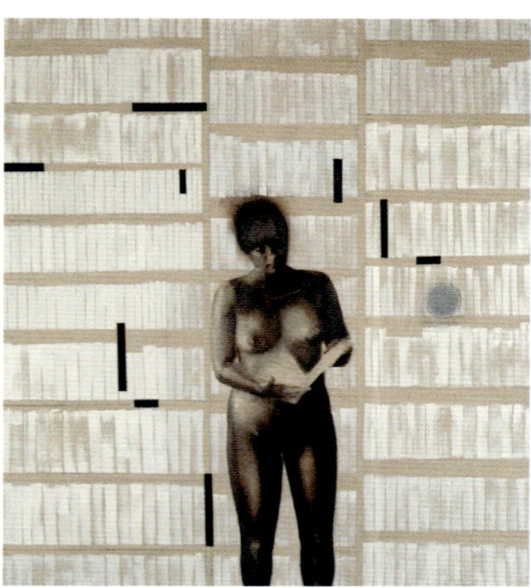

Kjell Torriset, *Woman Reading (The White Library)*, 2005

dessuten om oversettelsens uendelighetsproblematikk. Oppmerksomheten trekkes mot skriftspråkets materialitet, mot det stofflige, taktile og sanselige. Noen av disse originalene, hvis det er det de er, kretser rundt lengselen etter et felles språk, og umuligheten av det samme: *hymns spoken in a tongue that all remember and no one understands.* Torriset har også festet seg ved en beskrivelse i Osip Mandelstams *Journey to Armenia*:

> *There was some beautiful boiling water in a pewter teapot and suddenly a pinch of wonderful black tea was thrown into it. That's how I felt about the Armenian language.*

Språket kan fanges av andre sanser enn ørets. Bilder kan bli til skrift; skrift kan bli til bilder.

I *Oversetterens oppgave* (1923) ga Walter Benjamin et av de viktigste bidragene til oversettelsesteorien i det 20. århundre.[9] I den hermeneutiske tradisjonen er språket ikke så mye kommunikasjon som det er det som konstituerer tanke og virkelighet. Og slik blir også oversettelse alltid fortolkning. Benjamin aksepterer at oversettelsen er dømt til å mislykkes, *a priori.* For ham er det å oversette «innhold» – og da handler det om oversettelsen av kunstverk – bare å gjenta, på det sletteste vis, de minst viktige aspektene ved originalen. Oversettelsen, slik Benjamin ser det, tilbyr samtidig en utopisk visjon om språklig harmoni.[10] Når de språklige forskjellene kommuniseres i den oversatte teksten, peker de på samme tid mot hva Benjamin kaller «et rent språk», en følelse av hvordan de gjensidig utelukkende forskjellene språk i mellom sameksisterer med tilsvarende intensjoner om å kommunisere og referere, intensjoner som stadig forstyrres og ødelegges av forskjellene.

Oversettelseshistorisk kan man grovt sett si at to tradisjoner har stått mot hverandre. På den ene siden den kommunikativt rettede, med sin tro på at oversettelse er mulig, med sin betoning av ekvivalens, og med Roman Jakobson som den kanskje fremste eksponenten. På den annen side den hermeneutiske,

of the problem of referentiality, of the constant deferral of meaning, of reality, that occurs in our representations of these things – and in addition of a similar problem of postponement in translation. Our attention is drawn to the materiality of textual language, to traits that might be touched and sensed. Some of these original texts, if original is what they are, orbit around the idea of longing for a common language and the impossibility of just such as language: *hymns spoken in a tongue that all remember and no one understands.* A passage in Osip Mandelstam's *Journey to Armenia* has also caught Torriset's eye:

> *There was some beautiful boiling water in a pewter teapot and suddenly a pinch of wonderful black tea was thrown into it. That's how I felt about the Armenian language.*

Language can be perceived by other sensory organs than the ear. Pictures can become text; text can become pictures.

In *The Task of the Translator* (1923) Walter Benjamin made one of the most significant 20th century contributions to translation theory.[9] According to the hermeneutic tradition language is not so much communication as it is that which constitutes thought and reality. Translation will therefore always be interpretation. Benjamin accepts that translation is doomed to fail *a priori.* For him the translation of "content" – and he was concerned with the translation of works of art – could only repeat in the basest manner the least important aspects of the original. At the same time the translation, according to Benjamin, offers a Utopian vision of linguistic harmony.[10] When the differences in language are translated into a new text, they will also suggest the existence of what Benjamin calls "a pure language", a sense of how the mutually exclusive differences between the languages actually coexist with an equivalent aim of communication and reference, aims which are constantly disturbed and destroyed by these differences.

In the history of translation there have been, roughly speaking, two opposing traditions. On one hand those theorists

---

9    Walter Benjamin, «The Task of the Translator» (1923), i Lawrence Venuti (red.), *The Translation Studies Reader* (London: Routledge, 2004), s. 75–85.
10   Benjamin, s. 75–85 (s. 81).

9    Walter Benjamin, "The Task of the Translator" (1923), in Lawrence Venuti (red.), *The Translation Studies Reader* (London: Routledge, 2004), p. 75–85.
10   Ibid., p. 81.

i en linje fra Friedrich Schleiermacher via Benjamin til Paul de Man. I Benjamins betoning av oversettelsens umulighet, som i hans refleksjoner over de ikke-oversettelige forskjellene mellom *pain* og *Brot*, handler det nettopp om at en forsøksvis oversettelse mellom disse begrepene måtte tvinge fram en anerkjennelse av at deres ulikheter er uoversettelige. Eller for å ta det videre: selve begrepet «oversettelse» er uoversettelig.

«Oversettelse er Babel», påpeker litteraturforskeren Emily Apter, tydelig influert av Benjamins idéer, «et universelt språk som er universelt uforståelig.»[11] For Benjamin, som for hans forgjenger Schleiermacher, lå svaret i en «fremmedgjørende» oversettelse, der leseren bringes så nær som mulig til det fremmede gjennom gjengivelser som samtidig bidrar til å forvandle språket oversettelsen finner sted i. Kanskje kunne man si om Torrisets tekster at de uttrykker en radikal versjon av en slik tenkning. Oversettelsene går en annen vei, bort fra oss. Slik peker de på seg selv og sin egen fremmedhet i enda større grad enn gjennom den fremmedheten som måtte være igjen i en oversettelse til vårt eget. Samtidig settes de inn i en sammenheng der de bidrar til å forandre et nytt språk, maleriets.

Kanskje kan man også tenke inn en motstand mot en ny, globalisert estetikk i disse valgene. En oversettelsesvennlig prosa, et globalt engelsk som sletter ut forskjellene, et bildespråk som i sine kommersielle, tilstrebet samtidige og globale uttrykk, knapt gir motstand. Torrisets bilder nekter å resiperes på riktig så enkelt vis. De motsetter seg den motstandsløse oversettelsen. De peker på sin egen fremmedhet, på flerfoldigheten, det heterodokse. «Glory be to God for dappled things», skriver Gerard Manley Hopkins i et av sine mest berømte dikt, i en hyllest til det spraglete og singulære.[12]

following a communicative line, believing that translation is possible, with an emphasis on equivalence and with Roman Jakobsen as their leading light. On the other hand is the hermeneutic line stretching from Friedrich Schleiermacher via Benjamin to Paul de Man. When Benjamin emphasizes the impossibility of translation, for instance when he reflects on the untranslatable differences between French *pain* and German *Brot*, it is to illuciate that attempts at translating these concepts must result in an acceptance that their differences are untranslatable. Or to pursue it even further: The very concept of "translation" is untranslatable.

"Translation is Babel" literary researcher Emily Apter pointed out, clearly under the influence of Benjamin's ideas, "a universal language that is universally unintelligible."[11] For Benjamin, as for his predecessor Schleiermacher, the answer lay in making a translation "alien", the reader being brought as close as possible to that which is foreign through a rendering that at the same time transforms the language into which it is being translated. Perhaps it can be said of Torriset's texts that they express a radical version of this line of thought. They move in a different direction, away from us. Had they been translated into our own tongue a foreignness would have remained; the way Torriset employs them they point out their own foreignness even more clearly. At the same time they are placed in a context where they can contribute to changing a new language, that of the painting.

Perhaps in these choices we might also detect a position of defiance to a new, globalized aesthetic. Prose that lends itself to translation, a global English that washes away all differences, a pictorial language which, in its striving to be an expression fit for today's commercial and global demands, hardly puts up any resistance at all. Torriset's paintings refuse to be defined in such a simple way. They resist effortless translation. They point out their own foreignness, their diversity, their heterodoxy. "Glory be to God for dappled things", writes Gerard Manley Hopkins in one of his most famous poems, in praise of the variegated and peculiar.[12]

11   Apter, s. xi.

12   «Pied Beauty», i *Gerard Manley Hopkins*, red. Catherine Phillips (Oxford: Oxford University Press, 1992), s. 132–33.

11   Apter, p. xi.

12   "Pied Beauty", in *Gerard Manley Hopkins*, ed. Catherine Phillips (Oxford: Oxford University Press, 1992), p. 132–33.

# RUINER

Den som stiller seg opp foran Kjell Torrisets tekstbilder, kan få en følelse av å bli språkløs. Seeren tvinges nødvendigvis til en eller annen form for oversettelsesarbeid, og til en bevissthet om dette arbeidets skjørhet – hvis hun ikke vender seg bort. Oversettelse, også bort fra vårt eget, kan være en handling som forstyrrer, som reposisjonerer subjektet i verden og i historien. Vi tas ut av det komfortable, det vi kjenner uten å måtte tenke over det, vi kan ikke lene oss på det vante og hverdagslige, vi tvinges ut av det språklige rommet vi er vant til å ferdes i, og som vi tar for gitt. Kanskje kan man undres over om Torrisets egen tospråklighet har bidratt til disse malerienes ydmykhet overfor det fremmede. Å mestre et annet språk kan i beste fall vanskeliggjøre den språklige narsissismen som så ofte synes å følge med enspråkligheten.

Det finnes en form for motstand mot idéen om den tilsynelatende smertefrie og sømløse oversettelsen i Torrisets bilder. De skaper øyeblikk av «uoversettelighet». Denne motstanden har en analytisk dimensjon, og innebærer også et etisk moment, en respekt for det fremmede. På visse punkter synes bildene å motsette seg tanken om at alt kan overføres, om at noe ikke går tapt i oversettelsesprosessen. Å oversette kan tilby nye repertoarer, nye ressurser, begreper og bilder vi ikke tidligere hadde tilgang til. Men det er alltid også å øve vold. Det er å utjevne, å ta bort forskjell, å utviske det kulturelt og språklig partikulære, disse «dappled things».

Samtidig vil jeg ikke påstå at Torrisets bilder bare trekker oss mot dette ene ytterpunktet, uoversetteligheten. De trekker oss også andre veien, mot oversettelighet, mot kommunikasjon. Og kanskje rommer de også drømmen om det universelle, om et rent og felles språk. Men de gjør det på et vis som aksentuerer oversettelsens vesen, hva som står på spill, i en bevegelse som aldri kan forventes å opphøre.

Torrisets bilder kan bringe tanken i retning av et par billedrike vers i den amerikanske dikteren James Merills sterkt selvbiografiske og enigmatiske *Lost in Translation* (1974):

# RUINS

It is quite possible, when contemplating one of Kjell Torriset's textual paintings, to end up in want of a language. If the observer doesn't simply move on, she is compelled to perform some sort of translation work, and to realize how insubstantial this work is. Translation can be an act that disturbs, that repositions the subject in the world and in history. We are removed from our comfort zone, where we feel at home without ever reflecting over it, to a place where we can no longer lean on the familiar and everyday. We are forced out of the linguistic room in which we can easily navigate and which we take for granted. It is perhaps reasonable to wonder whether Torriset's own bilingual talents have contributed to the diffidence he shows in these paintings to the foreign. Mastering a foreign language can have the side effect that the linguistic narcissism that is often typical of monolingual people is more difficult to maintain.

There is a form of resistance in Torriset's paintings to the notion of a seamless and painless translation. They create moments of "untranslatability". This resistance has an analytical dimension, and encompasses also an ethical aspect, a respect for the foreign. In certain ways the paintings seem to resist the notion that everything is transferable, that nothing is lost in the translation process. A translation can open up new repertoires, new resources, concepts, and pictures that were previously closed to us. But it is always, at the same time, an act of violence. It standardizes, excises differences, obliterates the culturally and linguistically particular, the "dappled things".

At the same time I wouldn't argue that Torriset's works only draw us towards the one extreme, towards the untranslatable. They move us also in the other direction, towards translatability, towards communication. And perhaps they also embrace the dream of the universal, of a pure and common language. But they do it in a way that accentuates the essence of what constitutes translation – a motion that will continue forever.

Torriset's paintings bring to mind a couple of graphic stanzas in a work by the American poet James Merrill, his enigmatic and strongly autobiographical "Lost in Translation" (1974):

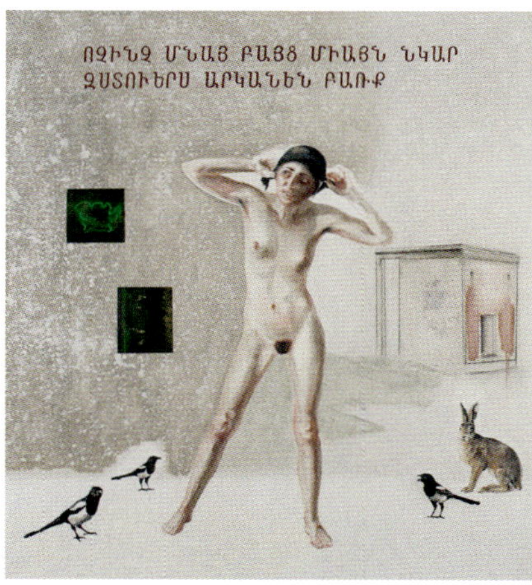


Kjell Torriset, *Memory as old as Cedars*, 2008

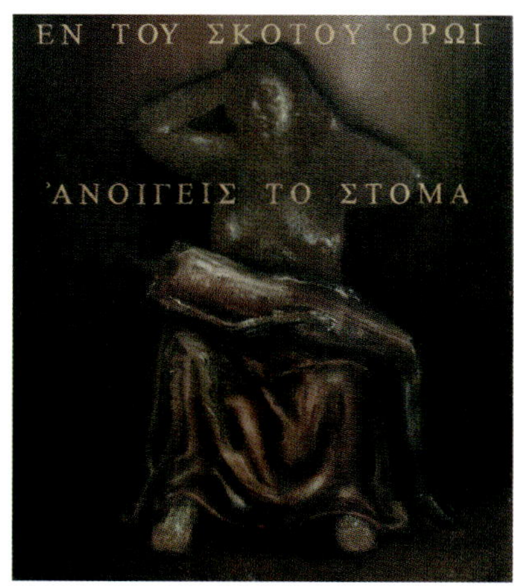


Kjell Torriset, *Accademia della Morte 2*, 2006

Lost, is it, buried? One more missing piece?
But nothing's lost. Or else: all is translation.
And every bit of us is lost in it
(Or found – I wander through the ruin of S
Now and then, wondering at the peacefulness)
And in that loss a self-effacing tree,
Color of context, imperceptibly
Rustling with its angel, turns the waste
To shade and fiber, milk and memory.[13]

Kanskje er dette ikke stedet for å «oversette» dette diktet gjennom fortolkning. Men utvilsomt tematiserer det spenningen mellom det som er tapt og det som blir funnet i oversettelse. Og det minner om at oversettelse ikke bare er noe som foregår synkront; det kan også foregå mellom ulike tider, og ikke minst mellom mer eller mindre fjerne fortider og vår egen, slik det også gjør i Torrisets bilder. I en siste bevegelse peker dette diktets stemme på at det tapte kan forvandles til noe som vinnes, at det som er borte i fortid kan finne nye former gjennom kreativ erindring. Også fortiden må stadig oversettes til nåtid, må gjenvinnes og gjenbrukes, må finne nye former. Også fortiden må oversettes. I denne oversettelsesprosessen finnes det ressurser av ulike slag, maleriske og språklige, veldige lagerrom av minner, individuelle og kulturelle. Gjennom de særdeles ulike byggesteinene han finner fram til, viser Torrisets bilder oss, slik jeg ser det, en av måtene dette kan gjøres på. Hans store tilfang av stoff fremstår som fritt og åpent. Slik omfunksjonaliseres tradisjonen, det klassiske, gjennom å finne nye plasseringer innen nye rammer, nye paradigmer, på vis som i liten grad fremstår som hierarkiske. Alt brukes, ingenting forkastes, i en lengsel som synes å gå i retning både av kontinuitet og universalitet – men alltid med en grunnleggende innsikt i at det alltid allerede er for sent og at forskjellen, det partikulære, aldri aldeles sømløst kan gå opp i det generelle, i fellesstoffet.

Finnes det en provokativ kraft i disse bildene, ligger den kanskje i at de konfronterer seeren med noe som unndrar seg forklaring, i at de tematiserer verdens uorden. Det forståelige synes stadig å skifte plass med det uforståelige.

---

13    James Merrill, *Divine Comedies* (New York: Athenaeum, 1976).

Lost, is it, buried? One more missing piece?
But nothing's lost. Or else: all is translation.
And every bit of us is lost in it
(Or found – I wander through the ruin of S
Now and then, wondering at the peacefulness)
And in that loss a self-effacing tree,
Color of context, imperceptibly
Rustling with its angel, turns the waste
To shade and fiber, milk and memory.[13]

Perhaps this is the wrong place to be entering into a "translation" of the poem, through an interpretation of it. But it undoubtedly has at its heart the tension between what is lost and what is gained in translation. And it reminds us that translation is not only something that functions concurrently; it can also take place between different periods, not least of all between more or less distant ages and our own, as is the case with Torriset's paintings. In a final gesture the voice of the poem suggests that the things we have lost might be transformed into something gained, can find new forms through creative remembrance. The past has constantly to be translated for the present, has to be recaptured and recycled, has to find new forms. Also the past has to be translated. To help us with this process we can employ a wide variety of resources, artistic and linguistic, huge storerooms of memories, both individual and cultural. One of the ways this can be done is revealed to us, in my opinion, by Torriset in his choice of so many diverse building blocks for his paintings. His large stock of materials seems to have been chosen liberally and openly. The function of the classical, the traditional, is renewed through fresh settings in new contexts, new paradigms, while avoiding the appearance of being hierarchical. Everything is put to use, seemingly nothing discarded, in underpinning a longing that seems to tend towards both continuity and universality – but always with an essential realization of the fact that it is always too late, and that the difference, the particular, can never be absorbed seamlessly into the general, into some form of commonality.

If there is a provocative power in these paintings it lies perhaps in the fact that they confront the observer with something that avoids explanation, insofar as the chaos of the world is at their core. The explicable seems to

---

13    James Merrill, *Divine Comedies* (New York: Athenaeum, 1976).

ⲡⲁⲓ ⲡⲉ ⲛⲁⲕ
ⲛ̄ⲧⲟⲕ ⲉⲧⲛⲉⲝ ⲡⲧⲏⲏⲃⲉ ⲉϩⲟⲩⲛ
ϩⲁⲡϣⲁⲁⲣ ϩⲙ̄ ⲡⲁⲓⲙⲏⲛ

Kjell Torriset, *Grand Dark White, detalj/detail (koptisk/coptic)*, 2008

Det hermetiske og tilsynelatende lukkede står i et stadig spenningsforhold til det naturalistiske og tilsynelatende åpne. Men, og det ligger i bildets natur, samtidig stilles alt til skue.

Det er trassige bilder Kjell Torriset skaper, motstandsdyktige, underlige, konstruerte. De utgjøres av fragmenter, reminisenser, ulike språk og temporaliteter. Selv har han formulert det slik: «Jeg starter med en idé, setter et strøk, resten er reparasjonsarbeid, inntil jeg ser at det er falt på plass og at bildet har samlet opp mening.»[14]

Tapt i oversettelse, heter det. Det er halve sannheten. I oversettelse kan også noe vinnes, om enn ut fra en innsikt om at noe alltid må gå tapt. Å oversette er å utvide våre intellektuelle, emosjonelle, språklige og kunstneriske ressurser. Oversettelsen gir rom for nye former for kreativitet, som prosess, som produkt, i en toveis bevegelse. I Torrisets malerier settes begge disse ytterpunktene i oversettelsesarbeid og oversettelsesteori i spill, som tap, som gevinst. Kanskje, vil jeg til slutt foreslå, og da som en utvidelse av en tidligere tanke, makter han også å føre oss nærmere det særegne ved billedkunsten på dette paradoksale viset, gjennom maleriets tekster. Kjell Torriset er maler, samler, reparatør og oversetter. Og kanskje den maleriske oversetterens arbeid nettopp består i å reparere, å samle, å grave noe fram fra ruinene, igjen og igjen, utrettelig. Om enn med en forståelse av at helheten kanskje alltid har manglet, av at stenene aldri har utgjort en katedral. Og ut fra en innsikt i at oversettelsen alltid, på ett vis, vil være originalen, at originalen alltid vil være oversettelsen.

alternate with the inexplicable. That which is seemingly closed, the hermetic, is in constant conflict with the seemingly open, the naturalistic. But at the same time, and it is in the nature of painting, everything is on view.

Kjell Torriset creates works that are unruly, resistant, strange, constructed. They are made up of fragments, reminiscences, diverse languages and temporalities. He has described his creative process in this way: "I start with an idea, make an initial stroke, and from then on in it's all repair work, until I see that things have fallen into place and the work has acquired meaning."[14]

"Lost in translation" is the familiar phrase. It's only half the truth. There are also things to be gained in translation, even if it depends on an acceptance that something will always be lost. To translate is to expand our intellectual, emotional, linguistic, and artistic resources. Translation allows for new forms of creativity, as process, as product, in a two-way movement. In Torriset's works both of these extremes in the process of translation and the theory of translation are brought into play, as loss, as gain. Finally I would like to suggest, enlarging on an earlier thought, that Torriset, through the texts in his paintings, paradoxically brings us closer to the intrinsic nature of painting. Kjell Torriset is a painter, collector, repairman, and translator. And perhaps that's just what constitutes the work of an artistic translator: repairing, collecting, retrieving something from the ruins, again and again, tirelessly. Despite having an understanding of the fact that perhaps there never was a complete whole, that the stones never did constitute a cathedral. And working from the realization that, in a way, the translation will always be the original and the original will always be the translation.

---

14   Harbo, «Fant roen i engelsk eksil», *Aftenposten*, 28. februar 2007.

14   Harbo, "Fant roen i engelsk eksil", *Aftenposten* (Oslo), 28th February, 2007.

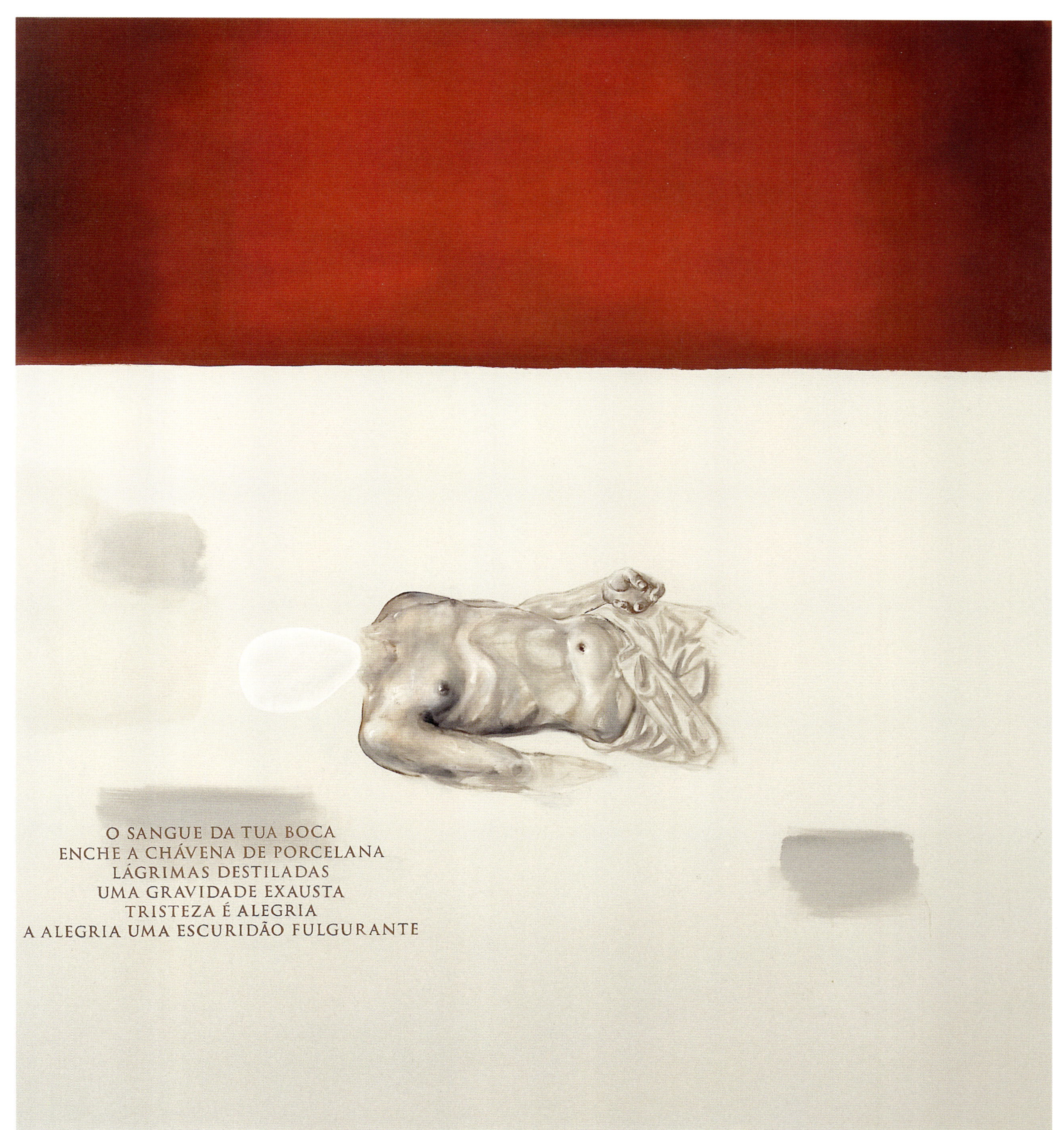


SALME FRA SCHLEPPEGRELLS GATE  2006
Oil on canvas
220 x 200 cm

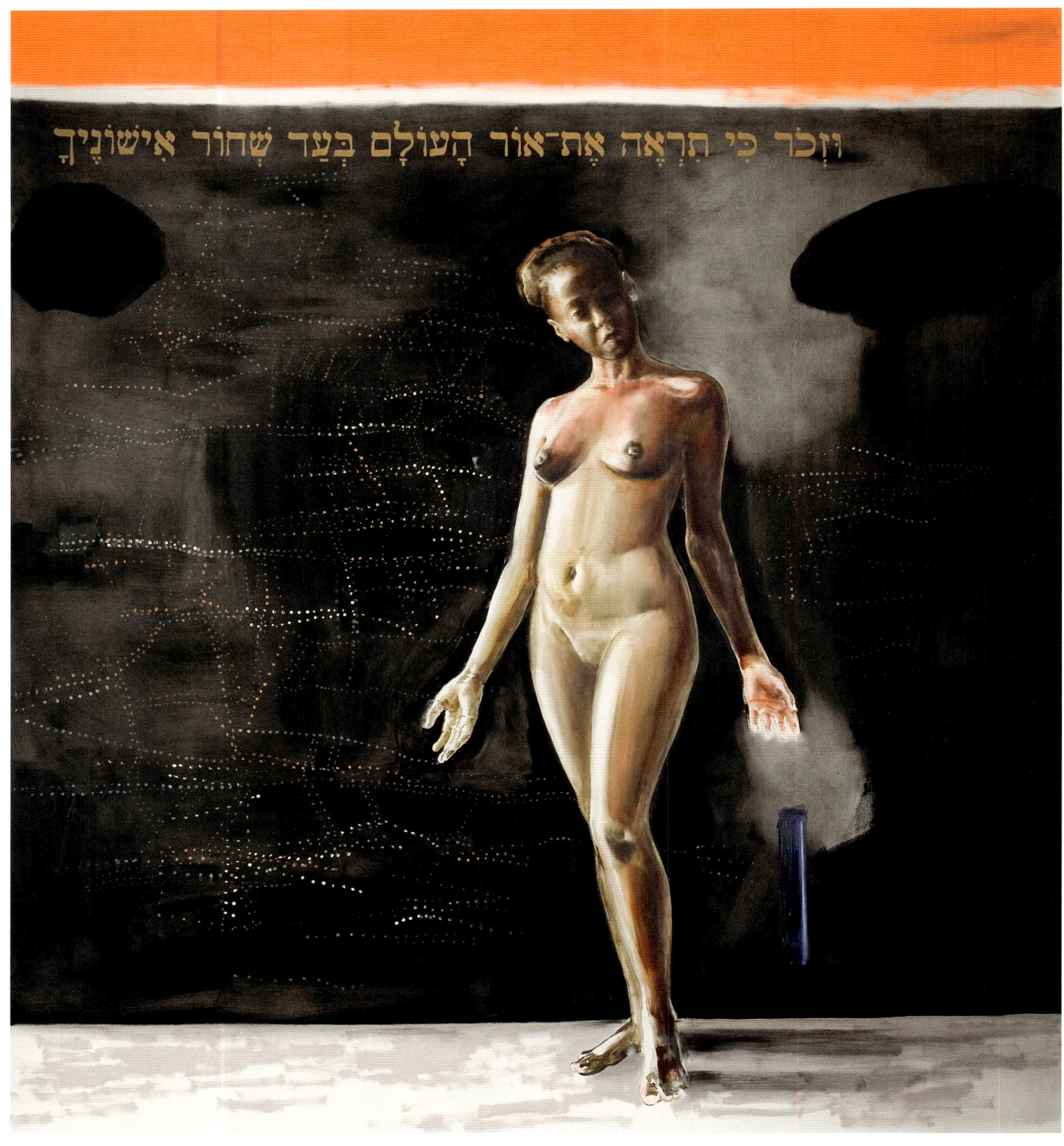


LA AHADA YALAM 2007
Oil on canvas
220 x 200 cm

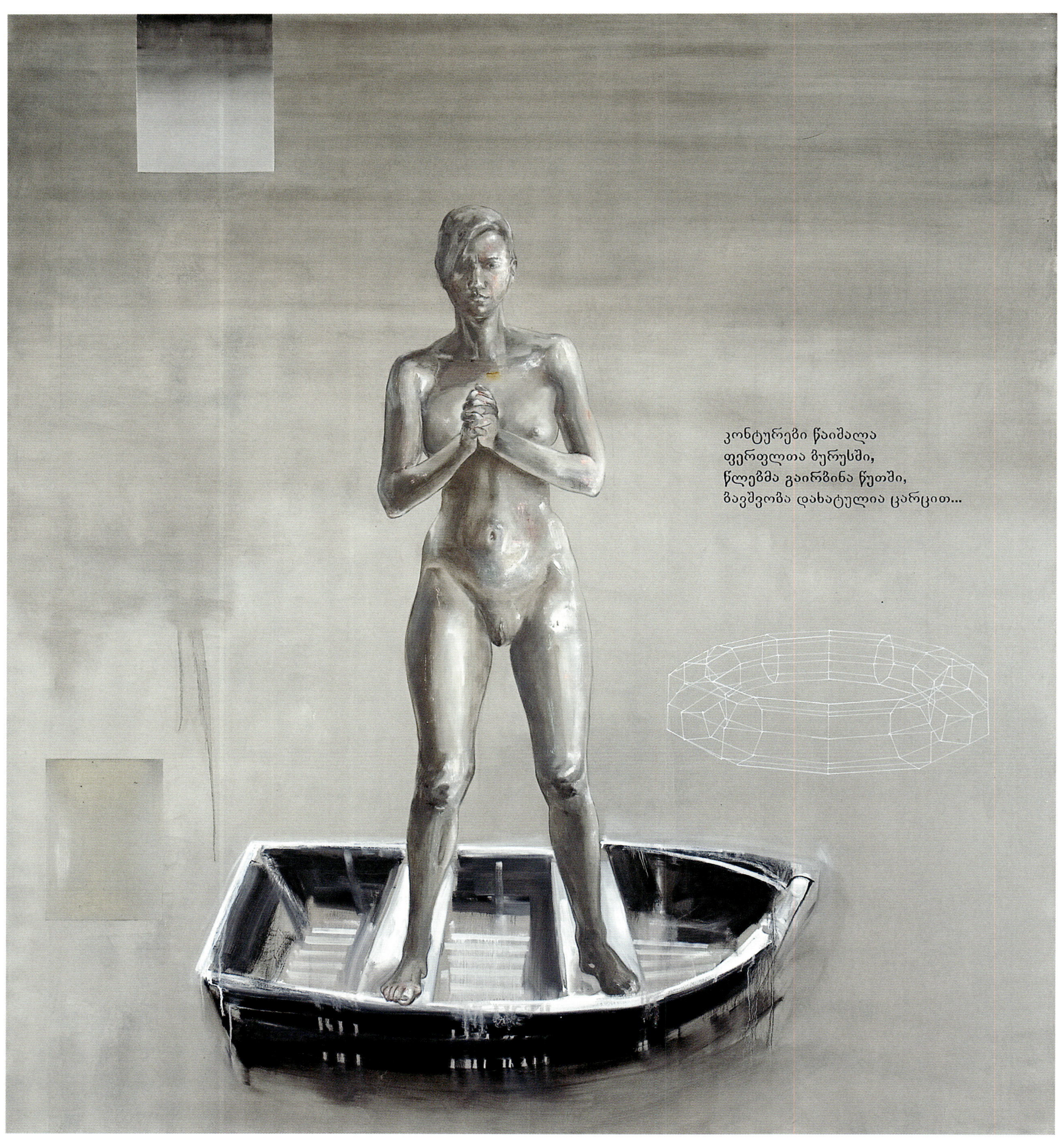



GREYLAKE 2006
Oil on canvas
220 x 200 cm

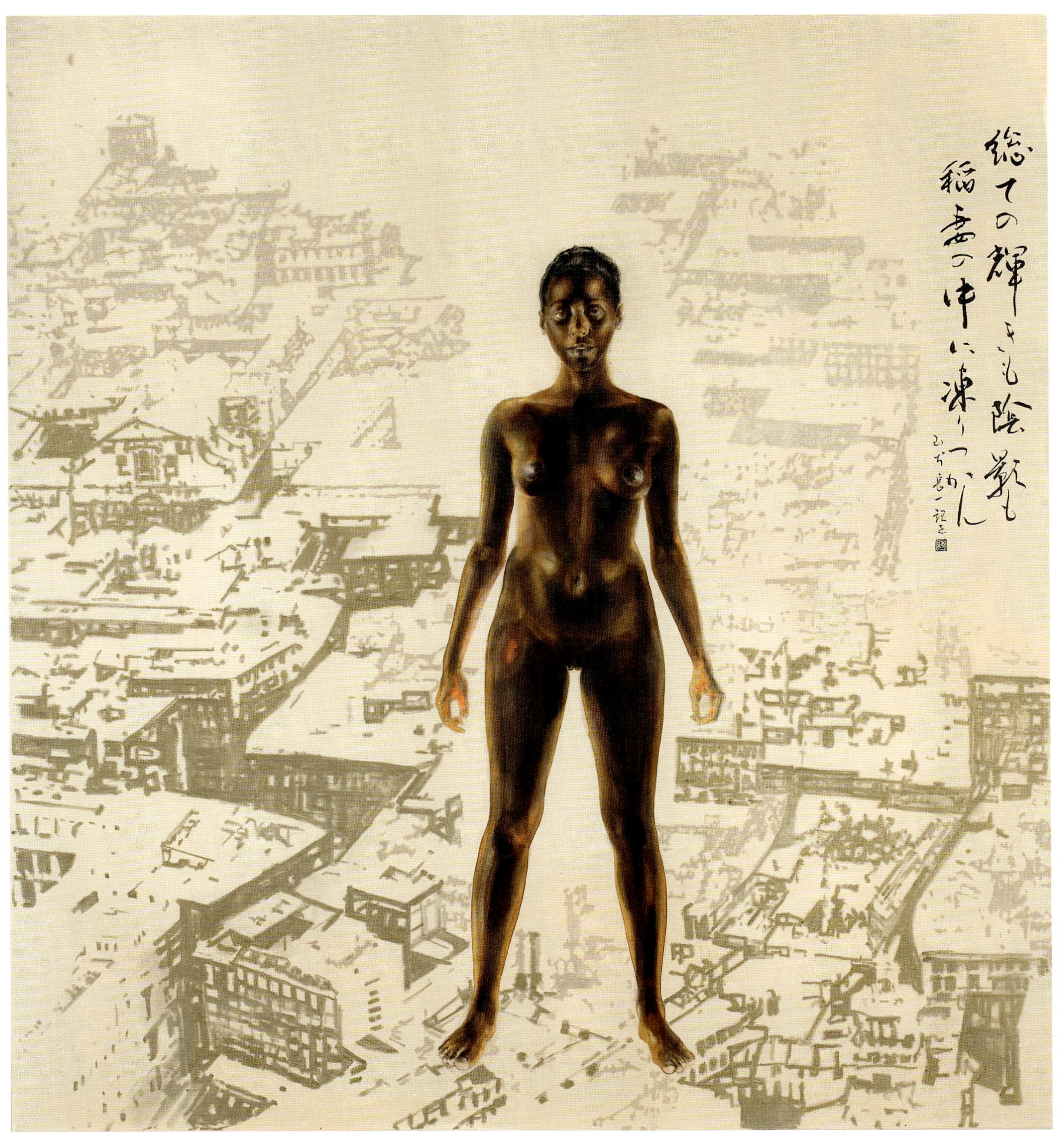

**ETT SEKUND** 2007
Oil on canvas
220 x 200 cm

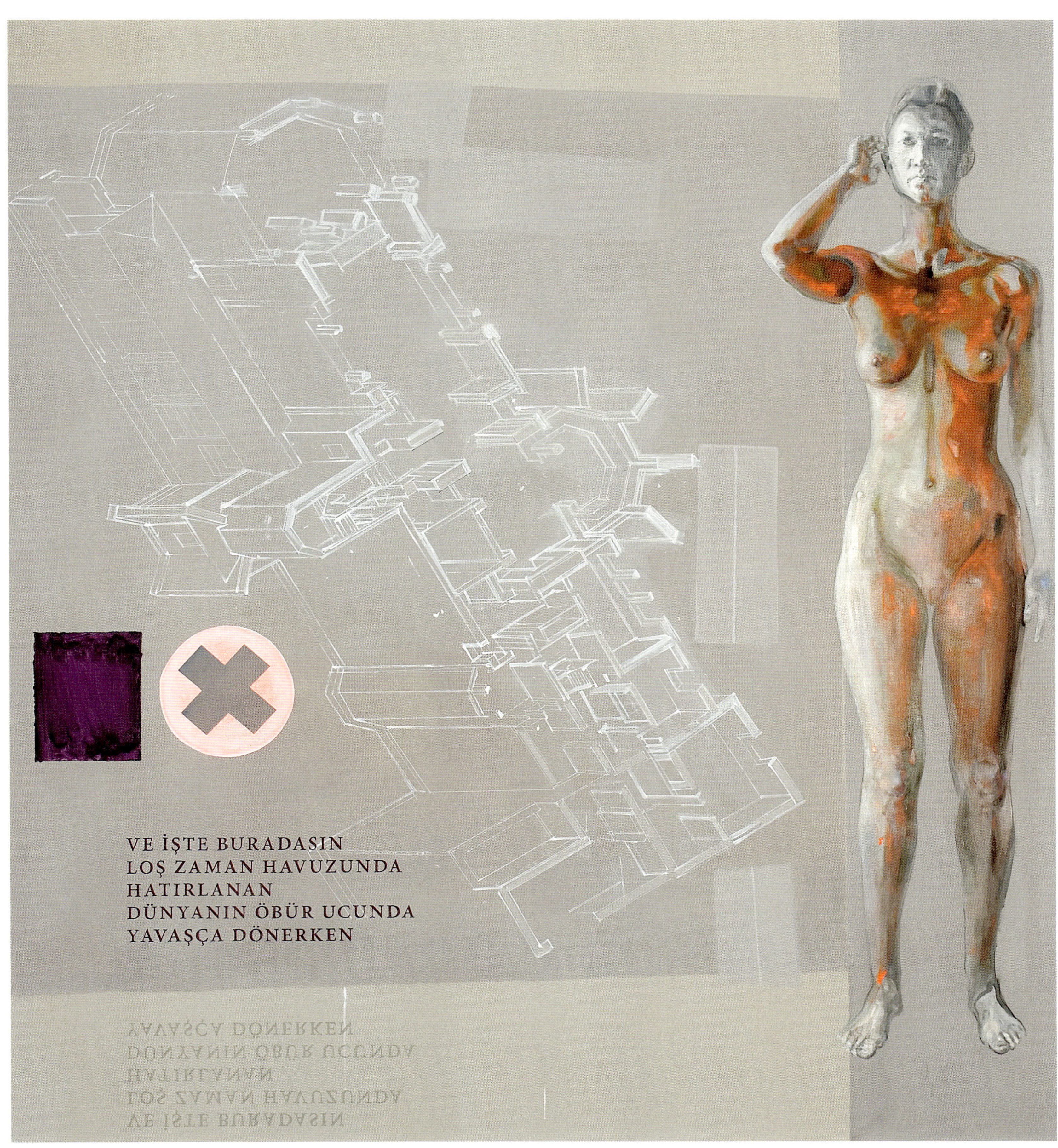


SLOW TURNING 2007
Oil and paper on canvas
220 x 200 cm

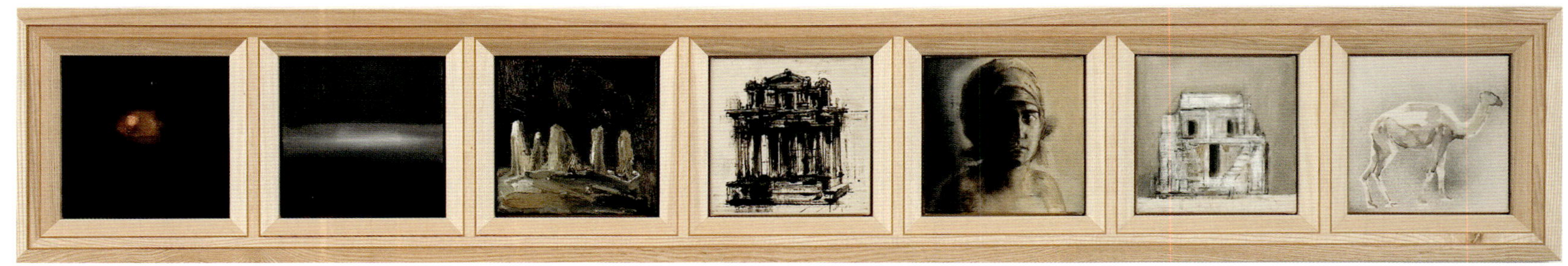

EPIPHANIA 2004–2005
Oil on canvas
41 x 242 cm

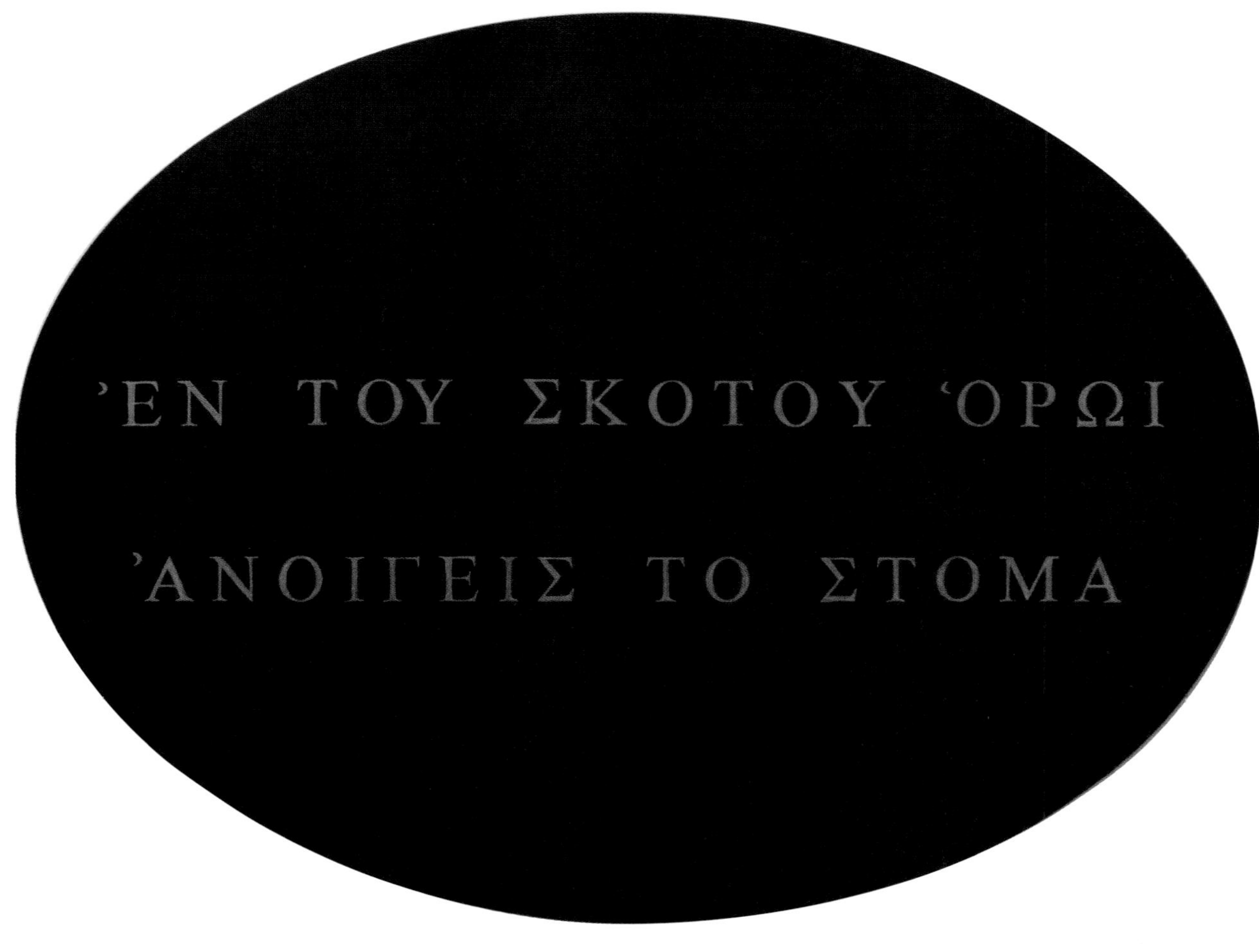


FAIRFIELD DIALOGUES  2005
Oil on MDF
64 x 85 cm

**FAIRFIELD DIALOGUES 2005**
Six oval paintings, oil on MDF
Each 64 x 85 cm

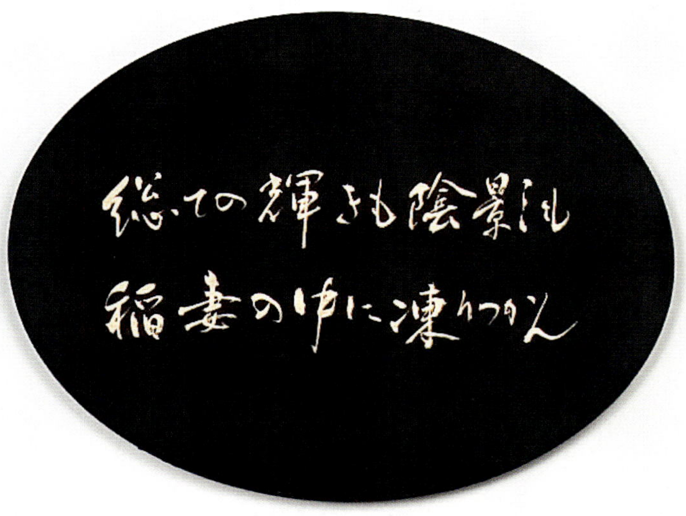


Y recuerda que tu miras
la luz del mundo a través
de lo negro de las pupilas

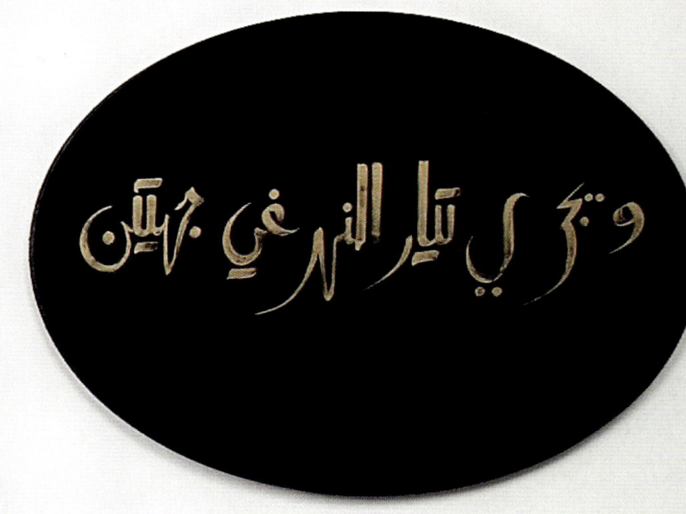

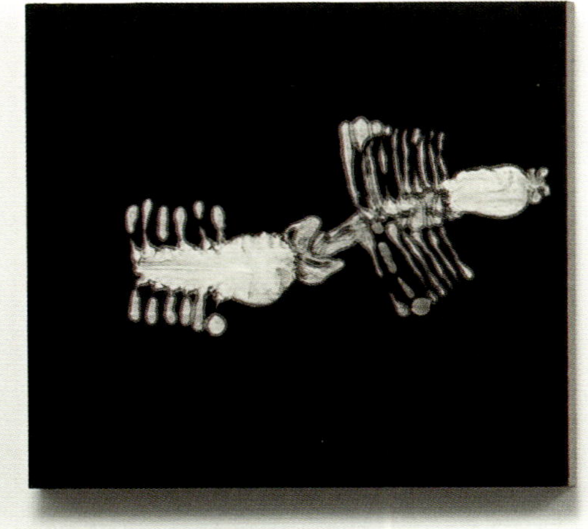  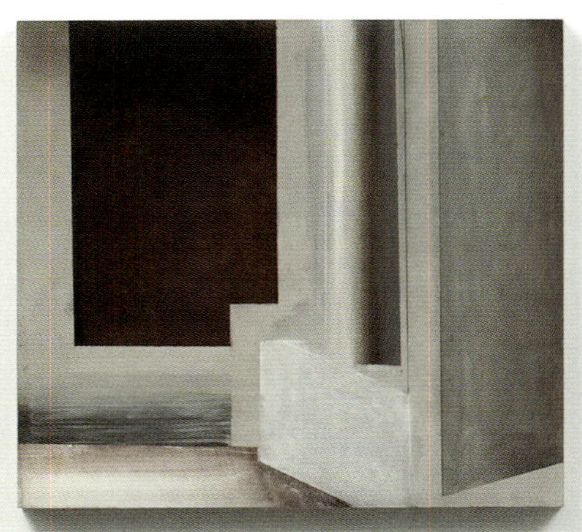

NIGHTWATCH 1–6  2005–2010
Oil on board
Each 45 x 48 cm

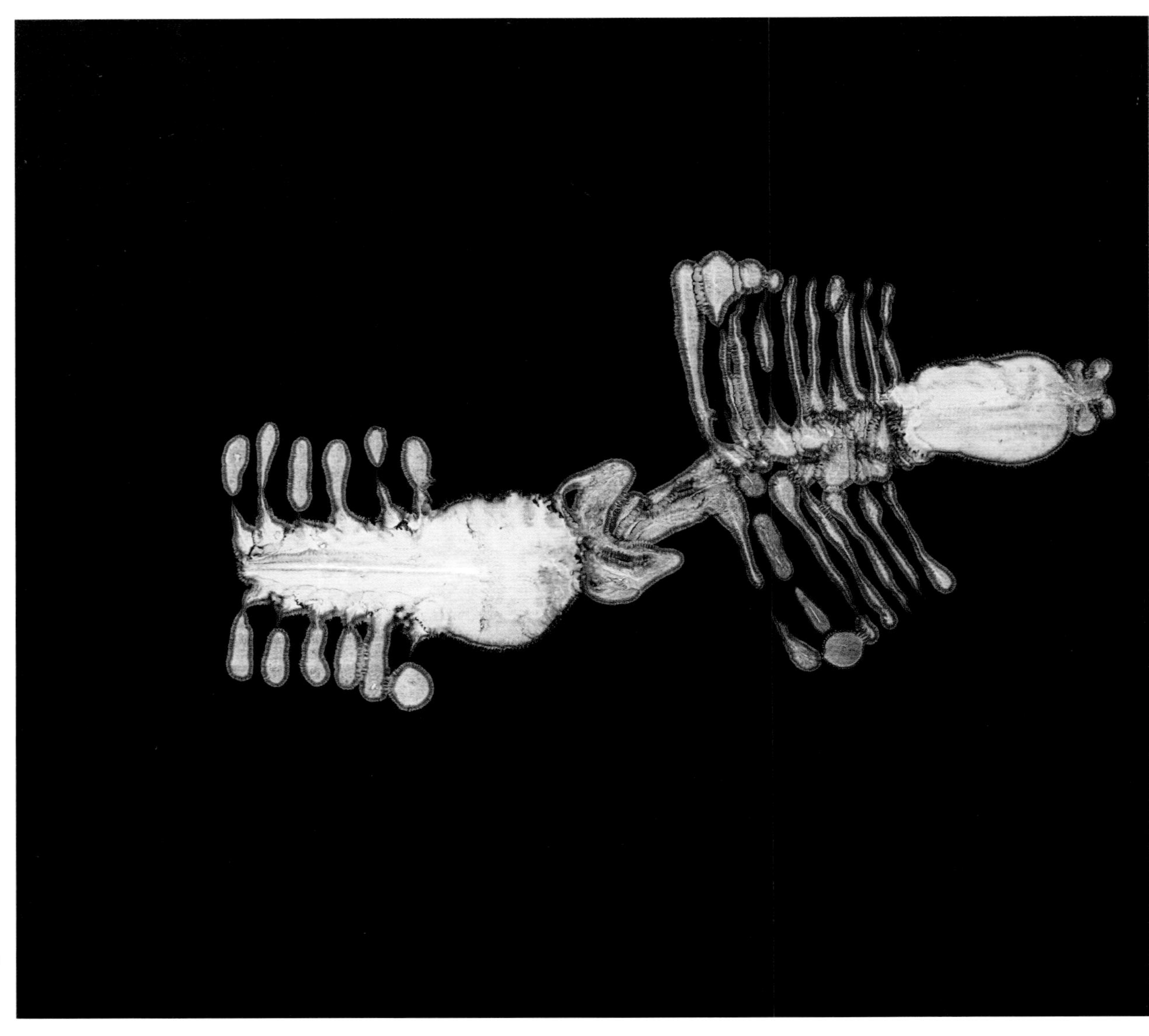

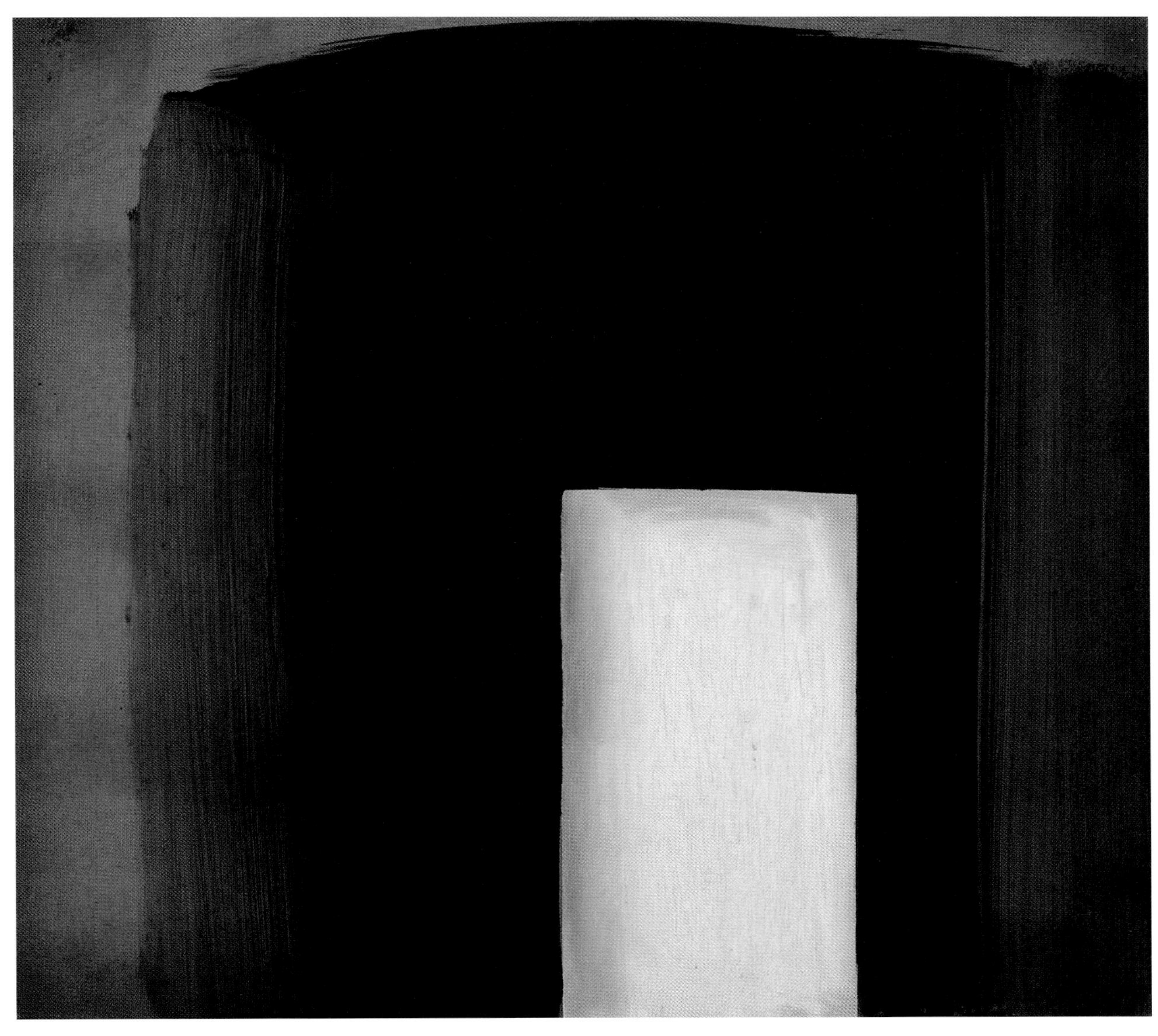

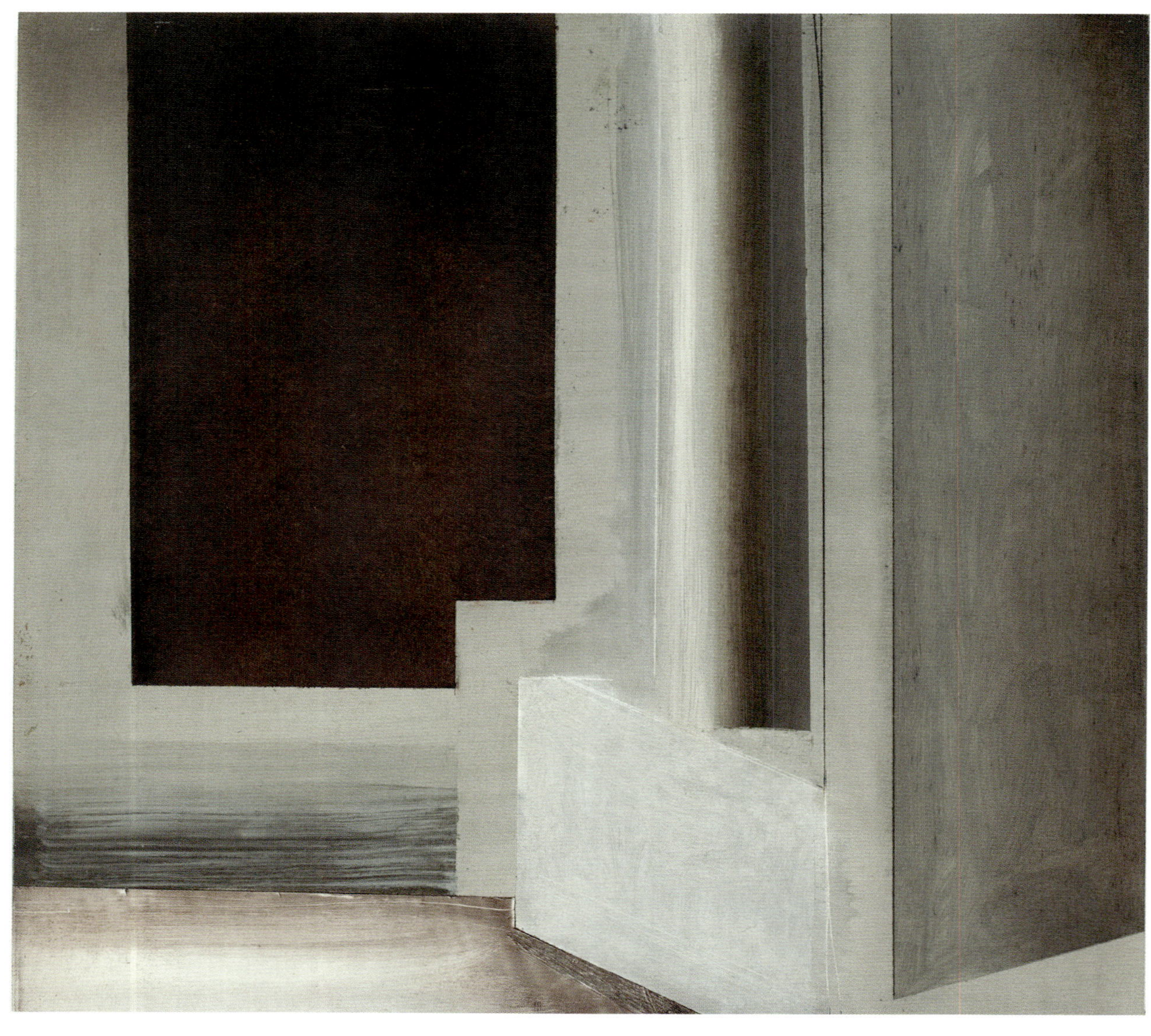

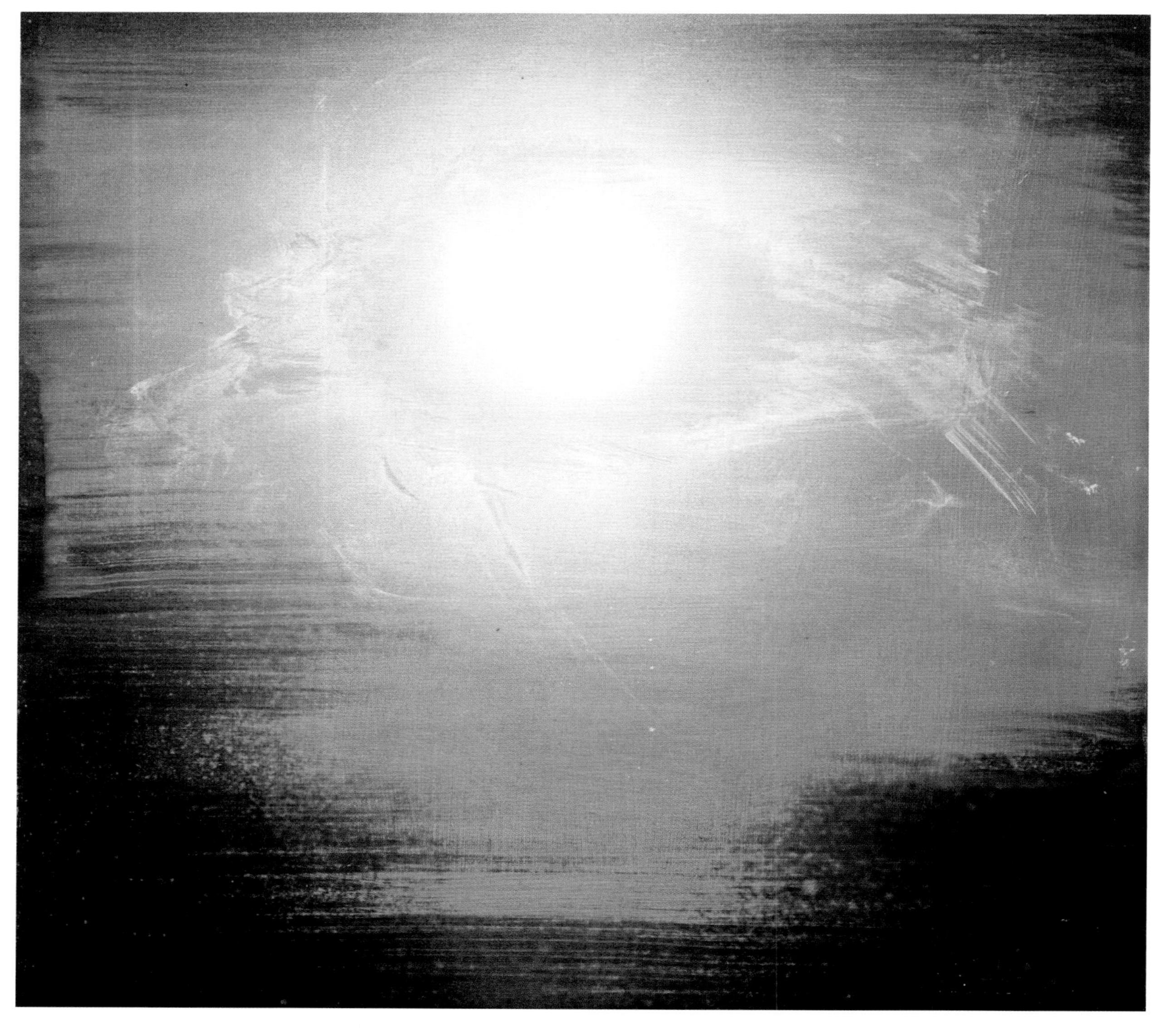

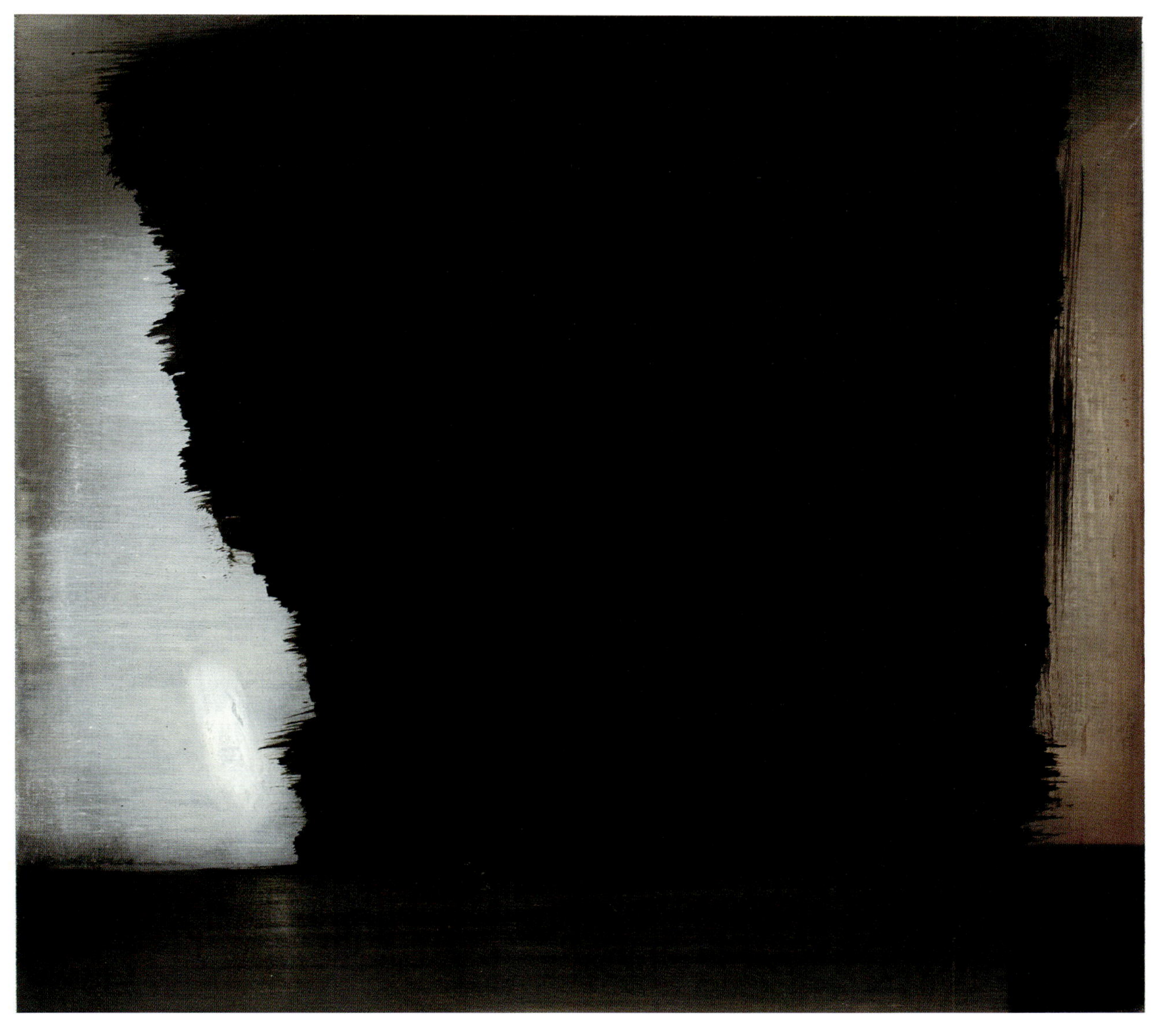

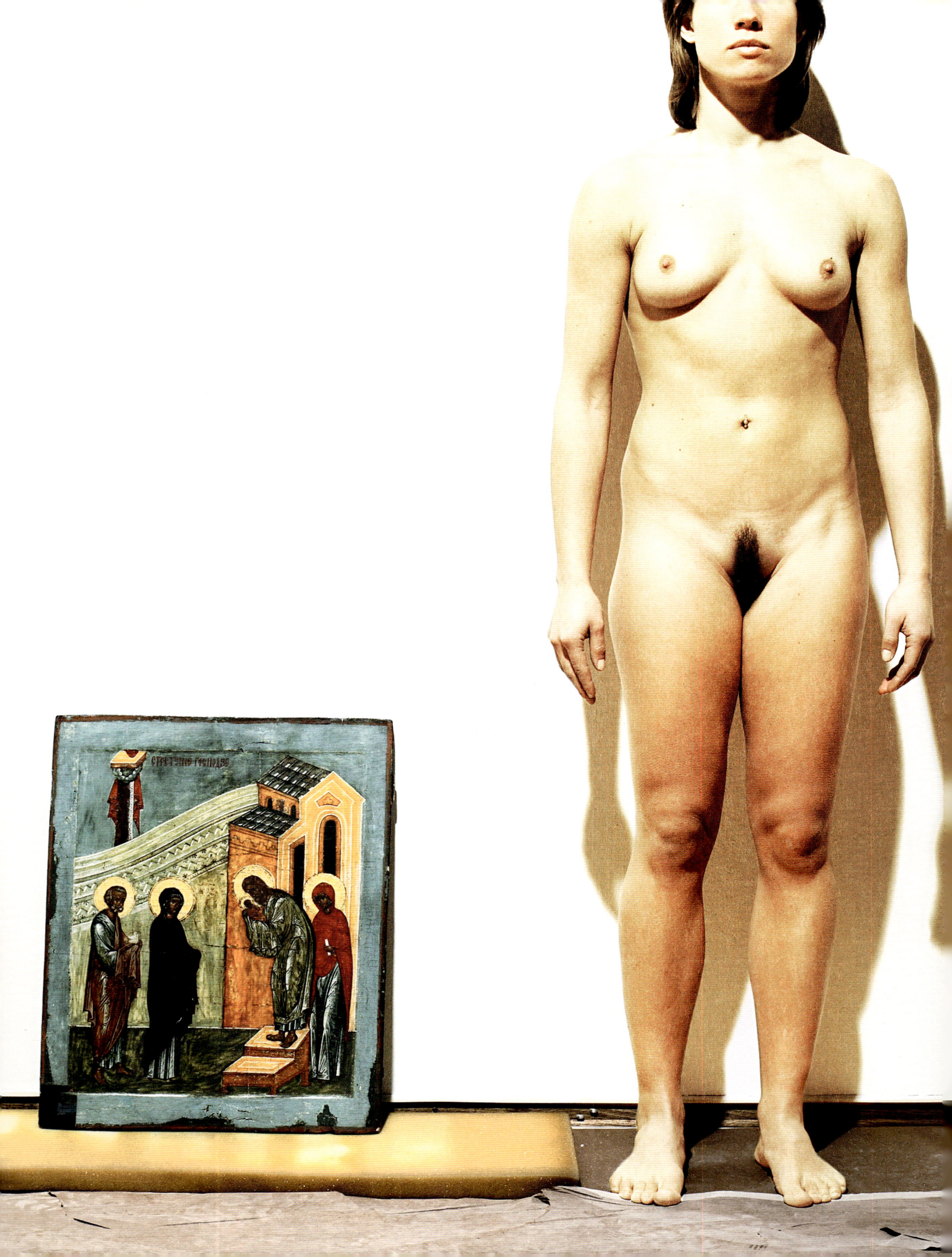

# MYSTERIER I MALERIET KJELL TORRISET I ET RELIGIØST PERSPEKTIV

## Geir Hellemo

Torrisets kunst har engasjert meg gjennom flere år, men ett spørsmål vender stadig tilbake: Hva er det som skjer i mitt møte med hans bilder? Jeg er fortsatt usikker. Det eneste jeg er sikker på, er at bildene hans ikke lar meg i fred. Det er ingen tvil om at de påtvinger meg en form for refleksjon som i første rekke er betinget av overraskende og utfordrende motivsammenstillinger. Umiddelbart tiltaler bildene meg også på mange andre måter, men de leder meg først og fremst tilbake til spørsmål som jeg ikke finner svar på. Han holder meg fast i utfordringer som på et vis forblir uavsluttede. Slik er bildene hans minst like krevende som bøker vi tross alt kan lukke igjen. Torrisets bilder forblir på netthinnen.

Mitt mål er ikke å bringe de utfordringene Torrisets bilder skaper, til en slags ende. Men jeg skal forsøke å sirkle inn noen sentrale temaer fra hans produksjon det siste tiåret. Mitt mål er å banke på bildene med min tanke for å se hva det fører til. I beste fall kan andre ha glede av bankingen min. Bidraget konsentrerer seg om fire utstillinger som Torriset har gjennomført i tidsrommet fra 2004 til 2009.

## ØST–VEST

Den første utstillingen het *Øst–Vest*. Den inngikk i et større prosjekt som Nasjonalgalleriet gjennomførte i 2004, hvor tre kunstnere ble invitert til å la egne arbeider inngå i en dialog med en utvalgt del av museets samlinger. Torriset valgte ved denne anledningen å knytte an til museets samling av russiske ikoner. Utstillingen ble utformet som en installasjon, hvor ikonene ble plassert på den ene endeveggen i et ikonostasliknende arrangement. På motsatt vegg plasserte Torriset sine egne bilder som en klar pendant til ikonveggen. Bildene som er i ulike format, preges av et utvetydig abstrakt billeduttrykk, med klart slektskap til amerikansk billedtradisjon fra den abstrakte ekspresjonismen på 1950- og 60-tallet. På gulvet mellom de to

# PAINTED MYSTERIES KJELL TORRISET IN A RELIGIOUS PERSPECTIVE

## Geir Hellemo

Torriset's paintings have fascinated me for several years, and they always leave me with one question: What happens to me when I see them? I'm still not sure. The only thing that is certain is that his works always get under my skin. Initially the challenge and surprise of his combinations of motifs compel me to a form of reflection. There are also other ways in which the paintings have an immediate appeal to me, but before long they all lead back to that question I can't find an answer to. The challenges with which he confronts and holds me remain unresolved. His works are as demanding as books, but books you can always close. Torriset's images attach themselves to your mind's eye.

It is not my goal to seek resolution to the challenges set by Torriset's art. My aim is rather to knock on the works with my mind and see if it opens any doors. If I'm lucky, maybe others will also profit from my knocking. I will focus on some of the central themes in his production of the last decade, and this article is principally concerned with four exhibitions held by Torriset between 2004 and 2009.

## ØST–VEST

The first of these exhibitions is *Øst–Vest* (East–West) from 2004. It was part of a larger project organized by the National Gallery in which three artists were invited to place their works in a dialogue with selected sections of the museum's collection. Torriset chose to juxtapose his art with the museum's collection of Russian icons. The exhibition was structured like an installation, the icons arranged across one wall like an iconostasis. On the facing wall, and as an obvious pendant to the icons, Torriset placed his paintings. The works, varying in size, were characterized by an unambiguous abstract expression, with clear references to the abstract expressionism of American art of the 1950s and 60s. On the floor between the

DIALOGER III: ØST–VEST 2004
Fra utstillingskatalogen / From the exhibition catalogue
Nasjonalmuseet, Oslo

billedveggene plasserte Torriset et hvitmalt kors med direkte referanse til Cimabues kors i Basilica di Santa Croce i Firenze.

Vi kan umiddelbart slå fast at bilder som arrangeres på denne måten, bringes inn i en form for dialog med hverandre. Når billedgruppene ikke kan iakttas på samme tid, oppstår samtidig en form for dialektisk relasjon mellom dem. Men hva så? Hva har ikonen med det abstrakte maleriet å gjøre? Allerede Malevich mente at hans egne abstrakte malerier skulle oppfattes som en form for nyartikulering av et tradisjonelt religiøst innhold. Malevich som selv var russer, etablerte på denne måten en forbindelse mellom det abstrakte billeduttrykket og ikonmaleriet. Men det betyr ikke at det samspillet Malevich la til grunn for sin tenkning, uten videre kan overtas av oss. Kan ikke vi – ut fra vår bakgrunn – like gjerne si at i møtet med ikonenes meningsfylde representerer Torrisets malerier en form for kjølig, distansert, kanskje intellektuell forlegenhet?

Den samme tvetydigheten gjenspeiles i det hvitmalte korset midt mellom billedveggene. Korset gjenskaper i erindringen Cimabues malte korsfestelsesscene; men her er framstillingen omstøpt til et ikonoklastisk kors som avskriver enhver annen referanse til religiøs tematikk enn selve korsformen. Det hvitmalte korset blir på denne måten en slags mellomfigur mellom bysantinsk tradisjon som på Cimabues tid utviklet seg i mer realistisk retning, og billeduttrykk som gir avkall på figurative framstillinger av eksempelvis Kristus-skikkelsen. Igjen står vi tilbake med et spørsmål: Avviser Torrisets kors den meningen som er knyttet til Cimabues framstilling, eller peker han mot et meningsinnhold som ennå ikke har funnet sitt uttrykk?

I presentasjonsbrosjyren har Torriset plassert en frontaltstilt akt ved siden av en av ikonene som ble vist på utstillingen. Det abstrakte billeduttrykket erstattes altså av en kvinneskikkelse som i første rekke retter oppmerksomheten mot kroppslig materialitet. Slik bruker Torriset selve brosjyren til å kommentere sin egen utstilling ved at Østens billedverden settes i spill mot to ytterpunkter innenfor Vestens kunstuttrykk: abstraksjon, inspirert av 1900-tallets abstrakte maleri på den ene siden, og figurasjon i all sin fysisk, påtagelige materialitet på den andre siden.

Ut fra en slik presentasjon merker vi umiddelbart at utstillingen setter de store spørsmål på dagsordenen. Vi må også kunne si at utfordringene i høy grad er av tankemessig art, og at svarene ikke uten videre er for hånden.

## KIRKEN I FAIRFIELD

Den neste utstillingen vi skal interessere oss for, fant sted i Kent i Sør-England i 2005. Også denne gangen inngikk Torrisets utstilling i et større prosjekt som til sammen omfattet femten kunstnere som stilte ut sine bidrag i seks middelalderkirker. Den lille St.

two walls Torriset placed a white cross, a direct reference to Cimabue's cross in the Basilica di Santa Croce in Florence.

Arranged in this fashion the works of art are immediately understood by us to be in a dialogue with each other. As the two groups of images can't be observed at the same time there also arises a dialectical relationship between them. So what connects the icon and the abstract painting? Malevich, who was himself Russian, pointed out that his abstract paintings should be understood as a new articulation of a traditional religious idea. He thereby established a link between abstract expression and icon painting. This doesn't mean we can take for granted the notions of interplay Malevich believed to underpin his art. Perhaps we – with our backgrounds – should instead see Torriset's paintings, in their meeting with the depth of meaning of the icons, as representing a form of cool, distanced, perhaps intellectual reserve?

The same ambiguity is reflected in the white cross between the walls of paintings. It brings to mind Cimabue's painting of the crucifixion; but the image is here remoulded into an iconoclastic cross that, despite its shape, rejects any religious reference. The white cross can be said to lie at a midway point between Byzantine tradition, which by Cimabue's time had developed in a more realistic direction, and artistic expressions that avoid figurative depictions of, for example, Christ. This leaves us again with a question: Does Torriset's cross refute the meaning inherent in Cimabue's depiction, or is he instead suggesting a content that has yet to find its expression?

In the exhibition brochure Torriset has positioned a frontal nude beside one of the icons from the exhibition. The female form is used as a substitute for abstract expression, directing our attention first and foremost towards physical materiality. The artist is using the brochure to comment on his own exhibition, juxtaposing art of the Orient with two extremes of Western artistic expression: the abstract, inspired by the 20th century abstract painting on the one hand, and the figurative in all its corporeal, tangible materiality on the other.

Confronted by this presentation we immediately sense that this is an exhibition that doesn't shy away from the big questions. We must also acknowledge that the challenges are essentially intellectual, and that the answers do not come easily.

## THE CHURCH AT FAIRFIELD

The next exhibition we will concern ourselves with took place in Kent in the south of England in 2005. On this occasion, too, Torriset's exhibition was part of a larger project. Fifteen artists showed their works in six medieval churches. Prior to the exhibition the small church of St. Thomas a Becket

Thomas a Becket-kirken i Fairfield hadde fra før ingen annen utsmykning enn noen små ovale treplater med bibeltekster. Interiøret knytter på denne måten an til ikonoklastiske etter-reformatoriske tradisjoner som vi også kjenner fra katekismetavle-tradisjonen i Danmark-Norge. I dette interiøret plasserer Torriset seks ovale teksttavler innimellom de eksisterende tavlene. Selve arrangementet varsler også denne gangen en uttalt interesse for en religiøst preget tematikk, men vi befinner oss nå innenfor en protestantisk sammenheng, som på karakteristisk vis vektlegger tekst i stedet for bilde. Sammenstillingen av tradisjonsbildene og Torrisets billeduttrykk er imidlertid ikke dialektisk, slik som i den forrige utstillingen. Denne gangen er nemlig ikke tekstplatene stilt opp som to motstående grupper, og hele materialet er ensartet i den forstand at alle ovalene gir avkall på tradisjonelle visuelle uttrykk i den kunstneriske formidlingen. Det er i denne utstillingen Torriset introduserer tekst som sentralt medium for sitt kunstneriske virke.

Jeg er ikke i stand til å lese ut av disse to utstillingene hva slags forhold Torriset har til figurasjon versus abstraksjon på den ene siden og tekst på den andre. Han synes bare å bevege seg helt ubesværet mellom de ulike uttrykksformene. Teksttavlene peker imidlertid tydeligere enn de abstrakte bildene i retning av et eksplisitt engasjement for mening og innhold. Torriset trekker i Fairfield sitt eget billedunivers i retning av å bli et leseprosjekt i den forstand at hans kunst har en uttrykksvilje som også kan verbaliseres.

Det forunderlige er imidlertid at jeg er ute av stand til å lese og forstå selve tekstene Torriset benytter seg av i Fairfield. Det er jeg neppe alene om. Tekstene var etter all sannsynlighet også utilgjengelige for det publikum som han med rimelig rett kunne forvente på en utstilling på den engelske landsbygda. Her er nemlig ingen tekster gjengitt på sentrale vesteuropeiske språk, så som engelsk, tysk eller fransk. I stedet finner vi innskrifter på japansk, arabisk, spansk, latin, gresk og russisk. Til sammen gir dette et mangfoldig kalligrafisk inntrykk hvor tekst står fram som fremmed og uforståelig. Det er som Torriset presser på forståelighetsproblematikken for å påtvinge betrakteren en form for fremmedhet i møtet med arbeidene sine. Kommunikasjon av et meningsinnhold står fram som viktig, men tilhyllet, lukket for enhver betrakter som forestiller seg at et visuelt uttrykk umiddelbart skal være rede til å kaste ut et meningsinnhold som uten videre er fattbart.

Ved etterrefleksjon omkring denne type tekster kom jeg til å tenke på hieroglyfer, slik de brukes i en del fenomenologisk orientert litteratur, som for eksempel hos Proust. Her peker hieroglyfene mot verdens tegnkarakter. Figurene som hieroglyfene gjengir, bærer på en underliggende mening. I *På sporet av den tapte tid* sier Proust:

«Jeg husket – med glede [...] at allerede i Combray hadde jeg pleid å granske et eller annet bilde som hadde tiltrukket

at Fairfield had no other decoration than a few wooden oval panels with biblical quotations. These were reminiscent of iconoclastic post-Reformation traditions in Denmark-Norway, where panels inscribed with catechism texts were used as altarpieces. Between the existing panels Torriset placed six oval text panels of his own. Once again the setting suggests a specific interest in themes with a religious aspect, but this time the context is Protestant, with characteristic emphasis on text rather than image. On this occasion the juxtaposition of historical panels and Torriset's artistic expression is not dialectical, as it was in the National Gallery. The text panels are not positioned as facing groups, and the entire material seems homogeneous to the extent that the oval panels avoid traditional visual imagery to carry the artistic content. It is with this exhibition that Torriset introduces text as a central medium in his artistic work.

On the basis of these two exhibitions I am unable to say what sort of relationship Torriset has on the one hand to the figurative versus the abstract, and on the other hand to text. He simply seems to be able to move effortlessly between the various forms of expression. The text panels, however, suggest more clearly than his abstract paintings an explicit interest in meaning and content. Torriset seems to be moving his imagery in the direction of a textual project, to the extent that his need to find an artistic expression can also lead to verbal outlets.

The surprising thing, however, is that I am unable to read and understand the actual texts Torriset has chosen for St. Thomas a Becket church. And I am no doubt in good company. The texts were probably undecipherable for most of the visitors he could reasonably expect to attend an exhibition in the English countryside. Major European languages such as English, German, and French are not represented here. Instead we find inscriptions in Japanese, Arabian, Spanish, Latin, Greek, and Russian. The result is a multifarious calligraphic impression in which textual elements are foreign and incomprehensible. It is as if Torriset is intensifying the problem of comprehension in order to force upon the observer a certain distance. While communication of a meaningful content seems important, it is nonetheless cryptic, hidden from the observer who expects that a visual expression will readily divulge its meaning.

Later, when I reflected upon these texts, I was reminded of the way hieroglyphs are referenced in phenomenologically oriented literature, such as Proust. Here hieroglyphs suggest a universal set of symbols. The figures represented by hieroglyphs carry an underlying meaning. In *Remembrance of Things Past* Proust writes:

*"I remembered – with pleasure [...] that already at Combray I used to fix before my mind for its attention some image which had compelled me to look at it [...] because I had the feeling that perhaps beneath these signs there*

For Proust er det kunstneren som i første rekke har til oppgave
å dechiffrere den boken som naturen utgjør. Torriset, derimot,
bruker de uforståelige tekstene i en slags lek med betrakteren.
Det er Torriset som bevisst lukker en forståelig og egentlig
tilgjengelig språkverden for sine betraktere. Han velger seg
nemlig ut meningsladede formuleringer som han siden hen sørger
for å få oversatt til fremmede språk. En hebraisk tekst viser
altså ikke nødvendigvis til et utsagn fra den jødiske tradisjon,
men er snarere å forstå som en målrettet kryptifisering av
et i og for seg tilgjengelig utsagn, som bare er dechiffrerbart
for den lykkelige betrakter som tilfeldigvis forstår hebraisk.
På denne måten får bildene et bevisst provokativt preg, men
jeg oppfatter dem ikke som elitistiske i tradisjonell forstand.
Tekstene er ikke skrevet for de språkmektige. Snarere markerer
de nettopp det hieroglyfiske ved vår omgang med tilværelsen.
De insisterer på at det finnes mening som i det store og hele
står fram som tildekket. Derved kan vi få inntrykk av at det
meningstapet vi lider under, er et betinget meningstap.

I St. Thomas a Becket-kirken i Fairfield stilles uforståelig tekst
sammen med engelske bibelsitater på de treplatene som tilhører
kirkens faste inventar. Alle tekstene, både de nye og de gamle,
er utført med stor årvåkenhet, og de er nøye innpasset i den
ovale, gitte form. Derved rettes oppmerksomheten ikke bare mot
samspillet mellom forståelig og uforståelig tekst, men også mot det
kalligrafiske samspillet mellom visualitet og tekst. Billeduttrykket
føyer seg på denne måten inn i en lang tradisjon som ikke minst
har vært kultivert innenfor islamske kulturområder, hvor
selve den visuelle utformingen av tekst tillegges vidtgående
betydning. Her tenker en seg gjerne at tekstens visualitet
tilfører utsagnet en form for utvidet meningsinnhold som
nettopp er forankret i visualitetens estetiske kraft. Det er
innenfor en beslektet ramme Torriset velger å arbeide.

Samspillet mellom visualitet og tekst kan også utnyttes på
andre måter. I det nye Universitetsbiblioteket i Oslo, hvor
836 relativt små bilder med øyne utgjør en hel fondvegg,
kommuniserer Torrisets eget billeduttrykk med tekstene som
fysisk befinner seg i bibliotekets samlinger. Det er nesten slik
at den nye billedveggen inngår i en slags installasjon, hvor
bibliotekets bøker utgjør billedveggens motstykke. På den måten
skaper han et samvirke mellom tekst og bilde som nettopp
understreker bildenes meningsproduserende potensial.

---

1    Marcel Proust, «Den gjenfundne tid», bind XII
     av *På sporet av den tapte tid*, overs. av Anne-Lisa
     Amadou, s, 218f. Oslo: Gyldendal.



For Proust it is primarily the artist who has the task
of decoding nature's book. Torriset, however, employs
incomprehensible texts in a sort of game with the observer.
It is Torriset who deliberately closes off a sphere of language
that might have been easily accessible. He has in fact selected
phrases heavy with meaning and then had them translated into
other languages. Just because a text is in Hebrew it doesn't
necessarily follow that it is of traditional Jewish origin. It
should rather be understood as the deliberate encryption of an
otherwise accessible phrase, which now can only be decoded
by an observer who by happy coincidence speaks Hebrew.
Although the paintings acquire in this way a provocative
aspect, I don't regard them as elitist in a traditional sense.
The texts are not aimed at linguists. Instead they are markers
of the role hieroglyphs play in our everyday lives. They
emphasize that there is a meaning, even though for most
part it may be obscured. From this we might conclude that
the loss of meaning we endure is, after all, conditional.

In the church of St. Thomas a Becket incomprehensible text
is juxtaposed with English biblical quotations on the panels
that permanently ornament the church interior. All of the
texts, new and old, have been executed with great precision,
carefully adapted to their oval frames. Our attention is
thereby drawn not only to the interplay of comprehensible and
incomprehensible text, but also to the calligraphic interplay
between the textual and the visual. In this sense, the art is
part of a long tradition that has been cultivated not least in
Islamic cultural regions, where the actual visual shape of text
is laden with significance. The notion here is that the visual
appearance of the text can add to it a supplementary meaning
anchored in the aesthetic power of the visual form. Torriset's
chosen expression falls within this frame of reference.

The interplay of visuality and text can also be exploited in
other ways. In the new University of Oslo Library Torriset has
arranged 836 relatively small pictures of eyes on a wall. Here his
artistic work is in communication with the texts collected on
the library shelves. It is almost as if the wall of eyes is part of
a larger installation, with the library books as a foil to the art.
There occurs an interaction between text and image that serves
to emphasize the potential of the pictures to produce meaning.

In each of these exhibitions, in the church at Fairfield, in
the University of Oslo Library, and in the National Gallery,
Torriset extends the bounds of his art to create meaning.

---

1    "Time Regained", in Volume 3 of *Remembrance
     of Things Past*, trans. Moncrieff, Kilmartin and
     Mayor, p. 912. London: Penguin (1981).

Oversiktsbilde / Installation view, Haugar Vestfold Kunstmuseum, 2011

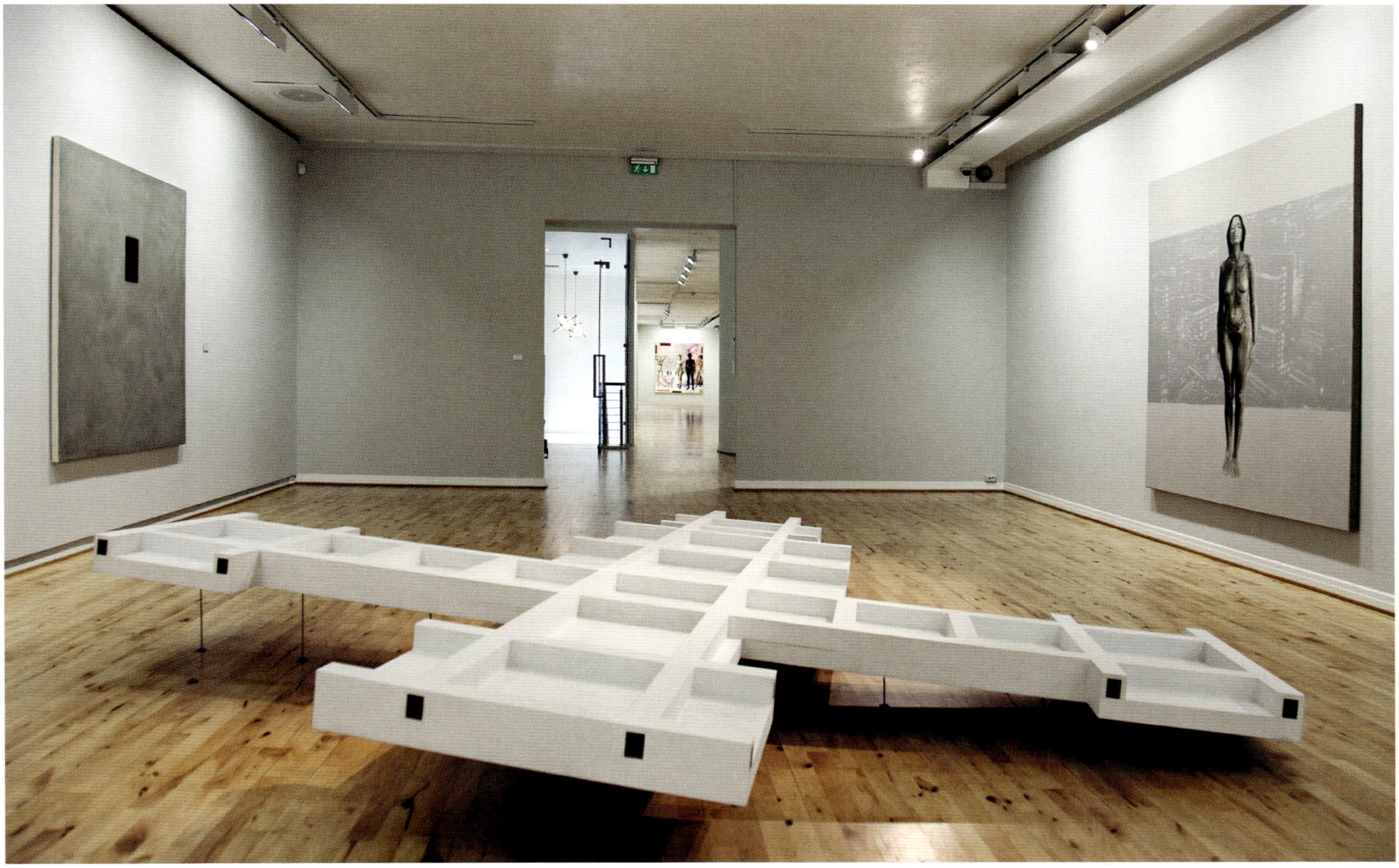

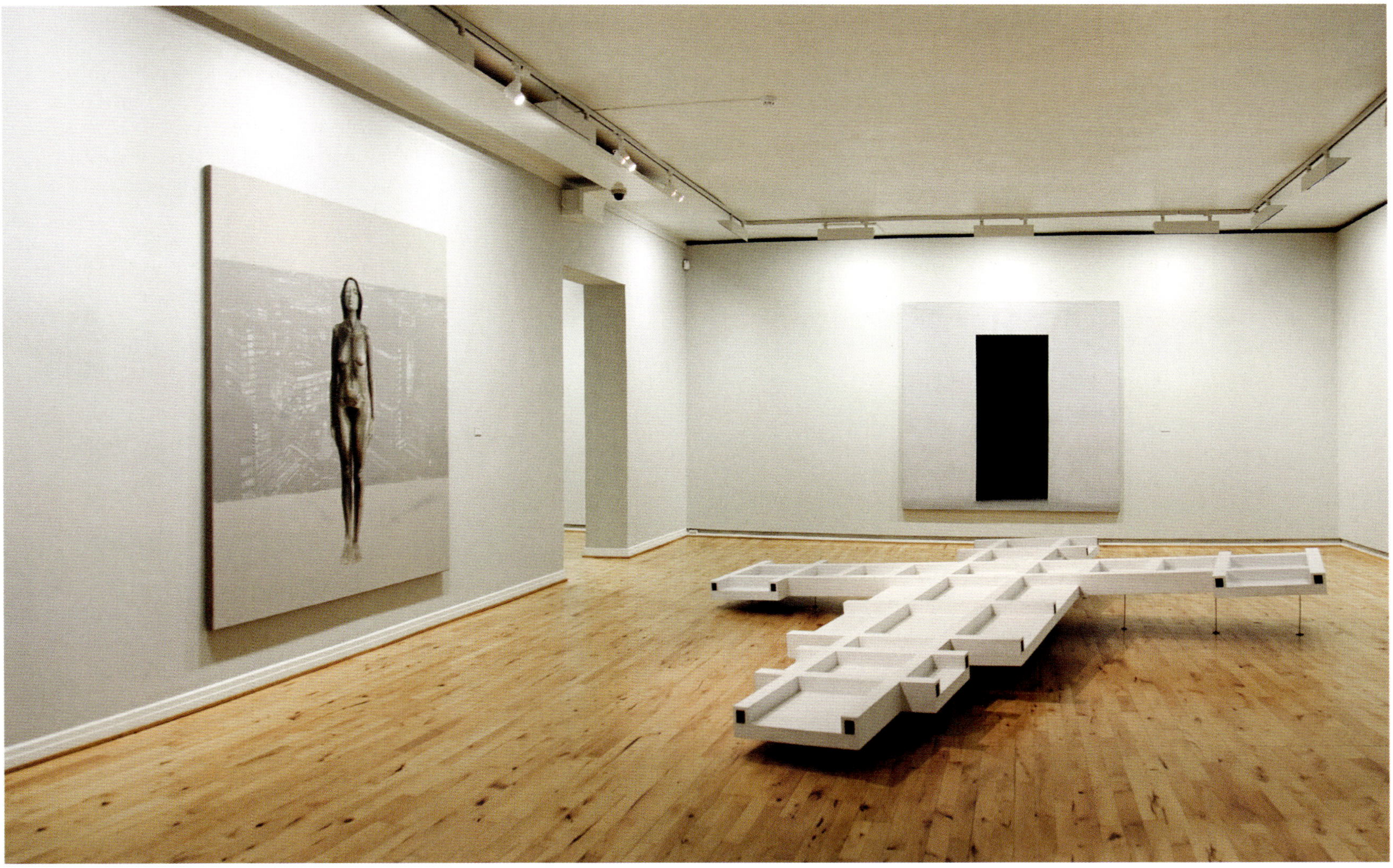

Både i Fairfield, på Universitetsbiblioteket og i
Nasjonalgalleriet går Torriset ut over sin egen kunst for
å skape mening, og han gjør det på måter som utfordrer
tradisjonell kunstforståelse. Også på dette punkt kan Proust
bidra til å gjøre prosjektet tilgjengelig når han skriver:

*«[…] sannheten begynner først i det øyeblikk forfatteren
tar to forskjellige gjenstander, etablerer en forbindelse
mellom dem som i kunstens verden tilsvarer den
unike forbindelse som kausalitetsloven representerer i
vitenskapens, og med samme nødvendighet som leddene
i en kjede lukker dem inne i en vakker stil […]»*[2]

Sammenstillingen av uttrykksformer som umiddelbart står fram
som ulike i forhold til hverandre, utgjør et karakteristisk trekk
ved Torrisets billedverden. Hvordan sammenstillingene blir til,
og hvorfor de blir slik de blir, kan ifølge Proust oppfattes som
utfordrende, kanskje endog for kunstneren selv: «Kunstneren må
hvert øyeblikk lytte til sitt instinkt», sier Proust. Han kan ikke
følge gitte regler, for kunstverket er å forstå som «en skaperakt
hvor ingen kan erstatte oss eller overhodet samarbeide med
oss.»[3] Dersom utgangspunktet er slik, kunne en faktisk komme
til å tenke at kunstnerens verden alltid vil beholde et innslag
av utilgjengelighet, så vel for kunstneren som for betrakteren.

Like fullt kommer vi ikke bort fra at Torrisets tekster faktisk
*er* meningsbærende, og at kunstneren velger sine tekster med
omhu. Tekstene gir oss følgelig små gløtt inn i de meningsunivers
som bildene kretser omkring. Et karakteristisk eksempel finner
vi nettopp i Fairfield. Den greske teksten er en oversettelse av
utsagnet: *På kanten av mørket åpner du munnen din.* Men hva
betyr en slik tekst? Hvor er mørket? Er det i oss eller utenfor
oss? Fører talen oss fra mørket eller til mørket? Og selve mørket,
er det positivt eller negativt ladet? Uansett hva ordene faktisk
bærer i seg av mening, er det verdt å merke seg at mørket er
et viktig tema. Det gjelder også teksten Torriset bruker på et
av de sentrale bildene fra utstillingen i Galleri K fra 2009.


# GALLERI K

Bildet som gjengis på utstillingsbrosjyren, gjengir en hebraisk
tekst, som altså ikke er et sitat fra Bibelen. Snarere kan det
oppfattes som et fortettet visdomsord, hvor mørket nok en gang
spiller en viktig rolle: *Og husk at du ser verdens lys gjennom det svarte
i pupillen.* Selve bildet som ledsager teksten, alluderer til verdens
lys gjennom skyformasjonen som nesten eterisk driver over en ren,
lyseblå himmel. Og som altså fanges opp av betrakteren gjennom
små, svarte pupiller. Men hva så? Hva sier pupillene om oss som
betraktere? Jeg vet ikke, bortsett fra at henvisningen til pupillene
knytter en slags ettertenksom uro til vår omgang med verden. Vi

---

2    Ibid., s. 231.
3    Ibid., s. 220.

and he does this in ways that challenge a traditional
understanding of what constitutes art. Here, too, Proust can
help us understand the artistic project, when he writes:

*"[…] truth will be attained by [the writer] only when he
takes two different objects, states the connexion between
them – a connexion analogous in the world of art to
the unique connexion which in the world of science is
provided by the law of causality – and encloses them in
the necessary links of a well-wrought style […]"* [2]

The juxtaposition of forms of expression which initially seem
to have little in common is a characteristic trait of Torriset's
art. Proust points out that it can be difficult to discern, even
for the artist, how these juxtapositions are arranged, and
exactly why they have the effect that they do: *"[At] every
moment the artist has to listen to his instinct"*, he writes. The
artist can't follow established rules, because he understands
the work of art as *an act of creation in which no one can do our
work for us or even collaborate with us."* [3] If this is so, it is logical
to conclude that inaccessibility will always play a part in the
artistic process, as much for the artist as for the observer.

All the same we can't ignore the fact that Torriset's texts are
imbued with meaning, and that he is very choosy in selecting
his texts. They therefore open for us small windows into the
universes of meaning which the art works inhabit. We can
find a typical example in the church of St. Thomas a Becket.
The following phrase has been translated into Greek: *On the
edge of darkness you open your mouth.* But what does it mean?
What is this darkness? Is it internal or external? Would an
utterance lead us away from darkness or towards it? And this
darkness, is it positively or negatively charged? Whatever the
words mean it is worth noting the significance of darkness
as a theme. This applies also to the text Torriset used in an
important painting in his Galleri K exhibition in 2009.


# GALLERI K

Incorporated into the painting, which was reproduced in the
exhibition brochure, is an Hebraic text. It is not, however, a
biblical quotation, but rather a pithy aphorism. Once again
darkness is central: *And remember you see the light of the
world through the black of the pupils.* The light of the world is
represented in the painting by the cloud formation that drifts
ethereally over a clear, blue sky – and that the observer then
perceives through small, black pupils. But what should we
make of this? What do our pupils say about us as observers?
I don't know the answer, but the allusion to pupils leaves me
with a disquieting sense of our relationship with the world.

---

2    Ibid., p. 924–5.
3    Ibid., p. 913.

kan kanskje si at teksten fører oss inn i et poetisk landskap med åpne henvisninger til det eksistensielle spillet omkring lys og mørke som har et nærmest endeløst potensial for meningsproduksjon.

I forhold til den tematikken vi så langt har omtalt, innfører de to utstillingene i Galleri K fra henholdsvis 2007 og 2009 nye tematiske anslag gjennom tilbakevendingen til en figurasjon som er nesten like fysisk påtagelig og distinkt som kvinnen på presentasjonsbrosjyren til *Ost–Vest*-utstillingen. Slik skiller disse figurasjonene seg klart fra Torrisets tidligere arbeider med menneskekroppen. Skikkelsene på Galleri K-utstillingene, nesten uten unntak kvinnelige aktstudier, er gjennomgående framstilt frontalt poserende, og er langt på vei fristilt fra hva en kan kalle et sosialt miljø. De foretar seg ingenting, de samhandler ikke med noen – de bare er der, foran en eller annen slags kulisse eller bakvegg. Derved skaper Torriset noe så egenartet som en form for ikke-naturalistisk naturalisme. Og nok en gang gjenfinner vi ledsagende tekster på et eller annet utilgjengelig språk.

Et karakteristisk trekk som kan oppfattes som gjennomgående i bildene på begge utstillingene, er at de framstilte aktørene forholder seg aktivt til betrakteren. De ser på oss, og vi ser på dem. Muligens dreier det seg om en slags identifikasjonsskikkelser, som er basert på kroppens mangehånde uttrykksformer. Bildene signaliserer på en særdeles tydelig måte at det er som kroppslige vesener vi orienterer oss i tilværelsen. Her spiller ikke bare synet og synligheten en avgjørende rolle, men også hudfarge og kjønn. Først og fremst skaper ulik hudfarge oppmerksomhet omkring hvem vi nå egentlig er, etter som hudfarge sier noe om selvforståelse og kulturell tilhørighet. Dessuten eksponeres kjønn som identitetsmarkør gjennom skikkelsenes nakenhet. Men hvis kjønn er et viktig tema, må en lure på hvor mannen er blitt av i Torrisets prosjekt. Og når han først dukker opp, er han enten mørkhudet eller noe så aparte som et oransje hode på en hvit kvinnekropp.

Den sistnevnte akten fra Galleri K-utstillingen i 2007 er vel verdt et nærmere studium. Umiddelbart virker det som om bildet insisterer på sin egen utilgjengelighet. Det mest påfallende er nettopp kvinnekroppen som er påsatt et mannshode. Hodet tilhører en middelaldrende person som er vennlig, men anonym, vi kunne kanskje si ordinær i sitt utseende. Sammenstillingen vekker umiddelbart en form for uavklart og uforløst ubehag. For det dreier seg ikke om en typisk androgyn skikkelse, som tross alt er gjenkjennelig; snarere får en inntrykk av at de to ulike kjønnene nesten umotivert stilles sammen i en person. Videre merker vi oss at speilbildet i vannet preges i første rekke av bølgebevegelser som er iverksatt av personen selv. For øvrig består bildet av tre ulike motiv: en arabisk tekst, en svart sirkel og en trekantformet konstruksjon som er bygget opp som varianter av et omfattende rutenett i svart-hvitt.

Nå viser det seg at den arabiske teksten betyr: *Og elven renner begge veier.* Utsagnet gir best mening om en forestiller seg at

With its broad allusions to the existential play of light and darkness, the text leads us into a poetic landscape where there is an almost limitless scope for interpretation.

Torriset's two exhibitions at Galleri K in 2007 and 2009 reveal a new tendency in his work, a return to the figurative in ways that are as physically tangible and distinct as the female nude in the *Ost–Vest* exhibition mentioned earlier. And this distinguishes his new figurative paintings from earlier works using the human body. The Galleri K figures, almost exclusively female nudes, are all set in poses facing forward and apparently more or less free of any social context. They don't perform any act or interaction – they are just *there*, in front of some sort of scenery or background. In this way Torriset creates something very unusual – a kind of non-naturalistic naturalism. And once again we find accompanying texts in inaccessible languages.

One characteristic feature common to the works in these two exhibitions is that the actors in the paintings actively engage the observer. They look straight at us, as we look straight at them. Perhaps they are meant to be figures with whom we can identify, not least through the diverse body shapes and shades. The paintings also strongly remind us that it is as corporeal beings that we find our bearings in the world. Not only do vision and visibility play important roles, but so do skin colour and gender. Skin colour is inextricably linked to our self-image and to our cultural affiliation, so differences in skin colour concentrate our attention primarily on who we really are. Gender is also an obvious identity marker, as the figures are naked. But if gender is an important theme here, one has to wonder why there are so few men in Torriset's project. And if a man does show up he is either dark-skinned or strange – for example, an orange head on a white woman's torso.

This peculiar nude from the 2007 exhibition at Galleri K is worth a closer look. Initially it seems that the striking image of a man's head on a woman's body is inherently inaccessible. The head is that of a middle-aged person with an appearance that, while friendly enough, is anonymous and ordinary. The juxtaposition provokes a feeling of unresolved discomfort. For this is not a typical androgynous body, something we would readily recognize; instead one gathers the impression that the two genders have almost been coerced into this single figure. We also note that the reflected image in the water is disturbed by waves that the person has set in motion. Other elements in the painting are an Arabian text, a black circle, and a triangular structure consisting of variations on a grid of black and white cells.

The Arabian text translates as *And the river runs both ways.* It is perhaps best understood as a statement by the person in the water, looking first in one direction then in the other. It might serve as a reminder that existence runs towards us and away from us. The triangle in the upper left quadrant has as

en selv står i vann, og ser elven vekselvis den ene og den andre veien. Det kan minne om at tilværelsen kommer til oss, og at den går fra oss. Trekanten i øvre, venstre billedfelt refererer til et kart av sydspissen på Manhattan fra begynnelsen av 1800-tallet. Og den svarte sirkelen avleder sin betydningsverdi fra den fullkomne form som her trer fram som svart masse. Formen kan peke i retning av en type mystisk religiøsitet. Torriset selv peker på en strofe av Henry Vaughan (1622–95): *There is in God [...] A deep, but dazzling darkness.*

Disse referansene kan til sammen markere retningen på et tolkningsperspektiv. I lys av terrorhandlingen den 11. september 2001 kan bildet tilkjennes en slags apokalyptisk grunntone med særlig vekt på forgjengelighetens ufravikelighet. Flystyrtene lever videre på så mange måter. De minner ikke minst om en menneskelig sårbarhet, og har nesten forårsaket en endring av vår kollektive bevissthet. Personen som lager seg ringer i vannet, knyttes til den samme tematikken ved at innskriften fastholder at hvert enkeltmenneskes lille univers er underlagt flyktighetens uavvendelige lov.

Dersom en verken kjenner Manhattan-referansen, den mystiske lesningen av den svarte sirkelen eller innskriftens betydning, er det nærliggende å antyde at bildet først og fremst målbærer en fremmedhetsfølelse: fremmedhet overfor seg selv, fremmedhet overfor skriftlig formidlet innhold og fremmedhet overfor en teknifisert eller i alle fall kulturelt betinget verden, som snarere står fram som formørket enn opplyst.

Begge disse tolkningsretningene kan gi inntrykk av at bildet er dypt pessimistisk på menneskenes vegne. Likevel kan det ikke være tvil om at en del av kvinneskikkelsene på utstillingene, særlig de mørkhudete, også formidler en form for umiddelbarhet og opprinnelighet som står i kontrast til det nyss omtalte bildet. Kullbekken og måltid ved bål som dukker opp på enkelte bilder, gir udelt positive assosiasjoner. Samtidig peker språkformene som Torriset velger på sine bilder, mot gamle og til dels døde kulturer. Den positive ladningen som knyttes til noe opprinnelig, noe ekte, og som kobles sammen med gamle kulturtradisjoner, kan ikke være tilfeldig. Torriset gir inntrykk av å næres av en dragning mot slike aspekter som tross alt har vært mer tilgjengelig utenfor enn innenfor vår egen kulturkrets. På den måten brytes vår egen fremmedhetsfølelse mot en annen form for fremmedhet som finnes i andre kulturer enn vår egen, og som det kan være verdt å utforske. Det er slike møter bildene inviterer oss inn i.

Dette betyr ikke at jeg oppfatter Torrisets kunst som nostalgisk. Jeg tror ikke han ønsker seg bort fra sin egen samtid. Men han slår seg heller ikke til ro i nåtiden. På et av hovedbildene fra utstillingen på Galleri K fra 2009 gjengir han fire aktstudier som er plassert ved siden av hverandre i mer eller mindre tydelig poserende stillinger. De har alle afrikansk opprinnelse, men likevel med ulik hår- og hudfarge. Denne gangen er også en mannsperson i helfigur

it source an early nineteenth-century map of the southern tip of Manhattan. And the black circle draws its level of meaning from association with the perfect form. The form suggests a type of mystic religiosity. Torriset has himself indicated the significance for him of a line by poet Henry Vaughan (1622–95): *There is in God [...] A deep, but dazzling darkness.*

Together these references might indicate the direction an interpretation might take. The terror strikes on Manhattan on September 11th 2001 impart to the painting a fundamental tone of apocalypse, with particular emphasis on the inexorable transience of life. The destruction of the planes that day continues to haunt us in so many ways, not least in how it made us aware of our vulnerability, a reminder so shaking it almost caused a shift in our collective consciousness. The person creating rings in the water is embraced by this theme, the inscription affirming that every individual's personal universe is subject to the unavoidable law of transience.

If one approaches the work with no knowledge of the Manhattan references, the mystical interpretation of the black circle, or the meaning of the text, one might imagine that the theme of the painting is alienation: alienation from one's self, alienation from meaning that is conveyed textually, and alienation from a world that is determined to such a large degree by technology, or at least culture, that it seems to us more a beacon of darkness than of light.

Both of these interpretations can give us the impression that the picture is deeply pessimistic about humanity. In contrast to this painting, however, is the immediate and primitive content conveyed by some of the female figures in the exhibition, in particular the dark-skinned ones. The image in several paintings of coal braziers and a meal taken at an open fire awakens only positive associations. In addition Torriset chooses to set the texts in these works in languages from ancient and even, in some cases, dead cultures. It can't be merely coincidence that the pictures seem to draw on the positive charge that builds up around the primitive and the authentic, and by extension the ancient cultures in which that might have been found. Torriset certainly gives us the impression of being attracted by these traits, which have after all been much more readily accessible outside than inside our own cultural traditions. Our own sense of estrangement is tempered when it is exposed to the foreignness of cultures that are different from our own. The paintings invite us to take part in these encounters.

This does not mean that I regard Torriset's art as nostalgic. I don't believe he wishes to escape from contemporary culture. But neither is he at ease in it. In one of the most important works in the 2009 exhibition at Galleri K four nudes are placed alongside each other in more or less obviously arranged poses. All are of African origin, though with different hues of skin and

inkludert i gruppen. Ved nærmere ettersyn tiltrekker de to midtfigurene seg særskilt oppmerksomhet: Den rødhårede kvinnen med tydelige afrikanske ansiktstrekk har nemlig hvitaktig hud, mens den andre midtfiguren er delvis overmalt, eller besitter en slags flekkete hudfarge. På denne måten viderefører Torriset sin interesse for hudfarge ved å reise enda mer nærgående spørsmål som har med identitet å gjøre enn han har gjort tidligere. Hvem er vi? Hvem vil vi være, og hvem kan vi være? Samtidig driver han oss målrettet ut i nytt og åpent landskap. Døren åpnes aldri så lite på gløtt, ikke bare mot kulturer vi ikke kjenner, men også mot en fremmedhet som kanskje er hinsides ethvert kulturuttrykk.

Spørsmålet er om dette annet overhodet lar seg innholdsbestemme. Vi har tidligere registrert at både i tekster og bilder er kunstneren mer opptatt av å reise spørsmål enn å angi svar. Jeg tror det er helt karakteristisk at tekstene Torriset benytter seg av, på sin måte vedlikeholder den spørrende holdningen. De holder oss fast i sin egen uutgrunnelighet.

Når det er sagt må vi likevel ikke glemme at billedtekstene tross alt har en betydning, og at han på to av utstillingene velger å la sine egne spørrende univers gå i dialog med eksplisitt religiøs kunst. Den ligger til gjengjeld utenfor hans egen kunstneriske produksjon. Torrisets kunst blir på den måten ikke religiøs i pregnant forstand, selv om den stadig kretser omkring de store livsspørsmålene.

Graham Greene gjengir i *Makten og æren* en tankevekkende dialog:[4]

> – Husker De hvordan det var her før i tiden […]?
> – Ja, det gjør jeg vel.
> – Hvor lykkelige folk var den gangen.
> – Var de det? Det merket jeg ikke.
> – I allefall hadde de – Gud.

Graham Greene er seg selv lik. Han er ikke nostalgisk i den forstand at han prøver å gi inntrykk av at i gamle dager var alt på stell, i motsetning til nå. Likevel er han tydelig på at religion hadde andre kår i tidligere tider, og at dette representerer en avgjørende forskjell.

Også Torriset peker ut en retning gjennom sine bilder som er umiskjennelig. Det betyr ikke at han gir inntrykk av å forvalte svarene. Men det er som om han insisterer på at svar finnes – utenfor hans egen kunst. Disse svarene har med religion å gjøre. Og så føyer han til: Det viktigste jeg vet om dem, er at de aldri kan bli lettkjøpte.

hair. A man in full figure is also included in the group. But it is the two central women that arrest our gaze. The red-haired woman with African facial features has white skin, while the other woman is either partially body-painted or has some form of mixed pigmentation. Torriset's fascination with skin colour is here extended to embrace fundamental questions of identity. Who are we? Who do we wish to be and who can we be? At the same time the artist is moving us determinedly out towards new, open horizons. The door is opened ever so slightly, not only to give us a glimpse of unfamiliar cultures, but also of a strangeness that may well be beyond any cultural expression.

It is an open question whether or not the meaning of this otherness can be adequately interpreted. Earlier we noted that both in his texts and pictures the artist is more concerned with posing questions than offering answers. In my opinion it is wholly characteristic of Torriset that the texts he selects maintain this questioning attitude. They bind us with their sheer unfathomability.

It is nevertheless important to keep in mind that the texts do carry a meaning, and that in two of his exhibitions Torriset chooses to juxtapose his own questioning universe with explicitly religious art. All the same explicit religious expression lies outside his own production. Torriset's art is not intrinsically religious, even though it constantly orbits the larger questions of existence.

In *The Power and the Glory* Graham Greene writes this thought-provoking dialogue:[4]

> 'You remember this place before […]?'
> 'I suppose I do.'
> 'How happy it was then.'
> 'Was it? I didn't notice.'
> 'They had at any rate – God.'

This is typical Graham Greene. He is not nostalgic in the sense that he would have us believe that everything was better in the good old days. He is nevertheless struck by the fact that religion used to play a larger role, and that this made a decisive difference.

Torriset also uses his art to point us in a direction that is unmistakeable. This does not mean that he feels he has all the answers. It is more that he insists that answers do exist – somewhere beyond his art. These answers belong to a religious sphere. And then he adds for good measure: The most important thing I know about them is that they are never easily attainable.

4    Graham Greene, *Makten og æren*, overs. av Peter Magnus, (Oslo: Cappelen, 1967), s. 13.

4    Graham Greene, *The Power and the Glory*, (London: Penguin 1971), p. 15.

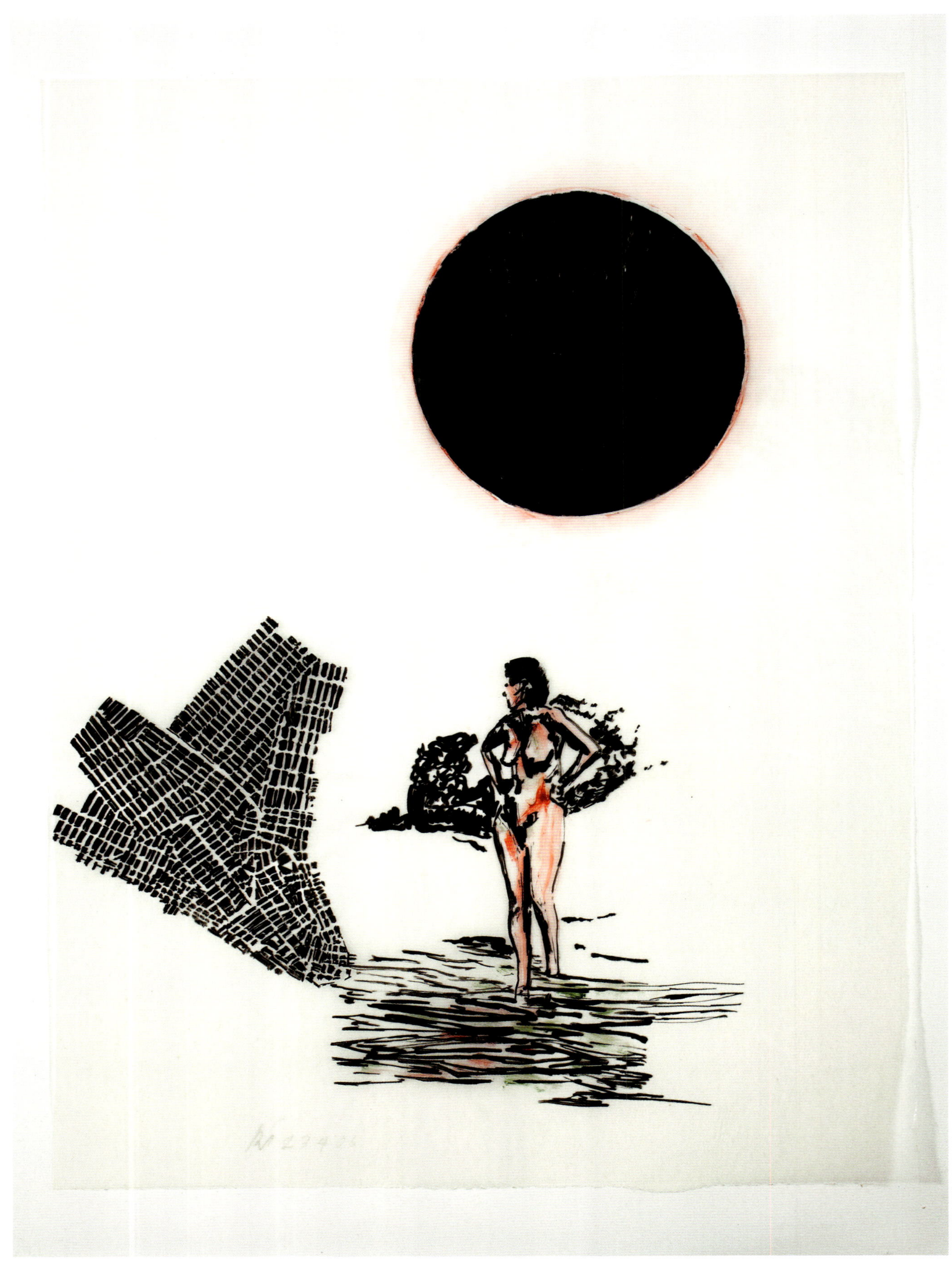

TIDE AND THE STONE
KT 23406
50 x 37 cm

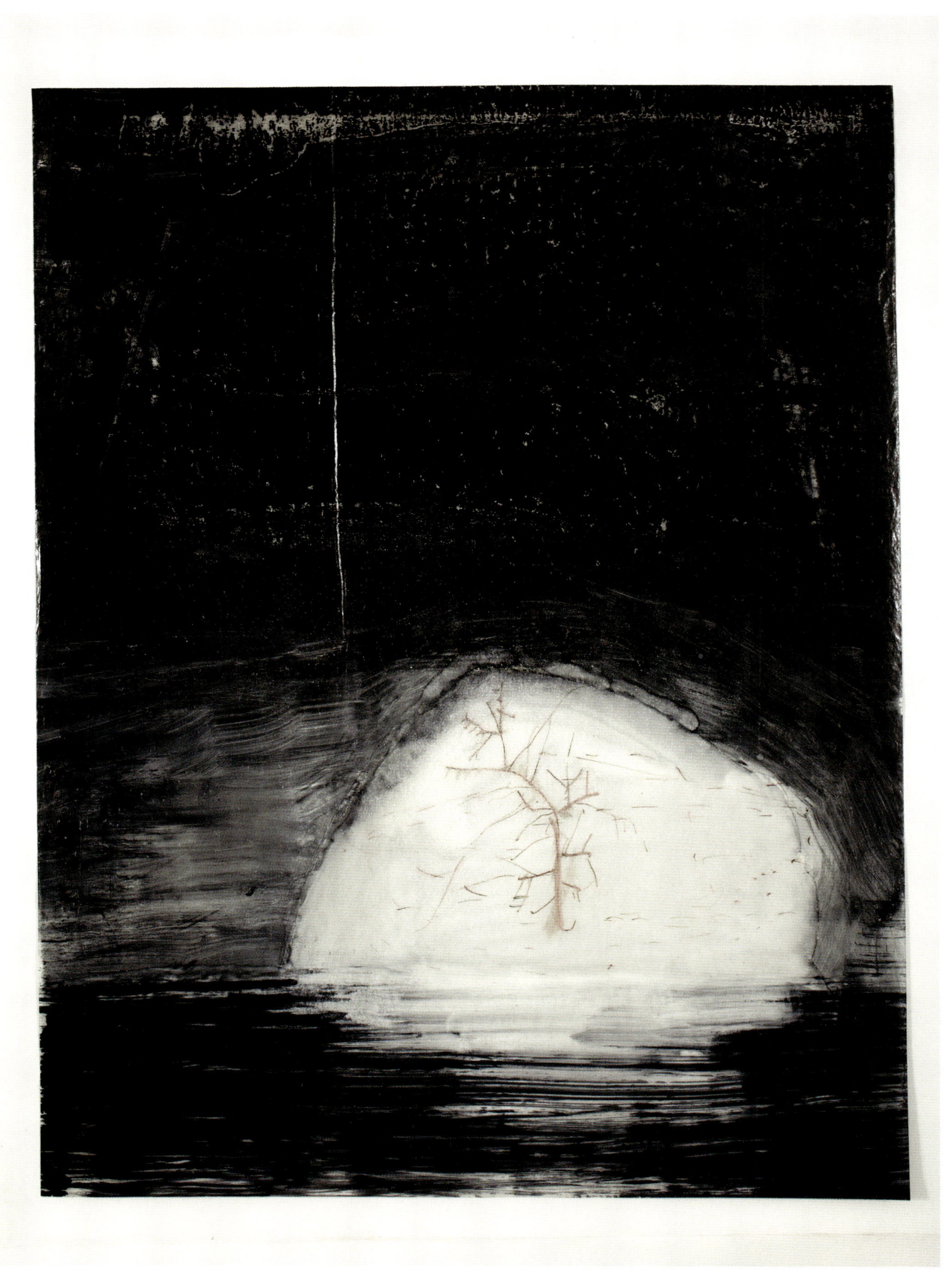

OVERVINTRING
**KT** udatert / undated
50 x 37 cm

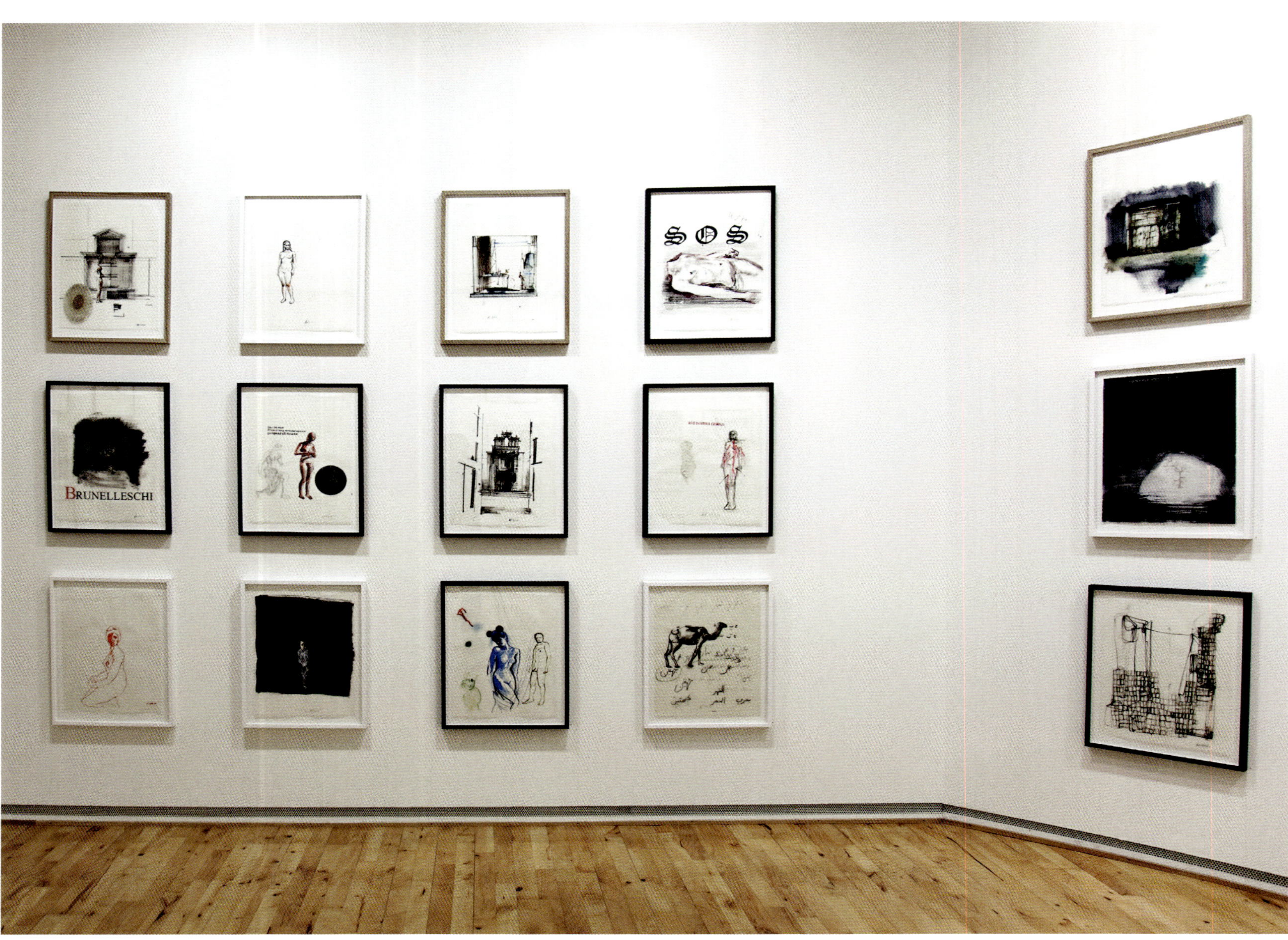

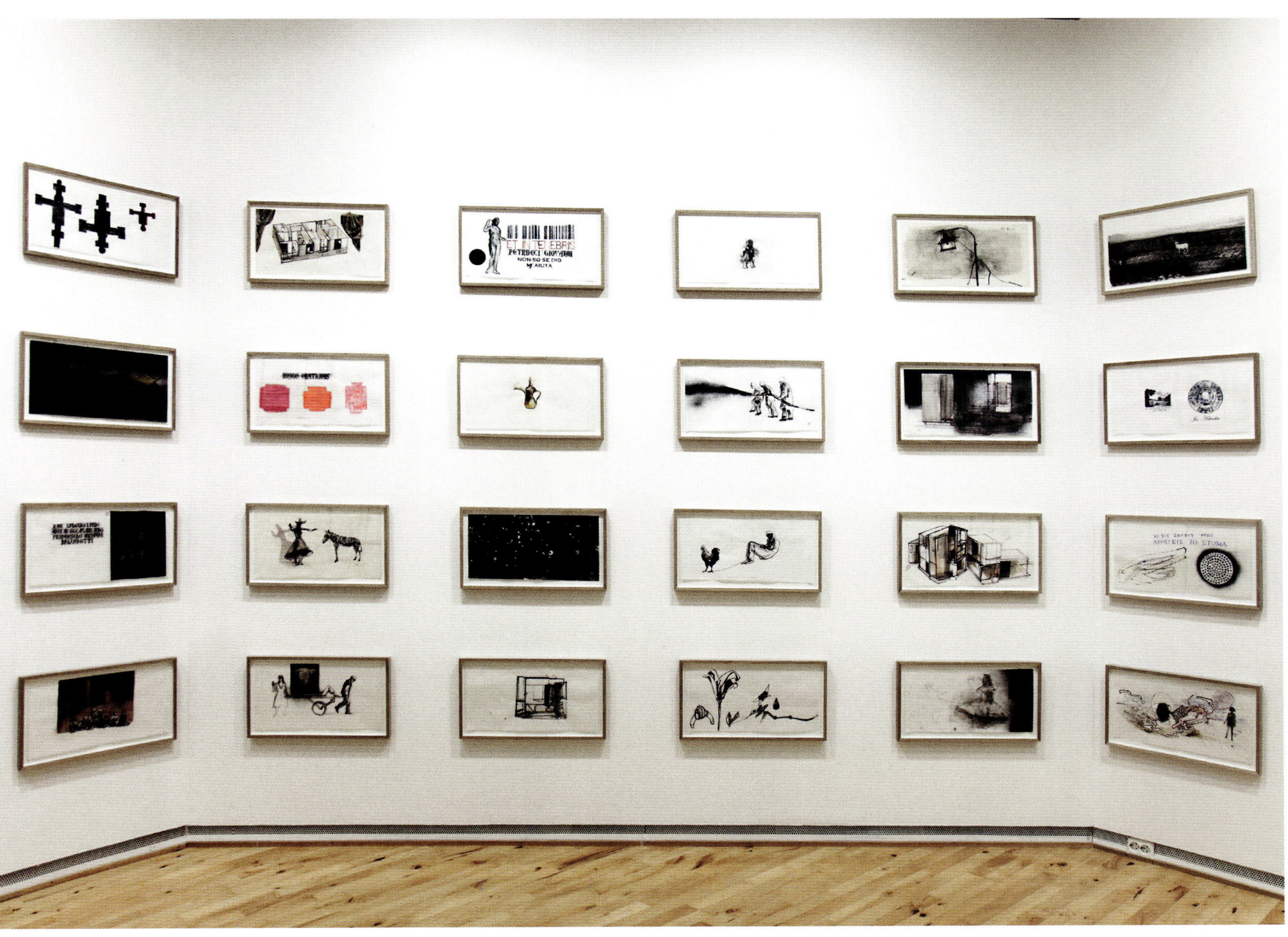

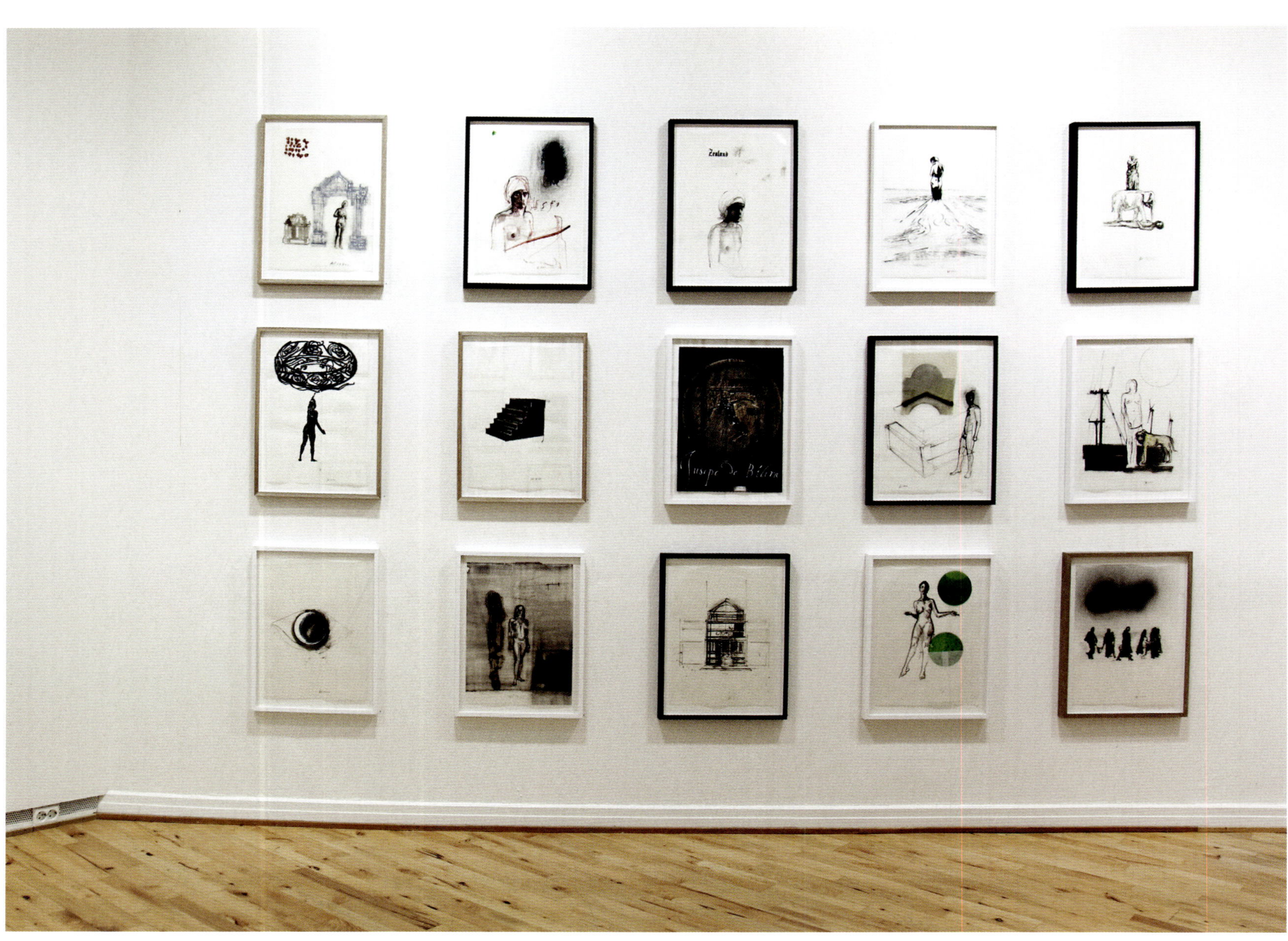

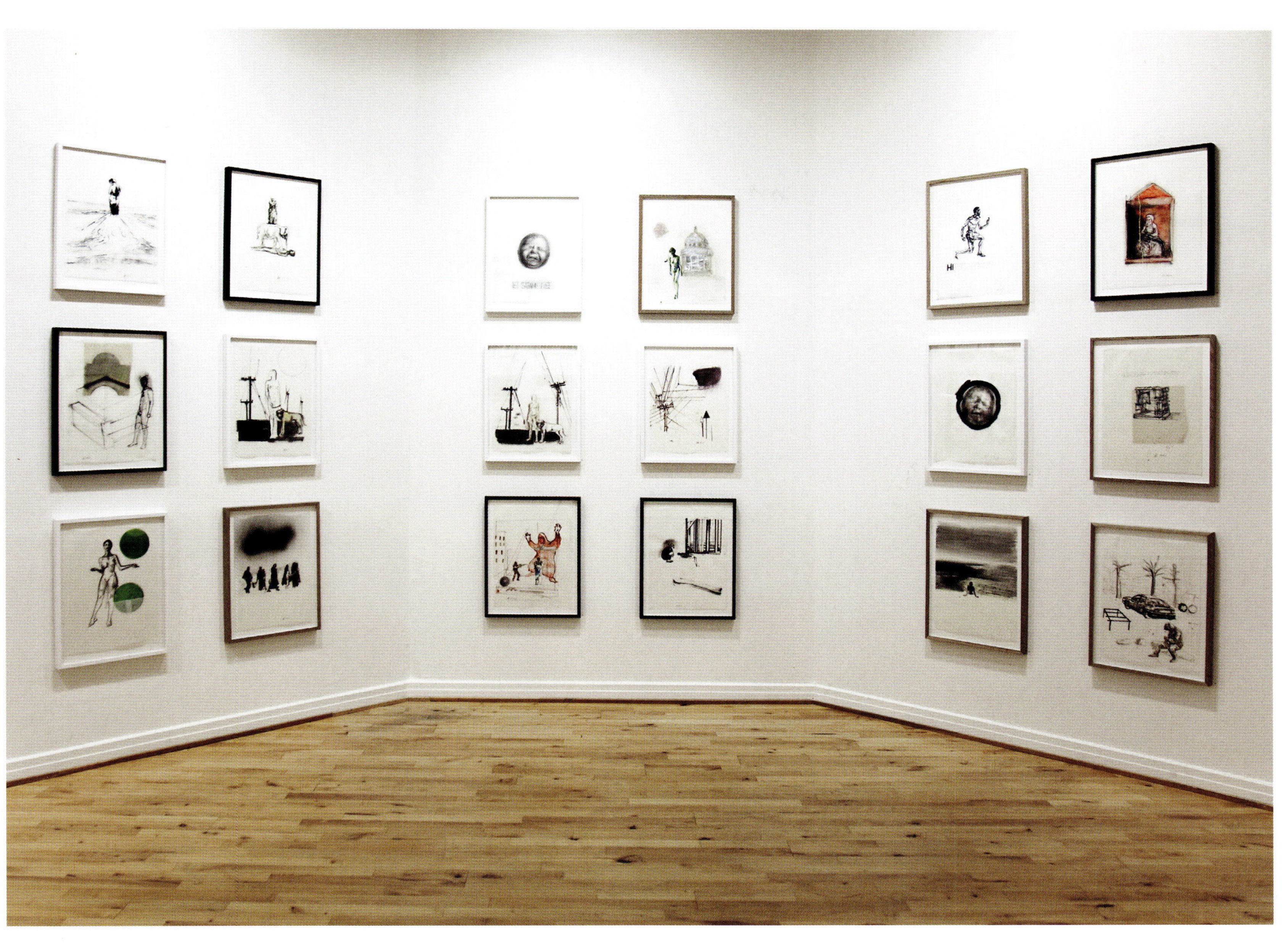

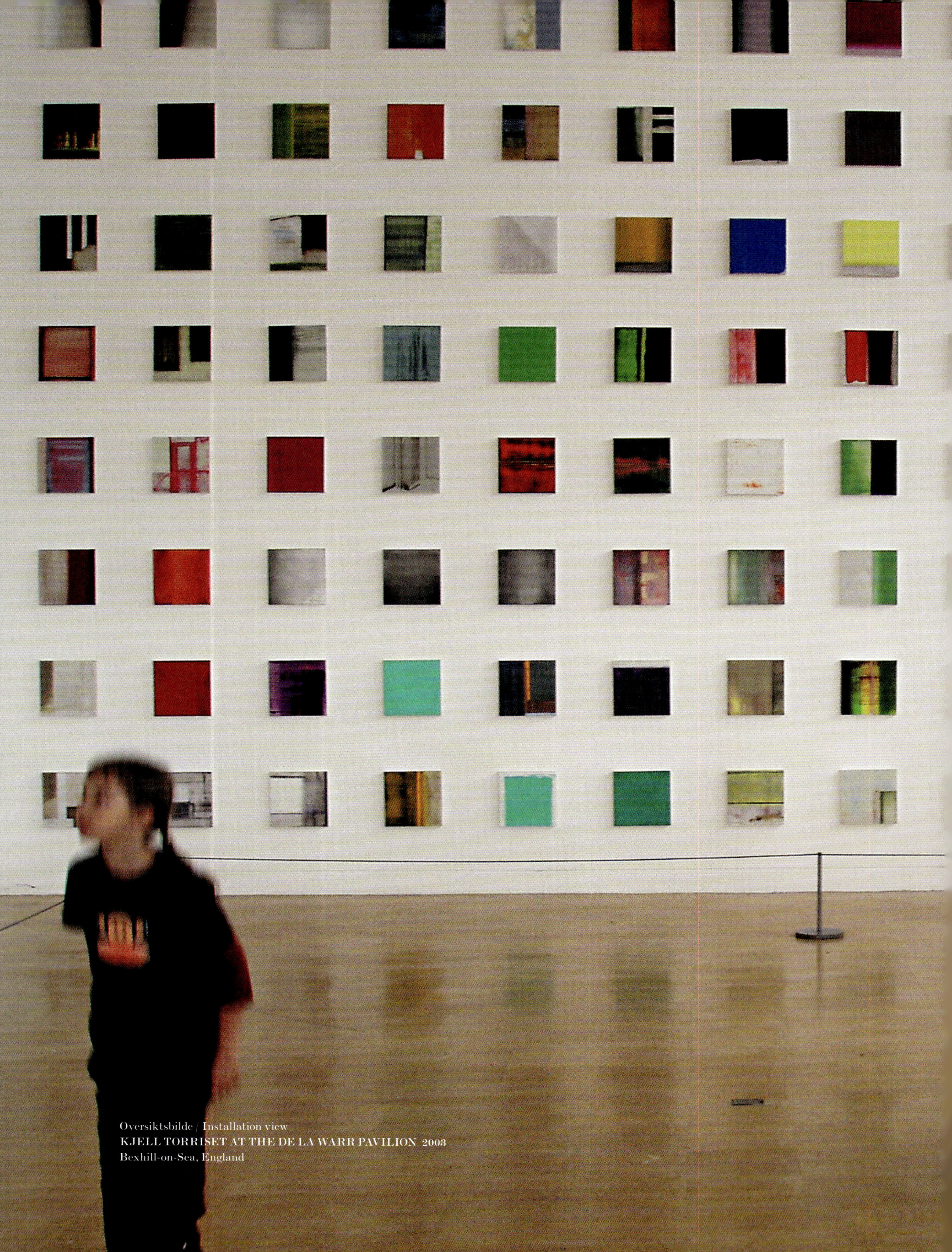

Oversiktsbilde / Installation view
KJELL TORRISET AT THE DE LA WARR PAVILION  2003
Bexhill-on-Sea, England

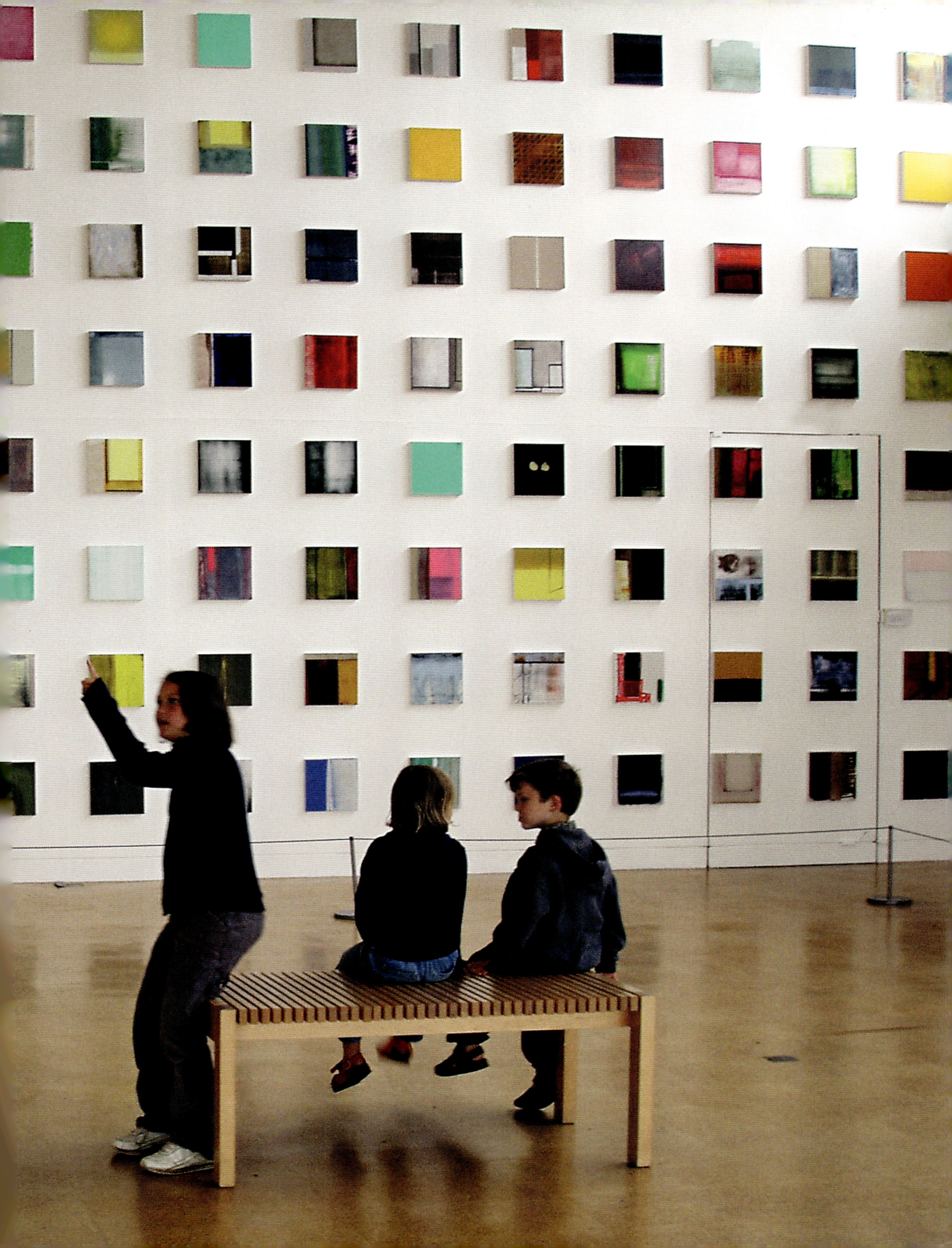

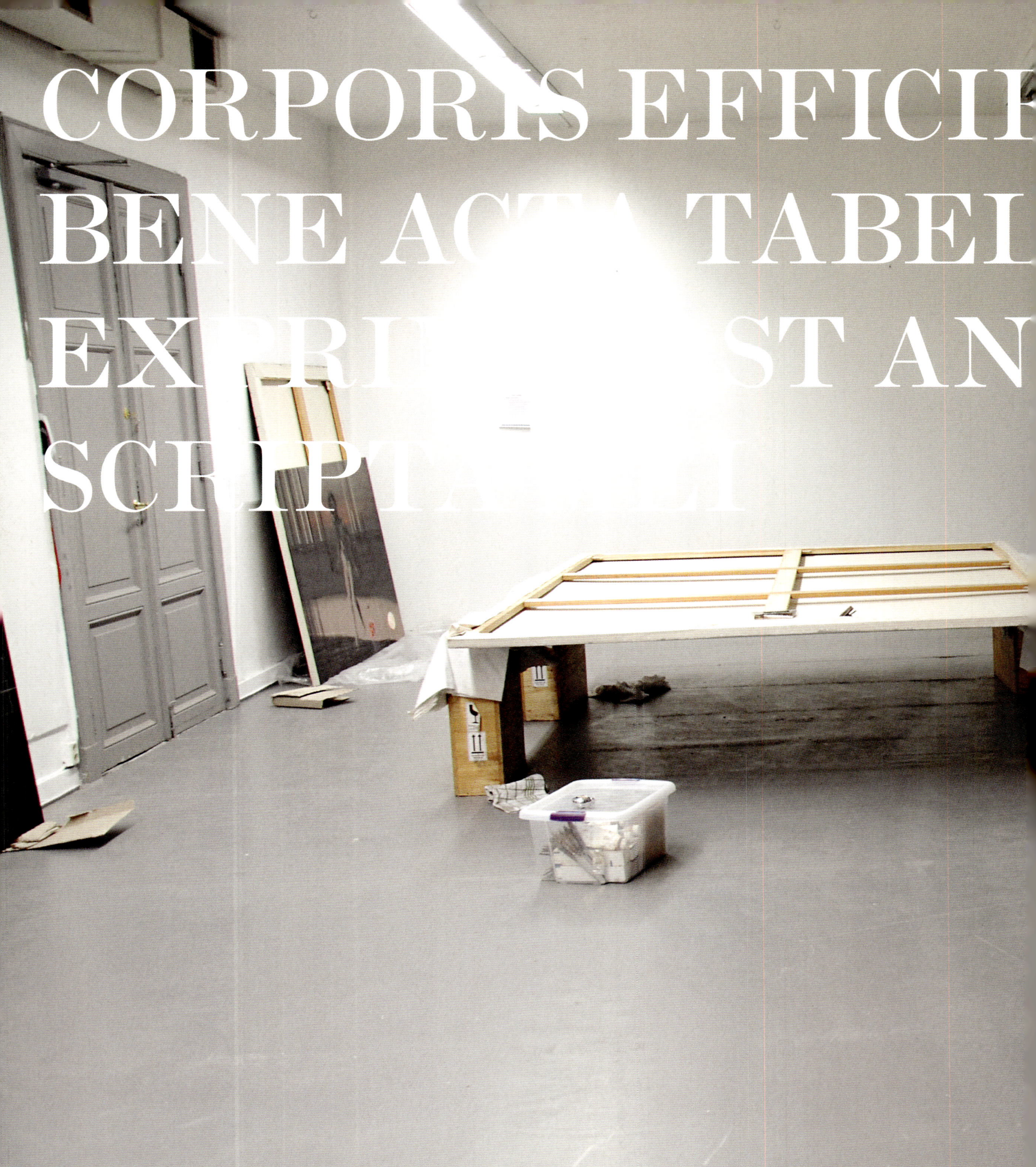

CORPORIS EFFICIE
BENE ACTA TABEL
EXPRIME      ST AN
SCRIPTA

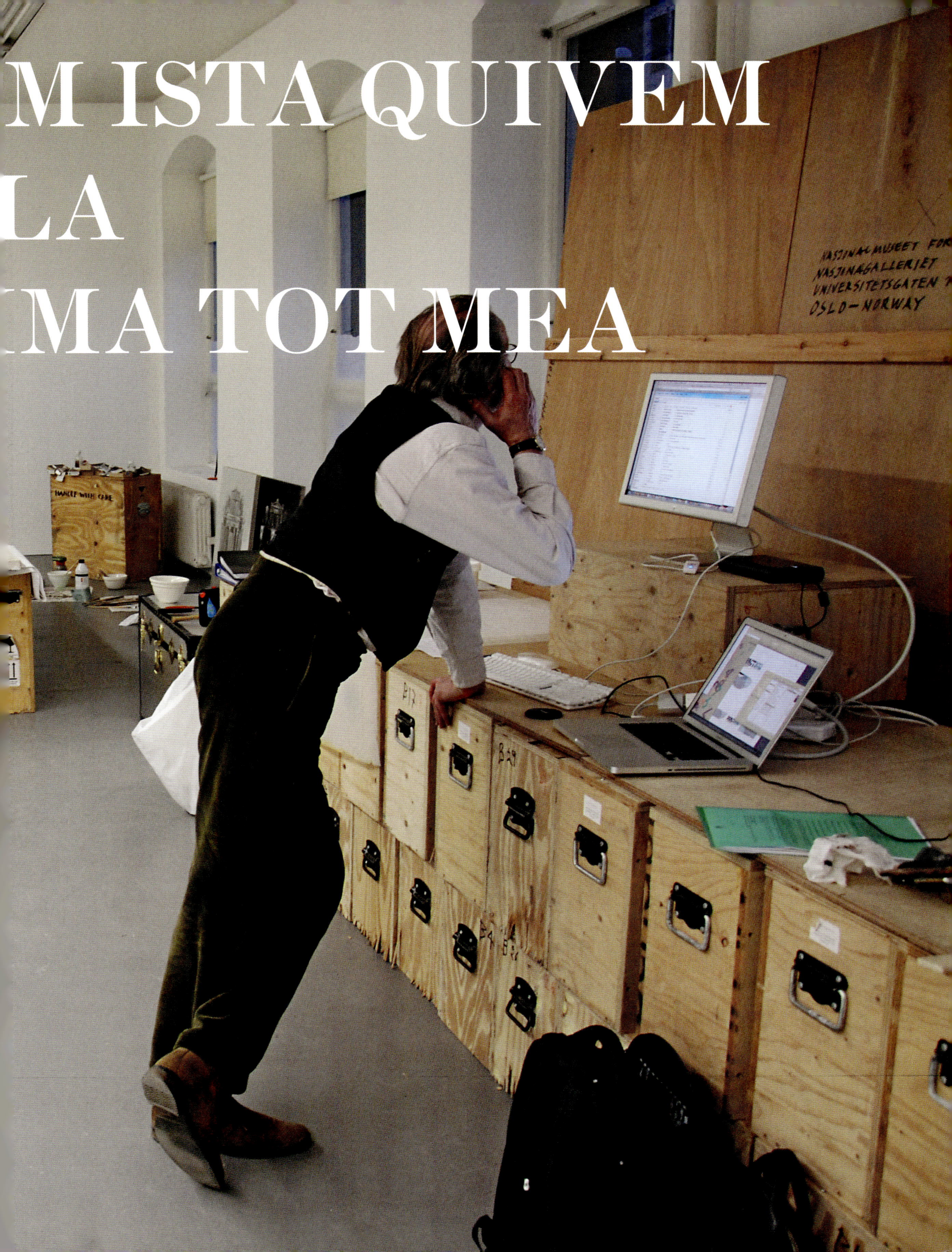
M ISTA QUIVEM
LA
MA TOT MEA
NASJONALMUSEET FOR
NASJONALGALLERIET
UNIVERSITETSGATEN
OSLO-NORWAY

EDUCATION / UTDANNING
Residency at Rockefeller Foundation,
Italia (1996)
Artist in Residence, 369 Gallery, Edinburgh
(1989–90)
Statens Kunstakademi, Oslo (1974–78)
Brighton Polytechnic (1973–74)
St. Martin's School of Art, London (1970–73)
Sir John Cass College, London (1968–70)


SOLO EXHIBITIONS /
SEPARATUTSTILLINGER
*Geometry and Flux*, Haugar Vestfold
Kunstmuseum (2011)
Kube Museum, Ålesund (2011–2012)
*Dersom dette ikke er virkelig*,
Kunstnerforbundet, Oslo (2011)
Galleri K, Oslo (2009)
University Gallery and Baring Wing,
University of Northumbria,
Newcastle upon Tyne (2008)
Galleri K, Oslo (2007)
Art in Romney Marsh. *Fairfield Dialogues*,
Installation St. Thomas a Becket church,
Fairfield, Kent (2005)
*Dialoger (3) Øst – Vest*, Nasjonalgalleriet,
Oslo (2004)
Galleri Sverdrup, Universitetet i Oslo (2004)
Jazzfestivalen i Molde, Molde kunstforening
(2004)
*Kjell Torriset at the De La Warr Pavilion*,
Bexhill-on-Sea (2003)
*From Where I am Standing*,
Kunstnerforbundet (2002)
Galleri Norske Grafikere, Oslo (2002)
ONS kunstner. Stavanger kunstforening
(2002)
Hå Gamle Prestegaard, Rogaland (2002)
Finsk-Norsk Kulturinstitutt, Oslo (2001)
Grafikens Hus, Mariefred (2000)
Galleri s.e., Bergen (2000)
Baroniet i Rosendal, Hardanger (2000)
*Second Nature* Astrup Fearnley Museet, Oslo
(1999–2000)
Ålesund kunstforening (1998)
Ian MacKenzie Fine Art, London, (1997)
Galleri Blanche, Stockholm (1995)
Kunstnernes Hus, Oslo (1994)
Galleri Blanche, Stockholm (1993)
Nigel Greenwood Gallery, London (1992)
Festspillutstiller, Festspillene i Bergen (1992)
*Etterbilder 1990–92*, Museet for
Samtidskunst, Oslo (1992)
369 Gallery, Edinburgh (1990)
Galleri K, Oslo (1990)
Galleri Blanche, Stockholm (1990)

Forum Art Fair, Hamburg (1989)
Galleri Langegaarden, Bergen (1988)
Galleri K, Oslo 1985. Galleri K, Oslo (1987)
Bergen Kunstforening (1983)
Trondhjems Kunstforening (1983)
Kunstnerforbundet, Oslo (1982)
Galleri 27, Oslo (1980)
Aalesund Kunstforening ( 1980)


GROUP EXHIBITIONS /
KOLLEKTIVUTSTILLINGER
*Salt* (Gift project #4), collaboration with
Clare Whistler, St. Leonards 2010
*TAMA – Offergaver og kriserite*, Hamar
Domkirkeruiner og Trondheim Bispegård
(2009)
Finsk-Norsk Kulturinstitutt (2002)
Norsk Design Forum, Villa Stenersen, Oslo
(2002)
*Small Miracles*. Miracles, Edinburgh (1998)
*Host*. Hastings Museum and Art Galleries,
(2001)
Lonsdale Gallery, Toronto (1997)
*Høstutstilling*, Galleri K, Oslo (1997)
*Internasjonalt og norsk maleri fra Astrup
Fearnley Museet for Moderne Kunst*,
Bergen Billedgalleri (1995)
*Vestenfor Måne*, Astrup Fearnley Museet for
Moderne Kunst, Oslo (1994)
*Desemberutstillingen*, Trondhjem
Kunstforening (1994)
*Møremalere*, Aalesund Kunstforening (1993)
*Five Norwegian Painters* – Rouen (1992)
*Inquiry into* – Selected by Rose Frain, 369
Gallery, Edinburgh (1991)
*Northern Horizons* – Contemporary Art from
Norway, 369 Gallery, Edinburgh (1989)
*Norsk Kunst*, Göteborg Kunstmuseum
(1987)
Galleri F-15, Moss (1987)
*Kunst in Norwegen Heute/Art in Norway
Today* Neue Gallerie Samlung Ludwig,
Aachen – Royal College of Art, London –
Amersfoort, Berlin – Bratislava.
Galleri K, Stockholm Art Fair (1986)
*Profiler 84* Kunstnerforbundet, Oslo (1984)
*Sesjon 83* Kunstnernes Hus, Oslo (1983)
*Heute Norwegen Heute*, Kiel, Darmstadt
(1981)
*XI Festival International de la Peinture*
Cagnes-Sur-Mer (1979)
*First British International Drawing Biennale*
(1973)

PUBLIC COMMISIONS /
UTSMYKKINGER
Universitetsbibliotektet, Georg Sverdrups
Hus, Oslo (1999)
Nasco, Edinburgh (1991)
Oljedirektoratet, Ullandhaug, Stavanger
(1987)
Norsk pedagogisk Studiesamling,
Universitetsbiblioteket, Oslo (1984)
Radiumhospitalet, Oslo (1984)
Tafjord Kraft, Aalesund
Royal Norwegian Embassy, London
Ås Landbrukshøyskole, Ås
Tekna, Oslo
Radiumhospitalet, Oslo


OPERA/THEATER
Scenografi og kostymer / Set design and
costumes Wagner: *Siegfried*, Longborough
Festival Opera (2011)
Scenografi og kostymer / Set design
and costumes Wagner: *Die Walküre*,
Longborough Festival Opera (2010)
Scenografi og kostymer / Set design
and costumes Wagner: *Das Rheingold*,
Longborough Festival Opera (2006) (2007)
Scenografi og kostymer / Set design and
costumes Jon Fosse: *Sonen* og / and *Mor og
barn*, Nationaltheatret, Oslo (1997)


PUBLIC COLLECTIONS /
OFFENTLIGE SAMLINGER
British Museum
Nasjonalmuseet
Astrup Fearnley Museet for Moderne Kunst
Norsk Kulturråd
Oslo Kommunes Kunstsamlinger
Bergen Billedgalleri
Trøndelåg Kunstgalleri
Aalesund kunstforenings Faste Galleri
Haugesund Kunstforenings Faste Galleri
Västerås Konstmuseum
Haugar Vestfold Kunstmuseum, Tønsberg
Kunstmuseet Kube, Ålesund

*Takk til / Thank you:* Nina Sørlie,
Johannes Rød, Svein Christiansen

© Forlaget Press 2011
© Kjell Torriset
© Forfatterne / The authors

*Translation:* Andrew J. Boyle
*Fotografer / Photographers:*
Halvard Haugerud, Jens Hamran,
Øystein Thorvaldsen, Henrik Haugan,
Nigel Green, Stephen Hughes,
Maciej Krawczyk

*Design:* Henrik Haugan

*Typeset:* Scotch Roman on MacBook Pro
*Paper:* 150 g Arctic Volume
*Printing and binding:* Fälth & Hässler,
Sweden, www.foh.se

ISBN 978-82-7547-499-3




Forlaget Press, Kongens gate 2, 0153 Oslo,
Norway

www.forlagetpress.no

Denne boken er utgitt i forbindelse
med utstillingene ved Haugar Vestfold
Kunstmuseum og Kunstmuseet Kube

This book is published to coincide with
the exhibitions held at Haugar Vestfold
Kunstmuseum and Kunstmuseet Kube

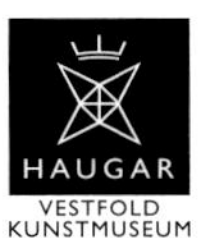 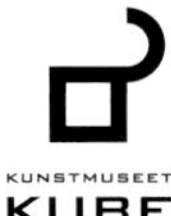

Haugar Vestfold Kunstmuseum
4. JUN–4. SEP 2011
---
Kunstmuseet Kube
19. NOV 2011–31. JAN 2012

Denne boken er utgitt med støtte fra Norsk
kulturråd og stiftelsen Fritt Ord

This book was published with the kind
support of Arts Council Norway and
Fritt Ord (The Freedom of Expression
Foundation)

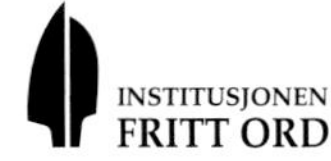 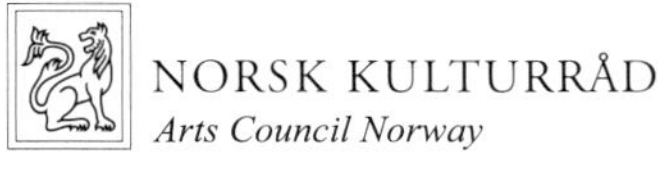